क्षण बोले कण मुसकाये

पच्चीस अन्तर्दर्शी और मर्मस्पर्शी रिपोर्ताज़

कन्हैयालाल मिश्र 'प्रभाकर'

भारतीय ज्ञानपीठ

लोकोदय ग्रन्थमाला : ग्रन्थांक 183

ग्रन्थमाला सम्पादक

रवीन्द्र कालिया

सह-सम्पादक

गुलाबचन्द्र जैन

पहला संस्करण : 1963
पाँचवाँ संस्करण : 2003
छठा संस्करण : 2011

ISBN 978-81-263-3078-2

प्रकाशक :
भारतीय ज्ञानपीठ
18, इन्स्टीट्यूशनल एरिया, लोदी रोड
नयी दिल्ली-110 003

मुद्रक : आर.के. ऑफसेट, दिल्ली-110 032

आवरण : सत्यसेवक मुखर्जी

छठा संस्करण : 2011
मूल्य : 130 रुपये

KSHANA BOLEY KANA MUSKAYE
(Reportage)
by Kanhaiya Lal Mishra 'Prabhakar'

Published by
Bharatiya Jnanpith
18, Institutional Area, Lodi Road
New Delhi-110 003
e-mail : jnanpith@satyam.net.in, sales@jnanpith.net
website : www.jnanpith.net

Sixth Edition : 2011
Price : Rs. 130

सम्पूर्ण आदर और प्यार के साथ
अपने पाठक को,

जिसका व्यक्तित्व जातियों, धर्मों, प्रदेशों और देशों से
ऊपर उठ, विश्वात्मक हो गया है,
जिसने कभी मेरे साथ बेवफाई नहीं की,
और जिसके साथ मैंने कभी गद्दारी नहीं बरती,
जिसने सदा पूरे हृदय से मेरी परवाह की
और जिसकी परवाह ने मेरी कलम की जुबान को
समाज के मठाधीशों के प्रति बेपरवाह कर दिया,
जो सर्वदा मेरा इष्ट रहा
और जिसका मैं सर्वदा आश्रित रहा,
जिसके साथ मैं जीता रहा हूँ
और जिसके साथ मैं मृत्यु के बाद भी जीता रहूँगा
मेरी यह कृति भेंट।

क. ला. 'प्रभाकर'

ज्ञान और आनन्द के इस संगम में !

भूमिका, पहले संस्करण से

1925 में जब मैं अपनी तुकबन्दियों के तंग घेरे से निकलकर गद्य के क्षेत्र में आया, तो मैं श्री चण्डीप्रसाद 'हृदयेश' की संस्कृत-सरस शैली से पूरी तरह प्रभावित था। उन्हीं दिनों वसन्त में खेतों पर खूब घूमने के बाद मैंने एक लेख लिखा था। पूरी जिम्मेदारी के साथ आज मैं कह सकता हूँ कि गद्य-काव्य, स्केच और रिपोर्ताज़ के बीज थे उसमें।

कुछ लोग कहते हैं कि पत्रकार-कला में रिपोर्ताज का आविष्कार रूस में हुआ और वहीं से यह भारत में आया। निश्चय ही यह उस देश में अपने स्वतन्त्र रूप में पनपा होगा; हिन्द को उसका श्रेय लेने की आवश्यकता नहीं, पर हिन्दी में यह स्वतन्त्र रूप में पनपा है और उस पर किसी का किसी तरह का भी ऋण नहीं। हाँ, बाद में इस विधा के लिए रिपोर्ताज़ नाम रूसी के माध्यम से हिन्दी ने लिया, यह एक प्रत्यक्ष सचाई है।

स्पष्ट है कि मेरे मन में न रिपोर्ताज़ शब्द था, न उसके फलितार्थ। फिर उसे लिखने की भावना मुझमें कैसे उगी और उसका स्वरूप मेरे मन में कैसे बना ? इस प्रश्न का उत्तर एक लम्बी कहानी है। 1925 में कानपुर में काँग्रेस का अधिवेशन श्रीमती सरोजिनी नायडू के सभापतित्व में हुआ। उसमें जाने की तीव्र इच्छा थी, पर धनाभाव के कारण मैं जा न सका, कहूँ तड़पकर रह गया। फल यह हुआ कि दैनिक और साप्ताहिक पत्रों में कानपुर-अधिवेशन के सम्बन्ध में जो कुछ छपा, वह मैंने अक्षर-अक्षर पढ़ा, पर सब कुछ पढ़ने के बाद भी मैं प्यासा रह गया। यह प्यास आनन्द की थी। अधिवेशन में जो कुछ हुआ, बस सारी 'रिपोर्टिंग' में उसका ज्ञान और विवरण तो था, पर आनन्द न था।

मुझे इससे बहुत बेचैनी हुई और मैंने बार-बार सोचा कि क्या यह रिपोर्टिंग

इस तरह नहीं हो सकती कि जो लोग अधिवेशन में नहीं गये उन्हें भी वहाँ जाने का कुछ-न-कुछ आनन्द आये ? वे सौ प्रतिशत पाठक तो रहें ही; पर दस-बीस प्रतिशत दर्शक भी हो सकें।

1926 में गुरुकुल काँगड़ी की रजत-जयन्ती मनायी गयी और उसमें महात्मा गाँधी, मालवीयजी और टी॰ एल॰ वास्वानी के आने की घोषणा हुई। मैं एक कृपालु बन्धु से बारह रुपये उधार लेकर उस उत्सव में गया और बहुत ही तल्लीनता से मैंने उस उत्सव को देखा। मेरी आँखों के लिए इतना बड़ा वह पहला ही उत्सव था। उत्साह अथाह, तो व्यवस्था अनुपम—पुलिस का कहीं नाम-निशान नहीं; हर क्षण नया दृश्य, नया अनुभव। मैं आनन्द-विभोर हो उठा।

घर लौटकर मैंने इस महान् उत्सव की रिपोर्टिंग भी कई पत्रों में पढ़ी और फिर पहले की तरह निराश हुआ—सभी में जड़ विवरण, जिसमें रस की एक बूँद नहीं। यह उत्सव मैं स्वयं देख चुका था, इसलिए मन में आया कि अमुक-अमुक दृश्य इस विवरण में जोड़ दिये जाते तो पाठक को कितना आनन्द आता ! इस प्रकार पहले कल्पना में और फिर काग़ज़ पर मैंने इस महोत्सव का रिपोर्ताज़ लिखा। वास्तविक रूप में यही मेरा पहला रिपोर्ताज़ था। सन्-महीना-तारीख़ के आँकड़ों में सोचने वाले इतिहास-लेखकों का काम है कि वे देखें—यही हिन्दी का पहला रिपोर्ताज़ तो नहीं था !

इसमें अनेक ऐसे दृश्य थे, ऐसे स्पर्श थे कि पाठक घर बैठे भी महोत्सव में घूमने का आनन्द उठा सके। गाँधीजी, मालवीयजी, वास्वानीजी, डाक्टर मुंजे, आचार्य रामदेव और साधारण दर्शकों की ऐसी छोटी-छोटी झाँकियाँ और राह चलते देखी नन्ही-मुन्नी घटनाओं के ऐसे जड़ाव थे कि लिखकर पढ़ा, तो दुबारा उत्सव देखने का आनन्द आ गया—साथियों में भी जिसे सुनाया, वही खिल उठा। रिपोर्ताज़ के स्वरूप और शिल्प को भरपूर जानने के बाद आज युग-युगों के बाद पूरी ईमानदारी के साथ मेरी सम्मति है कि वह हिन्दी का सर्वांगपूर्ण रिपोर्ताज़ था।

उन्हीं दिनों और भी कई रिपोर्ताज़ कई ढंगों के लिखे। 'ब्राह्मण-सर्वस्व' के जनवरी 1927 के अंक में प्रकाशित मेरा एक रिपोर्ताज़ 'वेदों की खोज' भाई अमरबहादुर सिंह 'अमरेश' की सावधानी से सुरक्षित रह गया है। यह

किसी घटना पर नहीं, इस विशिष्ट भावना पर आश्रित है कि भारत में वेदों का नाम-तो सब लेते हैं, पर उनके अध्ययन की कहीं भी उचित व्यवस्था नहीं है। बड़े ही मर्मस्पर्शी ढंग से संस्मरणात्मक रूप में यह बात कही गयी है। एक युवक वेदों का अध्ययन करने की तीव्र इच्छा से चलता है और देश की छोटी पाठशाला से हिन्दू विश्वविद्यालय तक पहुँचता है। वेद का नाम उसे जगह-जगह मिलता है, पर वेदों के अध्ययन की सुविधा कहीं नहीं। वह थककर एक बाग़ में जा बैठता है और देखता है कि एक अँगरेज़ वहाँ बैठा कुछ लिख रहा है।

पूछने पर पता चलता है कि वह वेदों का विद्वान् है और आजकल महीधर की भाष्यप्रणाली के खण्डन में एक पुस्तक लिख रहा है। यहीं रिपोर्ताज़ का अन्त इन शब्दों में होता है : "मैंने सोचा, हाय, भारतीयों को तो इतना समय नहीं है कि वे अपने सर्वस्व वेदों पर ध्यान दें और यह विदेशी वेदों पर विवेचना कर रहा है और श्रुति-सर्वस्व महीधर के भाष्य का खण्डन भारत में ही बैठा हुआ कर रहा है। शोक ! इस समय मुझे समस्त पृथ्वी और आकाश शून्य प्रतीत हुआ और मैं मूर्च्छित होकर हरी घास पर लेट गया।"

इस रिपोर्ताज़ को लिखकर ऐसा मालूम होता है कि मेरे विकसित हो रहे मन में यह प्रश्न उठा कि यह है क्या ? साहित्यिक भाषा में यों कि अपनी इस कृति के सम्बन्ध में मेरी जिज्ञासा विधात्मक थी कि यह लेख नहीं है, कहानी भी नहीं; गद्यकाव्य भी नहीं है, तो फिर है क्या ? रिपोर्ताज़ शब्द तबतक उपजा न था, तो मेरी उस समय की बुद्धि ने इसे 'निबन्धात्मक गद्यकाव्य' कहा और यह कथन मुझे इतना 'मौलिक' लगा कि मैंने इसे 'वेदों की खोज' इस शीर्षक के नीचे उपशीर्षक की तरह लिखना आवश्यक समझा।

1928 में अपनी जन्मभूमि के चैती मेले पर मैंने एक रिपोर्ताज़ लिखा और वह 'ब्राह्मण-सर्वस्व' में छपा भी, पर इतना कट-छँटकर कि खण्डित हो गया—एक अच्छा समाचार ही रह गया। तब उठी गाँधी की आँधी; जलसे-जुलूस और आकाश हिलाते नारे—1930 का आन्दोलन कि लिखना-पढ़ना सब तूफ़ान, रात-दिन एक ही धुन—चलो जेल !

यह आयी 4 सितम्बर 1930 और पहुँच गये जेल—एकदम नयी दुनिया।

इस दुनिया की एक खास चीज़ 'सी॰ ओ॰। यों किसी बुरे क़सूर में जेल काटते क़ैदी, पर क़ैद के अन्त में सी॰ ओ॰'–कनविक्ट ओवरसियर–बिना वेतन के जेल-अधिकारी, हमारी बैरक के इंचार्ज। पीला पाजामा, पीला कोट, लाल टोपी और लाल टोपी पर कलँगी की तरह सामने ही लगा पीतल का 'C.O.'–जेलशासन के प्रतिनिधि, पर क़ैदी के ईश्वर !

बड़ा अद्‌भुत था सी॰ ओ॰ चरित्र। उसपर रिपोर्ताज़ लिखा। बड़ा ही व्यंग्यात्मक और चुलबुला। उसे सी॰ ओ॰ के ही सहयोग से घर भेज दिया और बाद में वह किसी पत्र में छपा भी, पर इसके बाद जेल के जीवन पर जो पाँच-छह रिपोर्ताज़ लिखे, वे एक दिन जब मैं भूख-हड़ताल पर था, तलाशी में सख्त जेलर श्री गुरुप्रसाद के साथ पड़ गये और फिर कभी उस पंजे से बाहर नहीं निकले। जीवन में मेरे चार पुत्रों की मृत्यु हुई है। ये चारों ही सुन्दर-होनहार थे, पर इनसे ज़्यादा मुझे अपने वे रिपोर्ताज़ बार-बार और कसक के साथ याद आये हैं।

तब 1932 का तूफ़ान–मेरी दूसरी जेलयात्रा। वायसराय लार्ड विलिंगडन का दमनचक्र ज़ोरों पर। 1930 में जो लोग जेलों के ए क्लास में रखे गये थे, उनमें से अधिकांश बी क्लास में, पर मैं एक अपवाद कि 1930 में सी क्लास में था और 1932 में रहा बी क्लास में। इसकी भी एक मज़ेदार कहानी। 1930 में मुझे बी क्लास मिली, तो मैंने कहा, "मेरे भाषण सुनकर जो देहाती भाई स्वयंसेवक बन जेल आये हैं, वे सी क्लास में चने चाबें और मैं बी क्लास में दूध का दलिया खाऊँ, यह गाँधी-भावना के विरुद्ध है, मैं इसे स्वीकार नहीं कर सकता।" और अपनी क्लास छोड़ दी; स्वेच्छा से सी क्लास में रहा।

1932 में जेल गया, तो बीमार था और पकड़ा गया उस दफ़ा में, जिसमें पण्डित जवाहरलाल नेहरू और दूसरे दस-पाँच ही उत्तर प्रदेश में पकड़े गये थे : इमरजेन्सी पावर ऑर्डीनेन्स। सज़ा हुई दो साल की। मैजिस्ट्रेट श्री बी॰ बी॰ सिंह ने बी क्लास लिखी, पर अँगरेज़ जिलाधीश श्री कुक से कई बार मेरी झड़प हो चुकी थी, इसलिए उसने उसी दिन उसे सी कर दिया। मेरे कुटुम्ब के 'बड़े आदमी' श्री पण्डित आशारामजी ने कुक से कहा, "कन्हैयालाल मेरा भतीजा है, कहना नहीं मानता, काँग्रेस में काम करता है। आप उसे जेल भेजते

हैं, यह ठीक ही है, पर आपने उसे सी क्लास में क्यों रख दिया ?"

झल्लाकर कुक साहब बोले, "हमने उस बदमाश को इसलिए सी क्लास में रखा कि सरकार ने कोई डी क्लास नहीं बनायी !" यह समाचार मेरी पत्नी प्रभा ने मुझे दिया, तो सुनकर बड़ा गुस्सा आया। अँगरेज़ से हर मोर्चे पर युद्ध, यही उन दिनों की मनोवृत्ति थी। कुक की नाक काटना तय हुआ, उसकी योजना बनी। दूसरे ही दिन प्रभाजी ने होम मेम्बर को एक रजिस्टर्ड पत्र में लिखा, "मेरे पति लेखक हैं, पत्रकार हैं, रायल एशियाटिक सोसायटी लन्दन के मेम्बर हैं, ऊँचे कुटुम्ब के सदस्य हैं, उनका रहन-सहन ऊँचा है। फिर भी उन्हें बीमारी की हालत में बदले की भावना से सी क्लास में रखा गया है।" सचाई यह कि यह सब सच होते भी बेचारा कन्हैयालाल उन दिनों बीस रुपये महीने पर संस्कृत विद्यालय में अध्यापक था।

तहसील में पूछताछ के बाद बाईसवें दिन मुझे बी क्लास में रखने का आदेश आ गया और मैं सहारनपुर जेल की बैरक नम्बर 7 में बँगला नम्बर 11 में बदल दिया गया। समय की बात, दूसरे ही दिन श्री कुक जेल का निरीक्षण करने आये और मुझे बी क्लास में देखा, तो जेलर से पूछा, "इस पण्डित को हम्ने सी क्लास में रखा था ?" उनके जवाब देने से पहले ही मैंने ज़ोर से कहा, "लेकिन आपके हिन्दुस्तानी आक़ा ने बी क्लास में कर दिया है।" उन दिनों नवाब छतारी साहब होम मेम्बर थे। बड़ा झेंपे कुक साहब और तुरन्त दूसरी बैरक में चले गये।

बी क्लास का मेरे लिए सबसे बड़ा आनन्द 11 नम्बर के बँगले से मिला हरा-भरा खेत था और बाद में फैज़ाबाद जेल में उत्तर प्रदेश के श्रेष्ठ राजनीतिक साधकों से सम्पर्क पाना। तो इसी हरे-भरे खेत पर बैठकर मैंने बहुत से लेख लिखे। इन्हीं में था—एक तसवीर के दो पहलू। कहना चाहिए यहाँ तक आते-आते मेरी रिपोर्ताज़ लिखने की कला अपनी पूर्णता के निकट आ चुकी थी।

जून 1934 एक घटना ने जीवन को झकझोर दिया और यह झकझोर एक रिपोर्ताज़ बन बैठी। निवास एक शानदार कोठी में, पर स्थिति यह कि घर में खाने के नाम थोड़ी-सी खिचड़ी ही शाम के भोजन के लिए। खिचड़ी खाना कोई बुरी बात नहीं, पर घर में एक मेहमान, जो यह कह चुके कि जाते

समय किराये के लिए मुझे दो रुपये की जरूरत होगी। अब समस्या यह कि यदि दो रुपये न दे सकने के कारण मेहमान को ठहरने के लिए कहें, तो उसे खिलायें क्या, और जाने दें तो दो रुपये कहाँ से दें ? दिन-भर मैं किसी से पाँच रुपये उधार पाने के लिए दौड़धूप करता रहा और असफलता के थपेड़े खाता रहा। इन थपेड़ों के बीच चिन्तन बराबर चलता रहा। इस घटना का अन्त कमाल का कि मैंने ज्यों ही थककर प्रयत्न बन्द किये, एक चमत्कार के रूप में मुझे पाँच रुपये मिल गये। इस रिपोर्ताज़ में वे प्रयत्न, वह चिन्तन और वह चमत्कार साकार हो गया है।

इसे पढ़कर सफल कवि और सबल आलोचक डॉक्टर रामकुमार वर्मा ने कहा था, "विश्व-साहित्य में इस ढंग की मैंने एक ही रचना और पढ़ी है और वह है विक्टर ह्यूगो की फाँसी।" दूसरे कुछ बन्धुओं ने भी इसकी असाधारण प्रशंसा की और इससे निश्चय ही मेरा आत्मविश्वास पुष्ट हुआ—मुझे नये प्रयोग करने की प्रेरणा मिली।

यह है फ़रवरी 1934। केन्द्रीय असेम्बली का चुनाव हो चुका था और उस दिन उसके प्रेसीडेण्ट का चुनाव होना था। श्री तसद्दुक अहमद खाँ शेरवानी काँग्रेसी उम्मीदवार थे। घनघोर संघर्ष था। दो वोट से काँग्रेस हार गयी। मैं भी उन दिनों दिल्ली में ही था। खूब घूमा, खूब देखा, खूब सोचा और बाद में यह सब एक रिपोर्ताज़ में उतर आया—दिल्ली यात्रा के संस्मरण। स्पष्ट है कि रिपोर्ताज़ शब्द तब नहीं था और यह भी कि इस विधा की भिन्नता मन में थी, पर उसके लिए कोई नाम न था। फिर भी इसे लिखकर मैं अभिभूत हो उठा; क्योंकि यह भावुकता के सुकुमार स्पर्शों से यों अनुरंजित था कि अ..त, वर्तमान और भविष्य अपनी रंगीनियों के साथ एक ही मंच पर थिरक उठे थे। मैं इसे इस दृष्टि से भी बहुत महत्त्व देता हूँ कि मेरे मन में रिपोर्ताज़ का एक सम्पूर्ण चित्र इसी रिपोर्ताज़ से बना।

और यह है अप्रैल 1936; पण्डित जवाहरलाल नेहरू के सभापतित्व में लखनऊ में काँग्रेस का अधिवेशन—भारत के नये युग का अरुणोदय। इसे मैंने खुली आँखों देखा, भरी आँखों देखा, आँखों भर-भर देखा और तब लिखा उसपर रिपोर्ताज़। यह इतना विस्तृत कि लगभग चौथाई अंश कट जाने पर भी दैनिक 'प्रताप' के तीन अंकों में पूर्ण हुआ—सूक्ष्म और सलोने स्पर्शों से

समन्वित। स्वयं पण्डित जवाहरलाल नेहरू ने उसके सम्बन्ध में 'प्रताप'-सम्पादक पण्डित बालकृष्ण शर्मा 'नवीन' से कहा था, "तुम्हारे प्रतिनिधि से बढ़कर सूक्ष्मदर्शी पत्रकार किसी भाषा के पास नहीं था !"

इस प्रकार 1935-36 में मेरे रिपोर्ताज़ का स्वरूप निखर आया था और यह कहना भी सम्भवतः इतिहास के साथ औचित्य का निर्वाह ही माना जायेगा कि वह हिन्दी रिपोर्ताज़ के स्वरूप का ही निखर आना था। मेरे लिए उसका व्याकरण है यह कि रिपोर्ताज़ घटना का हो, दृश्य का हो या उत्सव-मेले का हो, उसे ज्ञान और आनन्द का संगम होना चाहिए। मैं जो कुछ देखता हूँ उसे बहुत विस्तार में देखता हूँ, बहुत गहराई में देखता हूँ; तब चिन्तन में उस देखे हुए दृश्य के अर्थ फैलाता हूँ, फलितार्थ फैलाता हूँ और लिखते-लिखते उसे इतिहास की कड़ी और जीवन की लड़ी से इस तरह जोड़ देता हूँ कि एक सम्पूर्ण चित्र बन जाता है। लिखते समय मैं उस दृश्य के साथ इतना तल्लीन रहता हूँ कि मुझे यह भान ही नहीं होता कि मैं इस समय उस वर्णनीय यात्रा, उत्सव, घटना या दृश्य के बीच नहीं हूँ। कहूँ, देखते समय की सूक्ष्मता और लिखते समय की तल्लीनता ही रिपोर्ताज़ की सफलता है।

लेख में घटना का विवरण होता है, स्केच में रेखाचित्र और संस्मरण में जीवन का स्पन्दन, पर विवरण, चित्र और स्पन्दन का समन्वय ही रिपोर्ताज़ है। दूसरे शब्दों में रिपोर्टिंग में समाचार और विचार का संगम होता है। शायद यों कहकर मैं और समीप आ जाऊँ कि उसमें दृश्य और चिन्तन का संगम है। यही कारण है कि देखते-देखते रिपोर्ताज़ हमारे साहित्य में आदर के स्थान पर आ बैठा है और हमारी पत्रकारिता की शक्ति बन गया है।

रिपोर्ताज़ लेखन में 1935-36 के बाद भी मैंने बराबर प्रयोग किये हैं, रिपोर्ताज़ लिखे हैं; दूसरे अनेक लेखक बन्धुओं ने भी। मेरी दृष्टि में इस विधा को कला की परिपूर्ण पालिश देने का श्रेय श्री लक्ष्मीचन्द्र जैन को प्राप्त है। उनके लिखे रिपोर्ताज़—जब पाम्पेआई को प्रलय ने बरा, गंगा-वोल्गा के संगम पर, असीम आकाश के बियाबान में और एक डाकू : दो खत : तीन दृष्टियाँ आदि हिन्दी साहित्य के ऐसे रत्न हैं, जो किसी भी भाषा-सरस्वती के कण्ठहार में प्रदीप्त हो सकते हैं, उनकी दृष्टि की सूक्ष्मता, गहरे अध्ययन की पृष्ठभूमि, भाव-नियोजन और सन्देश-दान की क्षमता अनन्य है।

अपने चुने हुए रिपोर्ताज़ पाठकों को भेंट करते समय मुझे आशा है कि इस विधा का महत्त्व दिन-दिन बढ़ेगा और लेखक-पाठक इसकी ओर अधिकाधिक आकर्षित होंगे; क्योंकि रिपोर्ताज़ पाठ्य में अदृश्य को दृश्य बनाने की जीवन्त कला है।

–कन्हैयालाल मिश्र 'प्रभाकर'

15 अगस्त, 1963

अनुक्रम

वे सुनते ही नहीं !

जो बोले, सो अभय ! भारत माता की जय !!

इनक़लाब ! ज़िन्दाबाद !!

क़ौमी नारा ! वन्दे मातरम् !!

1920 से 1947 तक चलनेवाले स्वतन्त्रता-आन्दोलन में ये नारे बार-बार सुने थे, लगाये थे। कौन-सा शहर, क़स्बा या गाँव है, जिसकी गलियाँ और चौराहे इन नारों से नहीं गूँजे ? दिलों की गहराइयों से इस तरह उभरते थे ये नारे कि धरती और आसमान उनकी गूँज में समाकर एक हो जाते थे और तब भारत माता की एक शानदार तसवीर लोगों की आँखों में और दिलों की उन गहराइयों में समा जाती थी।

स्वामी दयानन्द, स्वामी विवेकानन्द, योगी अरविन्द, दादा भाई नौरोजी और लोकमान्य तिलक के बोल दिलों की गहराइयों में समायी भारत माता की उस शानदार तसवीर को पूजनीय बना देते थे। यह तसवीर अतीत की, बीते हुए युग की तसवीर थी। इसके साथ ही आ खड़ी होती एक और तसवीर, जो शानदार की जगह दयनीय–दुःखभरी होती, यह तसवीर होती आज की गुलाम भारत माता की।

दिलों ही दिलों में दोनों तसवीरों की तुलना होती और तब, उन दिलों में दुःख भर जाता, पर यह दुःख एक जीती-जागती क़ौम का दुःख होता, इसलिए इस दुःख में निराशा का अँधेरा न होता, आशा का प्रकाश होता, इरादों की बुलन्दी होती और इस तरह दिलों-दिमाग़ों में बलिदान की, कुरबानी की भावना भर-भर उठती और नये जोश के साथ वे नारे फिर धरती और आसमान को गुँजा देते :

जो बोले, सो अभय ! भारत माता की जय !!

इनक़लाब ! ज़िन्दाबाद !!

क़ौमी नारा ! वन्दे मातरम् !!

15 अगस्त 1947 को भारत स्वतन्त्र हुआ, इनक़लाब ज़िन्दाबाद की जीती-जागती सूरत सामने आयी, भारत माता की दयनीय और दुःखभरी तसवीर का अन्त हुआ और अतीत की उस शानदार तसवीर के साथ चमकदार और ताक़तवर भविष्य के निर्माण की यात्रा आरम्भ हुई।

इस यात्रा को दुनिया ने पहले सन्देह की नज़र से देखा, तब आशा की नज़र से और इसके बाद भरोसे–विश्वास की नज़र से। सन्देह से विश्वास तक पहुँचने में दुनिया को कई साल लग गये, पर भारत अपनी निर्माण-यात्रा पर चला, तो बस चला ही।

एक दिन मैं उभरते हुए भारत का दर्शन करने के लिए घर से निकल पड़ा और घूमते-घूमते भारत के सीमाक्षेत्रों में जा पहुँचा।

पर्वत ही पर्वत, वन ही वन–एक से एक सुन्दर दृश्य। देखकर मन भाव-विभोर हो उठा और मैं सोचने लगा, हमारा यह भारत कितना महान् है और इसकी ये सीमाएँ कितनी महत्त्वपूर्ण हैं कि इसकी भूमि के हर कण में इतिहास की एक-न-एक कड़ी समायी हुई है। ये ही सीमाएँ हैं, जिन्हें लाँघकर विदेशी आक्रान्ता हमारे देश में घुसे और ये ही सीमाएँ हैं, जिन्हें लाँघकर हमारे भिक्षु और प्रचारक राष्ट्र की महान् संस्कृति का सन्देश दूसरे देशों में ले गये। दूसरे देशों को जहाँ अपने आक्रमणों पर गर्व है, वहाँ भारत को अपने निष्क्रमणों का गौरव प्राप्त है। ओह, कितना महान् है हमारे देश का इतिहास !

अजीब-सा रूप, अजीब-सा वेश और अजीब-सा रंग-ढंग–देह विशाल और चेहरा कुछ परेशान-सा ! देखकर मन में जिज्ञासा जागी–यह कौन है इस बीहड़ वन में ?

उस अजीब–अद्भुत जीवन ने भी मुझे देखा और वह इस तरह मुसकराया, जैसे मेरा कोई परिचित हो–जाना-पहचाना ! मैंने बहुत सोचा, पुरानी स्मृतियों के भण्डार की भरपूर तलाशियाँ लीं, पर किसी भी याद ने साथ न दिया, मैं उसे पहचान न पाया और जब पहचाना ही नहीं, तो कहूँ क्या ?

"नहीं पहचान पाये ?" वह और तेज़ी से मुसकराया और जब मैंने सिर हिलाकर इनकार किया, तो वह इतने ज़ोर से हँसा कि मेरी पसलियाँ भी हिल

गयीं, पर तभी उसके ठण्डे और मीठे बोल मेरे कानों में पड़े, "अरे, तुम मुझे पहचान नहीं पाये, मैं तो वही हूँ, जिसे तुम अभी याद कर रहे थे !"

मुझे लगा कि यह भयानक जीव मुझे अपनी बातों में उलझा रहा है, इसलिए ज़रा गरमी से मैंने कहा, "भला, मैं क्यों याद करता तुम्हें ?"

वह खिलखिलाकर हँस पड़ा और तब बोला, "भाई मेरे, डरो मत, मैं मौत नहीं हूँ, जो बूढ़े के याद करते ही आ खड़ी हुई थी और न वो शैतान हूँ, जो याद करते ही आ खड़ा होता है।"

"फिर कौन हो तुम ?"

"मैं ? अरे भाई, मैं तो इतिहास हूँ, इतिहास ! तुम मुझे अभी याद कर रहे थे या नहीं ?"

"तुम इतिहास हो ? बड़ा अजीब-सा रंग-रूप है तुम्हारा, पर ख़ैर, छोड़ो इन बातों को और यह बताओ कि तुम इस समय इतने खुश क्यों हो ? क्या कोई ख़ास ख़बर है ?"

"ख़ुश ? मैं और ख़ुश ?" इतिहास के बोल दुःख में दब-से गये—"मैं खुश कहाँ हूँ ? और भाई, इतनी असफलताओं के बीच कोई ख़ुश कैसे हो सकता है ?"

"तुम असफल हो ? क्या है तुम्हारी असफलता ?"

"मेरी असफलता ? अरे, वो बहुत गहरी है, बहुत बड़ी है, पर तुम थोड़े में उसे यों समझो कि मैं बार-बार कहकर भी दुनिया को अपनी बात समझा नहीं पाता और बात भी कोई अपने मतलब की नहीं, उस दुनिया के ही फ़ायदे की। मेरा दुःख उस अध्यापक-जैसा है, जो नये-नये रूपों में अपने विद्यार्थी को उसका पाठ पढ़ाता है, पर विद्यार्थी उसे समझ नहीं पाता। लो, यों समझो कि मेरा दुःख उस वैज्ञानिक का है, जिसका फ़ार्मूला सही है, प्रयोग की विधियाँ सही हैं, पर जिसका प्रयोग हर बार असफल रहा है।"

मैंने कहा, "उस अध्यापक और वैज्ञानिक का दुःख समझना सुगम है, पर यह समझना कठिन है कि तुम्हें वह दुःख क्यों हो रहा है ?"

"हाँ भाई, तुम मेरा दुःख क्यों समझोगे ? तुम भी तो आख़िर उसी दुनिया के एक आदमी हो, जो लाखों सालों से समझकर भी मेरी बात नहीं समझ रही है"—इतिहास का स्वर तीखा हो आया—"दुनिया को प्यार-मुहब्बत की

ज़रूरत थी, पर वह आपस की खींच-तान में फँसी हुई थी। मैंने उसे एक पाठ पढ़ाया 1914 से 1918 तक, जिसे तुम पहला वर्ल्ड वार—दुनिया की लड़ाई—कहते हो। इसमें ख़ूब बम बरसे और दुनिया ने विध्वंस का ख़ूब नंगा नाच नाचा। हारनेवाले तो मर ही गये और जीतनेवालों का हाल हारनेवालों-जैसा हो गया, पर प्रश्न तो यह है कि इतने बड़े विध्वंस से दुनिया ने क्या सीखा ? क्या दुनिया ने युद्ध के बदले मित्रता का पाठ पढ़ा ?

तुम भी जानते ही होगे कि इस प्रश्न का उत्तर क्या है ? तब दूसरी लड़ाई के रूप में वही पाठ मैंने फिर दुनिया को पढ़ाया और मामला ऐटम बम तक पहुँचा। दुनिया में ऐसा विध्वंस मचा कि उसकी नस-नस टूट गयी और वह हाय-हाय कर उठी, पर क्या इससे दुनिया ने शान्ति का पाठ पढ़ा ? नहीं पढ़ा तो बताओ तुम्हीं कि यह मेरी भयंकर असफलता है या नहीं ?"

इतिहास का मुख विवर्ण हो उठा, बोल भारी हो गया और उसकी आँखें भर आयीं। बड़ी कठिनाई से अपने को सँभालकर उसने कहा, "लो, छोड़ो दुनिया की बात, अपने देश की तरफ़ देखो। लाखों-लाख साल के अनुभव हैं इस देश को। इन अनुभवों में चढ़ाव के भी अनुभव हैं, उतार के भी, उत्थान के भी, पतन के भी, पर क्या उन अनुभवों से कुछ लाभ उठाया गया है ? क्या इस प्रश्न पर गहराई से विचार किया गया है कि किन कारणों से देश का उत्थान होता है, किन कारणों से पतन ? मैं कहता हूँ नहीं और यही मेरी असफलता है !"

इतिहास की आवाज़ में बल था, सचाई की तेज़ी थी। मुझपर उसका प्रभाव पड़ा, फिर भी उसकी गहराई में उतरने के लिए मैंने कहा, "क्या तुम अपनी बात समझाने के लिए कुछ उदाहरण दे सकते हो ?"

उसका चेहरा तन गया और आवाज़ तेज़ी से भर उठी—"उदाहरण ? उदाहरणों की बात मुझसे मत करो। मेरे पास उदाहरणों के सिवाय और है ही क्या ? लो सुनो, उनमें से एक रखता हूँ तुम्हारे सामने। इस देश के करोड़ों आदमी पुरुषोत्तम राम का नाम लेकर शान्ति पाते हैं, पर राम का जन्म जिस महान् वंश में हुआ उसके उत्थान और पतन पर किसी का ध्यान नहीं जाता कि उस वंश के लोग किन कारणों से एक महान् साम्राज्य का निर्माण करने में सफल हुए और किन कारणों से वह महान् साम्राज्य बाद में नष्ट हो गया ।"

लो, इधर ध्यान दो, मैं उसकी एक झाँकी तुम्हें दिखाता हूँ। राजा दिलीप का राज्य बहुत बड़ा नहीं था, पर उसमें शान्ति थी, व्यवस्था थी, सुख था ! उनके घर में महान् प्रतापी पुत्र रघु का जन्म हुआ, जिसने अपने चरित्र, वीरता और प्रशासन की श्रेष्ठता से दिग्विजय कर उस राज्य को एक विशाल साम्राज्य में बदल दिया।

जानते हो इस साम्राज्य की बात ? ओह, उसकी कोई उपमा नहीं, किसी से तुलना नहीं। रघु की विजय-यात्राओं का एक नक़शा बनाकर यदि उस पर नज़र डाली जाये, तो साफ़ दीखेगा कि उसका साम्राज्य इतना विशाल था कि उतना विशाल न मुग़ल साम्राज्य हो सका, न और ही कोई साम्राज्य।

महाराजा रघु ने इस विशाल साम्राज्य पर अखण्ड राज्य किया और बाद में अपने पुत्र अज को उसे सौंप, स्वयं संन्यास ले लिया। राजा अज और उनके पुत्र दशरथ ने इस साम्राज्य की अच्छी तरह रक्षा की और पुरुषोत्तम राम ने तो उसके प्रभाव को समुद्र पार तक फैला दिया, पर राम के बाद क्या हुआ ?

सारे वंश की जो एकाग्रता और शक्ति अयोध्या में केन्द्रित थी, वह विभिन्नता में बँट गयी। कुछ लोग कुशावली में जमे, तो कुछ लव की राजधानी शरावती में। भरत के दो पुत्र थे पुष्कल और तक्ष। पुष्कल ने अपनी राजधानी पुष्कलावती बनायी, तो तक्ष तक्षशिला में प्रतिष्ठित हो गये। लक्ष्मण के पुत्र अंगद और चन्द्रकेतु ने अपने को एक नये प्रदेश का राजा घोषित किया और इस तरह अपने समय के सर्वश्रेष्ठ राज्य की राजधानी अयोध्या खण्डहर हो गयी ! राजधानी ही क्या खण्डहर हुई, रघु का महान् साम्राज्य ही खण्डहर हो गया।"

इतिहास ने एक लम्बी साँस ली और कुछेक क्षणों के लिए चुप हो गया, पर ज़रा ठहरकर वह बोला, "तुमने समझी इस उदाहरण की गहराई ?" उसकी आवाज़ में अब तेज़ी का करारापन नहीं, दुःख का भीगापन था। अपने प्रश्न का आप ही आप उसने उत्तर दिया, "यह गहराई है विशाल दृष्टि से हटकर मसलों को छोटी दृष्टि से देखना, विशाल भारत के विशाल हितों को भूलकर राज्य, प्रान्त, गुट, व्यक्ति, जाति, सम्प्रदाय और भाषा आदि के मोह में उलझना। यों कहो कि समग्र को भूलकर खण्ड में सोचना, खण्ड में जीना और वंश हो,

जाति हो, देश हो या दल हो, जो खण्ड में सोचता है, खण्ड में जीता है, उसे समग्रता-पूर्णता कहाँ मिल सकती है ?"

मैंने कहा, "ठीक है तुम्हारी बात कि खण्डित दृष्टि, खण्डित चिन्तन और खण्डित जीवन से पूर्णता नहीं मिल सकती।"

इतिहास का स्वर तेज़ हो उठा—"मेरी बात तो ठीक है ही, पर प्रश्न तो यह है कि इन्हीं दोषों के कारण लम्बी गुलामी के बाद जब अपने शहीदों के बलिदान और वीरों के तप-त्याग से देश स्वतन्त्र हुआ, तो क्या तुमने विशाल भारत के विशाल हितों की दृष्टि से देखना-सोचना सीखा या तुम तब भी राज्य, प्रान्त, गुट, व्यक्ति, जाति और सम्प्रदाय के पचड़ों में फँसे हुए हो ? इस प्रश्न का उत्तर दो, तुम्हें मेरी असफलता का रहस्य मिल जायेगा।"

□

अब हम स्वतन्त्र हैं

15 अगस्त 1947 को भारत पूर्ण स्वतन्त्र हो गया। मैं कह नहीं सकता कि मुझे कितनी खुशी हुई। सचाई यह है कि 1920 से 1947 तक के 27 वर्षों में मेरे मानस का दृष्टि-बिन्दु भारत की स्वतन्त्रता पर टिका था और इन वर्षों में, गुलामी की पीड़ा से मेरी आत्मा छटपटाया करती थी। जंगलों के एकान्त में मैं अकसर बन्दिनी माँ का ध्यान कर रोया करता था और जेल के सीख़चों में बैठे-बैठे भी मैं गुलामी की असह्य पीड़ा का अनुभव किया करता था। ओह, कैसी तड़प थी वह ! यह तड़प भाषणों में, लेखों में, बात-चीतों में और जीवन के हर कार्य-व्यवहार में समायी हुई थी, 1928-29 में मैंने लिखा था—

कैसी लज्जा की घटना है
हम जीवित और माँ परतन्त्र !
एक बार मिल जूझें आओ
मर जायें या बनें स्वतन्त्र !
हुए सफल यदि तब क्या कहना
मरना पड़े, तदपि क्या शोक !
पारतन्त्र्य के बन्दीगृह से
क्या न भला है यम का लोक !

परतन्त्रता के इस बन्दी-गृह की दीवारें टूटीं, तो जीवन एक अद्भुत नशे से भर उठा और 15 अगस्त 1947 की रात को पल-भर भी नींद नहीं आयी। नींद तो तब आये, जब कोई बिस्तर पर लेटे। कभी मैं प्रार्थना करता, कभी पृथ्वी को थपथपाता, कभी आसमान को देखता और कभी गाने लगता।

कभी वो दिन भी आयेगा कि जब आज़ाद हम होंगे !
ये अपनी ही ज़मीं होगी, ये अपना आसमाँ होगा !

ओह, कितनी हसरत है शहीद कवि ओमप्रकाश की इन पंक्तियों में ! आज वह हसरत पूरी हो गयी थी और मुझे अनुभव हो रहा था कि हमारे शहीद आज आसमान में नाच-गा रहे हैं। मुझे लग रहा था कि मैं आज बदल गया हूँ, कुछ और हो गया हूँ और मेरा रोम-रोम स्वतन्त्रता के गौरव से भर उठा था।

स्वतन्त्रता के साथ ही आयी साम्प्रदायिक उपद्रवों की बाढ़। चीज़ों का अभाव और कण्ट्रोल के बन्धन तो थे ही, शरणार्थी बन्धुओं की दुःखगाथा ने कोढ़ में खाज का काम किया और जीवन दूभर हो उठा। जो मिलता, कहता—"क्यों साहब, यही है आपकी आज़ादी !"

यह कहने में भी लोग न चूकते—"इससे तो वह गुलामी ही अच्छी थी !" और यह भी कि "कहाँ है आज़ादी !" सचमुच आज़ादी कहीं न थी, याने आज़ादी तो सब जगह थी, पर उसकी अनुभूति कहीं न थी, उसके गौरव का एहसास किसी में न था। मेरा मन दुःख से भरा था, पर इसका उत्तर मेरे पास न था कि जब देश पूर्ण स्वतन्त्र है, तो देशवासी यह अनुभव क्यों नहीं करते कि हम स्वतन्त्र हैं !

मई 1948 : मसूरी।

"चलिए, आपको वुडस्टाक का मेला दिखा लाऊँ।"

आते ही सुहृद्वर श्री गिरीशदत्त पाण्डेय ने हड़बड़ी-सी मचा दी, तो मैंने पूछा, "अरे भाई, क्या है यह वुडस्टाक ?"

पाण्डेयजी बोले, "यह नये ढंग का इण्टरमीडिएट कॉलेज है। भाई साहब, मसूरी का यह कॉलेज देश में इतना प्रसिद्ध है कि इसमें नेहरू परिवार के बालक भी शिक्षा पा चुके हैं। आज उसी का वार्षिक मेला है।"

हम लोग उठ चले और पहुँच गये वुडस्टाक के मेले में। मेला क्या है, क्लासों के कमरों में दूकानें लगी हैं, जिनमें स्कूल में बनी और बाहर से आयी चीज़ें बिक रही हैं। विक्रेता सब अँगरेज़ हैं—स्कूल के अध्यापक, अध्यापिकाएँ और कार्यकर्ता। खाने-पीने की दूकानों में शरबत है, आइसक्रीम है, टोस्ट हैं। विक्रेताओं ने अपने वेश में विचित्रता और विविधता का मनोरंजक संगम कर

रखा है। टोस्टवालों ने काग़ज़ की बड़ी किश्तियाँ—टोपियों की जगह ओढ़ रखी हैं और उन पर लिखा हुआ है—हॉट डॉग्स ! इनमें एक आदमी बहुत मज़ेदार है। वह एक अजीब मुद्रा और स्वर में ज़ोर से ग्राहकों को पुकारता है और कभी हिन्दी में भी कुछ कहता है। यह हँसकर स्वागत करता है, हँसकर चीज़ें देता है और हँसकर पैसे लेता है।

भोजनवालों ने काग़ज़ के बड़े-बड़े 'बो' गले में लगा रखे हैं। काग़ज़ पीले हैं और गोरे चेहरों पर बहुत ही अच्छे लगते हैं। बच्चों के खिलौने बेचनेवालों ने खजूर की टोकरियों को टोपी बना लिया है। हरेक में उमंग है और खिल-खिली हँसी तो अँगरेज़ों का जैसे सामूहिक चरित्र ही है।

मैंने वहाँ एक भी अँगरेज़ ऐसा नहीं देखा, जो खरीदते समय न हँसा हो या जिसने बेचनेवालों से चार चुहल न की हो।

अँगरेज़ों के साथ ही वहाँ सैकड़ों हिन्दुस्तानी स्त्री-पुरुष भी थे। इनमें खद्दरवाला तो मैं अकेला ही था—बाक़ी सब अँगरेज़ों के गोद लिये बेटे थे। ये सभी सुखी-समृद्ध थे। उनका सुख और उनकी समृद्धि, उनकी वेश-भूषा और यहाँ उपस्थिति से ही स्पष्ट थी। फिर भी उनमें अँगरेज़ों-सी प्रसन्नता न थी।

अचानक मेरा ध्यान इस बात पर गया कि यहाँ दो जातियों के मनुष्य हैं। एक वह, जिसने अभी-अभी भारत में अपना राज्य खोया और एक वह जिसने अभी-अभी भारत में अपना राज्य पाया। मैं दोनों को ग़ौर से देख रहा हूँ और सोच रहा हूँ कि न तो खोनवाले में दीनता ही है और न पानेवाले में गौरव ?

मैं अनुभव कर रहा हूँ कि अँगरेज़ में दीनता नहीं है, पर शासक का वह पुराना दर्प भी उसमें नहीं है—उसके स्थान में उसमें अब नागरिकता की सौम्यता है। परिस्थितियों के साथ अपने को आत्मसात् करने में अँगरेज़ बेजोड़ हैं और यहीं मैं समझ पा रहा हूँ कि नये युग के साथ नयी करवट ले वह दीनता से बच गया है।

मैं सोच रहा हूँ अपने मत की वही पुरानी बात कि मेरे देशवासियों में स्वतन्त्रता के गौरव की जागृति अभी क्यों नहीं हुई ! बहुत सोचने पर भी यह प्रश्न मेरे सामने खड़ा रहा, पर उसका उत्तर मुझे नहीं मिला और मैं मेला देखकर लौट आया।

कई दिन बाद श्री पाण्डेय फिर उसी हड़बड़ी के साथ और आज साथ में श्री ब्रजमोहन गुप्त ; इस हुक्म के साथ कि चलो हैकमैन में। हैकमैन मसूरी का एक शानदार होटल। पिछले वर्षों में वह राजाओं, नवाबों और देशी साहबों का स्वर्गधाम रहा है।

हमने भी अब इसमें प्रवेश किया। हॉल भरा हुआ था, पीछे की मेज़ हमें मिली। एक बैरे से बातें हुईं और हैकमैन के अतीत की यह झाँकी मिली–"हैकमैन अब तो उजड़ गया है बाबूजी ! पहले यहाँ ऐसे लोग भी आते थे कि 60-65 रुपये का खाया-पिया और 100 रुपये का नोट फेंका। हमने 35-40 रुपये तश्तरी में रखकर पेश किये और एक फ़र्शी सलाम झुकाया। उन्होंने हमारी तरफ़ एक बार देखा और इशारा कर दिया–उठा लो ! वे हमारे दिये रुपये उठाना अपनी शान के ख़िलाफ़ समझते थे। यह राजा-नवाबों का हाल था। इनसे नीचे के लोग आते थे, वे 5-7 रुपये का खा-पीकर 10 रुपये का नोट थमाते थे और तश्तरी छूना शान की किरकिरी मानते थे।"

एक दूसरे बैरे ने कहा, "सरकार, जो मसूरी आकर हैकमैन में न आये, वह सोसायटी में छोटा समझा जाता था। तब हैकमैन चीज़ ही कुछ और थी। अब इसमें क्या रखा है सरकार !"

मैंने पूछा, "क्यों भाई, अब क्या कमी आ गयी है हैकमैन में ?"

बोला, "एक तो अब वे राजा-नवाब छूमन्तर हो गये हैं। सुना है सरदार पटेल ने उनका ऐसा शिकंजा कस दिया है कि मसूरी तो दूर, अब वे अपनी कोठी के बरामदे में झाँकते हुए भी झिझकते हैं। दूसरे, कांग्रेस ने शराब बन्द कर दी है। शराब ही यहाँ की जान थी–रोशनी थी। वो पैग चलते थे कि परीस्तान धरती पर उतर आता था।"

ज़रा रुककर बैरे ने कहा, "बाबूजी, मुल्क में ऐसी मारकाट मची कि मुसलमान एक नहीं आया और सरकार, खाने-पीने में मुसलमान ख़ूब बटुआ खोलता है। दो साल से शरणार्थी यहाँ आ गये हैं, तो मसूरी में दीये भी जल रहे हैं, नहीं तो यहाँ घुप्प हो जाता बाबूजी ! मसूरी असल में अँगरेज़ों का मज़ा-घर था। वे बेचारे गये लद, थोड़े-बहुत हैं, उनका भी पत्ता जाने कब कट जाये !"

चलते-चलते बैरे ने कहा, "अब तो यहाँ जो कुछ हैं, ये पंजाबी ही हैं, बाबूजी !"

इसी उजड़े हुए हैकमैन में हम बैठे, पीछे की एक मेज़ पर, जहाँ से पूरा हॉल हमें दीख रहा था। वे सामने बैठे हैं एक बूढ़े राजा साहब और उनके पास ही एक ऊँचें अफ़सर की पत्नी। इनके सामने ही वह एक स्वस्थ और रूपवती सुन्दरी; जिसके अंग-अंग में है थिरक और शोखी ! ये कोई रानी हैं, जिनके राजा हैं अपनी अँगरेज़ पत्नी के साथ विलायत में और ये बिता रही हैं यहाँ विधुर जीवन। वे दूर बैठे हैं एक और अफ़सर, कुछ अँगरेज़ स्त्री-पुरुष और बाक़ी सब पंजाबी भाई-बहनें !

अँगरेज संयोजक ने अँगरेज़ी में घोषणा की कि वाद्यों में स्वर जागे और जोड़े उठे। बूढ़े राजा के साथ वह अफ़सर-पत्नी और रानी साहबा के साथ उनके वे कोई। इसके साथ यह और उसके साथ वह। नृत्य आरम्भ।

बूढ़ा राजा पुराना खिलाड़ी और श्रीमतीजी विलायत के नृत्य-घरों की चेली। खूब जोड़ी है।

मैं कल्पना की सीढ़ी लगा राजा साहब के भीतर उतर गया। दोनों फेफड़े आपस में बातें कर रहे थे। बायें ने कहा, "क्या नाच और क्या तमाशा; जब आँखों में लाल परी का सरूर न हो।" दायाँ बोला, "देश में जो कुछ हुआ, अच्छा हुआ, पर ज़िन्दगी के ये पाँच-सात साल और आराम से कट जाते !"

वह नाच रही है रानी ! इसके पैरों में थिरक, आँखों में शोखी और देह में व्यक्तित्व है। मैं सोच रहा हूँ—यह बेचारी विधवा है या सधवा ? देश में हज़ारों स्त्रियाँ धन के नाम पर पुरुषों के खूँटे से बाँध दी गयी हैं। उन्हें सन्तोष है कि वे विवाहिता हैं और यह सन्तोष ही उनका सौभाग्यसिन्दूर है। साड़ी, आभूषण और सुविधाओं में अपने को भूली जीवन का घेरा घूम रही हैं। साड़ी, आभूषण और सुविधा से अलग तन को जो कुछ चाहिए, समाज में वह भी दुर्लभ नहीं। जीवन में कभी भीतर की सच्ची प्यास या कराह जागती भी है, तो हैकमैन के दवाख़ाने में उसकी गोली सुलभ ही है—फिर विद्रोह की आग इनमें कैसे जले ? क्यों जले ? और कौन जलाये ?

पतिदेव के लिए भी अपने कार्य पर पछताने की गुंजाइश नहीं। उनसे स्वयं देवीजी या मुझ-सा कोई सुधारक कुछ कहे, तो वे कहते हैं, "अरे भाई, विलायत में रहूँ या देश में, इसके साथ रहूँ या उसके, उन्हें तो कोई कष्ट नहीं है। उनके आराम का तो मैंने पूरा प्रबन्ध कर रखा है !"

उनकी दृष्टि में 'पूरे प्रबन्ध' का अर्थ है—रोटी-कपड़े का प्रबन्ध। तब ठीक है, श्रीमतीजी के लिए विद्रोह-चिन्ता व्यर्थ है और श्रीमान् के लिए आत्मचिन्ता। खेलो, कूदो, मज़ा करो, क्या रखा है विद्रोह में और क्या धरा है आत्म-बोध में ?

नृत्य समाप्त हुआ, तो कुछ बेहूदे गाने हुए और बहुत घटिया ढंग का एक हास्य-सा। दर्शक तालियाँ बजा रहे थे, जैसे वे कला का कोई महान् प्रदर्शन देख रहे हों। डॉ॰ ब्रजमोहन गुप्त ने कहा, "ये कितने दयनीय हैं कि इस बेहूदगी पर भी हँस रहे हैं !"

मैंने सोचा, मनोरंजन भी मनुष्य की ऊँचाई का एक मापदण्ड है। अँगरेज़ों ने अपने स्वार्थ के लिए हमारे समाज में एक ऐसे वर्ग का निर्माण किया, जो अपनी मानसिक हीनता से अँगरेज़ों के राज्य का, अपने देश की गुलामी का, समर्थन करने में न चूके ! इसी वर्ग के हैं ये लोग, जो हँस-हँसकर तालियाँ पीट रहे हैं।

कार्यक्रम समाप्त हुआ। अब मैं हैकमैन के हॉल से बाहर था, खुले वातावरण में, जहाँ मस्तिष्क अपने भीतर सारे समाज को लिये हुए था। उसी में उभर आया फिर वह लाल प्रश्न—"मेरे देशवासियों में स्वतन्त्रता के गौरव की जागृति क्यों नहीं हुई ?" एक नया प्रकाश मेरे भीतर आ चला हैकमैन के प्रकाशगृह से। इस प्रकाश में मैंने देखा—मेरे प्रश्न का उत्तर मेरे सामने है।

देश का एक यह वर्ग है, जो अनुभव करता है कि 15 अगस्त 1947 को उसका सब कुछ छिन गया है।

देश का एक वह वर्ग है, जो धरती की धूल में लोटा हुआ है और स्वतन्त्रता का प्रकाश जिस तक अभी पहुँच ही नहीं पाया।

एक है हमारे समाज का आकाश, दूसरा धरती। इस धरती पर इधर स्वतन्त्रता का सूर्य निकला, उधर साम्प्रदायिकता की बाढ़ आयी। इसी बाढ़ के साथ महँगाई और अभाव का कूड़ा-कचरा भी बह आया, जो दिमाग़ों पर इस तरह छा गया है कि धरती आज की दलदल में इस तरह घिर गयी कि कल के स्वर्णकलश को देख ही न सके !

चिन्तन ने कहा, "प्रश्न का उत्तर स्पष्ट है कि इस परिस्थिति में कौन है, जो स्वतन्त्रता के गौरव से दीप्त हो और गुलामी की सिंधड़न से ऊपर

उठकर भभक उठे।"

प्रश्न का काम-चलाऊ उत्तर मिल गया, पर उससे मन हलका न हुआ था। तब आया 15 अगस्त 1948–भारतीय स्वतन्त्रता की पहली वर्षगाँठ ! शासन और जनता दोनों ने एक हो इसे मनाया। फ़ौजी प्रदर्शन था, जलूस था, जलसा था–हज़ारों की भीड़ थी। मैं भीड़ में लोगों के चेहरे देख रहा था। उन्हें एक पुस्तक की तरह पढ़ रहा था। लोग स्वतन्त्रता की वर्षगाँठ मना रहे थे, पर स्वतन्त्रता के गौरव का प्रकाश तो उन चेहरों पर नहीं था। हृदयों में ही आग नहीं है, तो मुद्राओं में गरमी कहाँ से आये ?

एक भाव भीतर से मुझमें उमड़ उठा–कुछ धुँधला-सा, कुछ अधूरा-सा। मैंने उसे उलटा-पलटा कि पकड़ पाऊँ–गुलामी गयी है, आज़ादी आयी है। हाँ, गुलामी गयी है, आज़ादी आयी है, तो फिर लोगों में स्वतन्त्रता की चेतना क्यों नहीं है ! धुँधलापन कम हो चला और यह आया प्रकाश-भरा प्रश्न–आनेवाली को जिन्होंने नहीं पहचाना, क्या वे जानेवाली को पहचानते थे ?

मस्तिष्क का द्वार खुल गया–जिन्हें गुलामी की पीड़ा ने कभी पीड़ित नहीं किया, उन्हें आज़ादी का गौरव कैसे उत्फुल्ल कर सकता है ?

तब मैंने सोचा–गुलाम को गुलामी का दर्द न हो; यह अँगरेज़ राजनीति का करिश्मा था !

आज़ाद को आज़ादी का गौरव मिले, यह स्वतन्त्र राष्ट्र की राजनीति का उत्तरदायित्व है !

साम्प्रदायिक उपद्रव शान्त कर दिये गये। गाँधीजी के महान् बलिदान से देश को मनोवैज्ञानिक स्थिरता प्राप्त हुई। सरदार पटेल की दृढ़ता से त्रावनकोर, जूनागढ़, हैदराबाद में उठे राजनीतिक तूफ़ान शान्त कर दिये गये और राज्यों को भारत में मिलाकर अखण्ड भारत की स्थापना हुई। वीरवर करिअप्पा के नेतृत्व में कश्मीर में पाकिस्तानियों को कुलच दिया गया। नेहरू की लोकप्रियता से विश्व में भारत का मान बढ़ा। नये संविधान ने भारत में गणराज्य-स्थापना की घोषणा की। पहले आम चुनाव शान्ति से हो गये और व्यवस्थित शासन आरम्भ हुआ। पंचवर्षीय योजना के माध्यम से देश का नवनिर्माण आरम्भ हो

गया। विश्व के महान् राज्यों की ओर से सहायता मिलने लगी। कण्ट्रोल हटा दिया गया—चीज़ों की सुलभता बढ़ी, जीवन सुगम हुआ और लोगों के मन में स्वतन्त्रता की चेतना का आभास झलकने लगा। पाकिस्तान की नित नूतन शासकीय कलाबाज़ियों के शीशे में भारत की उन्नति और भी स्पष्टता से भारतवासी देख सके और इससे उनके मन में स्वतन्त्रता की चेतना-रेखाएँ और भी गहरी हो उठीं। विश्व के महान् पुरुषों के भारत-आगमन से इस गहराई में एक नयी चमक आयी। इसी बीच विभिन्न राज्य सरकारों ने कुछ क़ानून बनाये। समाज के साधारण जनों ने न्यायालय में उन क़ानूनों को ललकारा और फलस्वरूप वे सरकारें हार गयीं और नागरिक जीत गये। इसने लोगों के मन में स्वतन्त्रता का विश्वास पैदा किया और लोग सोचने लगे—अब हम स्वतन्त्र हैं।

जून 1960 : मसूरी।

घूमने निकला, तो सूरज पहाड़ों से ऊपर आ ही रहा था और समय बहुत सुहावना था। पैर लम्बे हो गये और हैप्पी वेली जा निकला उस छोर तक जहाँ नीचे गाँव बसे हैं। दो गाँववाले कमर पर दूध के डिब्बे बाँधे चले आ रहे थे। मैं भी उनके साथ हो लिया और बातें होने लगीं। कोई आध मील तक घरेलू बातें करने के बाद मैंने उन्हें तराज़ू पर धरा—"भैया, शहरी लोगों की शान है, मज़े हैं, पर मेरे-तुम्हारे-जैसे लोगों को तो स्वराज्य का कुछ फ़ायदा पहुँचा नहीं।"

अरे साहब, सुनते ही वह बड़ा दूधवाला तमक उठा—"आपको नहीं पहुँचा होगा सोराज का फ़ायदा; हमें तो बहुत पहुँचा है।"

मैंने नाराज़ी-जैसे स्वर में कहा, "क्या फ़ायदा पहुँचा है ? जैसा पहले था, वैसा अब है।"

दूधवाला गरम हो उठा—"आपके शहर में होगा वैसा का वैसा, हमारे शहर में तो जहाँ, हिन्दुस्तानी की बात छोड़ो, अँगरेज़ का कुत्ता भी नहीं जा सकता था, वहाँ अब हम जाकर शान से बैठते हैं। पहले डण्डे के—रेलिंग के—पास-पास भी डरे-दुबके-से चलते थे। अब बीच सड़क में चलते हैं, जैसे राजा-नवाब हों।"

मैंने अपने को बदला और उसके स्वर में स्वर मिलाया—"हाँ भाईजी,

आपकी यह बात तो ठीक है, डर तो अब किसी का नहीं रहा, अँगरेज़ ही अब तो बचकर चलता है।"

वे अपनी राह चले गये, मैं एक बेंच पर बैठ गया। समय की बात, तभी एक घटना हो गयी। सामने की बेंच पर एक अपटूडेट व्यक्ति बैठे थे, पूरे साहब बहादुर ! नीचे से आकर एक मैले कपड़ों का पहाड़ी युवक उसी बेंच पर बैठ गया। उन्हें यह अच्छा नहीं लगा और झिड़ककर उन्होंने कहा, "ऐ, उधर बैठो !"

युवक पर झिड़की का कोई असर नहीं पड़ा और बेरुख़ी से उसने कहा, "क्यों ? यहाँ तो काफ़ी जगह पड़ी है, आप फैलकर बैठ जाइए !"

वे सज्जन नाराज़ हुए, "बकता है ! उधर बैठ !"

युवक पर ज़रा भी असर नहीं पड़ा। उसने अपने जूते भी बेंच पर ही रख लिये और तरारे से कहा, "साहबजी, आज़ादी सारे हिन्दुस्तान को मिली है, कुछ आपको ही नहीं।"

वे सज्जन उठकर चले गये और मैं सोचने लगा—15 अगस्त 1947 को आज़ादी देश के नेताओं के हाथ में आयी थी, 1948 में जिससे कुछ लोग अस्त-व्यस्त थे और कुछ अपरिचित, 1951-52 में जिसका स्पर्शभाव देश के भावनाशील और बौद्धिक लोगों ने अनुभव किया था। 1954-55 में जिसके प्रति लोगों के मन में विश्वास की रेखाएँ खिंची थीं, 1960 में मैं उस आज़ादी के गौरव का एहसास लोगों में देख रहा हूँ। लोग अब अनुभव करते हैं कि हम स्वतन्त्र हैं और हमें स्वतन्त्रता के अधिकार प्राप्त हैं।

सूरज खिल रहा था। मीठी धूप बरस रही थी। मैं उसमें नहाता-सा चला आ रहा था। आ गया बाज़ार, भीड़, आना-जाना, आवाज़ें—गति। मैंने देखा—सड़क पर जगह-जगह मूँगफली के छिलके पड़े थे। पान की पीकों से सड़क खराब थी। एक धक्का-सा लगा और तब मन में उगा यह विचार—मेरे देशवासियों में स्वतन्त्र मानव के अधिकार की भावना तो जाग उठी है, पर स्वतन्त्र मानव के कर्तव्य की भावना नहीं जागी। जिस दिन यह जागेगी, हमारी स्वतन्त्रता का अनुष्ठान उसी दिन पूर्ण होगा।

□

लोहे के स्टैच्यू बोल उठे !

आदमी के चेहरे पर एक मुख है। मुख में वाणी है, जो हृदय और मस्तिष्क के भावों को भाषा का माध्यम देती है, पर इस वाणी के अतिरिक्त भी मनुष्य के चेहरे की एक वाणी है, जो बिना भाषा के बोलती है।

मनुष्य को देखते ही हमपर, एक छाप पड़ती है। उसे हमारी भीतरी आँखें देखती हैं और मन के कान सुनते हैं, यह बिना भाषा की ख़ामोश वाणी है।

यह मैंने कही आदमी–मनुष्य–इनसान की बात, पर एक अजीब बात बताऊँ कि कुछ विशिष्ट भवनों-मकानों में द्वार तो होते ही हैं, मुख भी होता है और वाणी भी। मैंने दिल्ली के लालक़िले और नयी दिल्ली के संसद्-भवन में ऐसे चेहरे देखे हैं और उनकी ख़ामोश आवाज़ मेरे मन के कानों ने सुनी हैं।

उस दिन कलकत्ते की रेड रोड से गुज़रा, तो देखता हूँ, यह खड़ा है एक ओर एक विशाल भवन–सफ़ेद संगमर्मर से निर्मित। द्वार के साथ उसका भी एक चेहरा है, चेहरे में मुख है, मुख में मूक वाणी है।

उसे सुनने को मैं अपने सूक्ष्म कानों में सिमट आया। वे ख़ामोश बोल कुछ यों थे–"मैं साम्राज्ञी विक्टोरिया का स्मारक हूँ–विक्टोरिया मेमोरियल–और मुझमें ताजमहल का सौन्दर्य एवं जुमा-मस्जिद की विशालता है।"

मेरी आँखों ने निर्निमेष हो, एक बार फिर उसे अपने अंक में समेट लिया, पर अन्तश्चेतना की अनुभूति के बोल कुछ यों थे–"सौन्दर्य और विशालता में सन्देह नहीं, पर तुममें ताजमहल एवं जुमा-मस्जिद की वह सजीव आन्तरिकता नहीं, जो आँखों की राह चाँदनी-सी मानस के आँगन में फैल जाती है।"

और मैं इस भवन के निकट हो, निहारने लगा।

बायाँ हाथ है कूल्हे पर और दायें हाथ से पकड़े हैं वह चोगा। नस-नस में उसकी तनाव है—वीणा के तार का तनाव नहीं, जो उँगली का स्पर्श पाते ही झंकृत हो, वातावरण को एक मीठे—मुलायम स्पन्दन से भर देता है; हाँ धनुष की प्रत्यंचा का तनाव, जो चुटकी की चिकौटी पाते ही अपनी टंकोर से वातावरण को एक पैने आतंक से भर देता है—यह दर्प का, अहंकार का, तनाव, जो अपनी विजय के उल्लास से नहीं, दूसरे की पराजय के उपहास से पनपता है।

विक्टोरिया मेमोरियल के सामने मैदान में खड़ा है यह लॉर्ड कर्जन का स्टैच्यू। ओह, इस तरह की अकड़ कि आदमी से अपना ही आपा उठाये न उठे और थामे न थमे !

इस दर्प की पृष्ठ-भूमि क्या है ?

जिस छोटे-ऊँचे चबूतरे पर कर्जन खड़ा है, उसके चार कोनों पर चार छोटी लौह-प्रतिमाएँ जड़ी हैं—पैक्स।

एक में रानी खड़ी है और दो आदमी कपड़ा बेच-ख़रीद रहे हैं—एक ग्राहक, एक विक्रेता।

दूसरे में रानी अकाल-पीड़ितों को भोजन दे रही है।

तीसरे में एक बालक तख़्ती-पुस्तक लिये खड़ा है और एक माता फूलों की टोकरी लिये।

चौथे में एक फावड़ेवाला पुरुष है, खेत में पानी सींचती एक नारी है, धान्य लिये बालक है।

क्या कहते हैं ये चार चित्रण ?

ये कहते हैं : विक्टोरिया के राज्य में अविकसित भारत को व्यापार-व्यवसाय मिला, अकाल की भूख में सहायता मिली, नहरों के रूप में कृषि का विकास मिला और शिक्षा मिली।

यह भारत के लिए अँगरेज़ी राज्य के दान-निर्माण का बखान हुआ। तो क्या कर्जन के दर्प में इसी निर्माण की चेतना है ?

और यह क्या है ? दर्प-दीप्त कर्जन के पैरों तले, ऊँचे चूबतरे के बायीं ओर लौहपट पर निर्मित यह किस भवन का चित्र है ?

ओह, यह तो ताजमहल का चित्र है—भारतीय स्थापत्य के गौरव, विश्व

के एक अनुपम आश्चर्य ताजमहल का !

हाँ, ताजमहल का, पर उसका यह चित्रांकन यहाँ क्यों किया गया है ? क्या केवल सौन्दर्य-वर्धन के लिए ? अपने प्रश्न में, अपनी जिज्ञासा में मैं खो गया और तब मैंने फिर एक बार कर्जन की आँखों में झाँका। दर्प से दमकती उन आँखों में कुछ यों था–“हाँ, एक भोंदू भारतीय को यही समझना चाहिए !”

मेरे चैतन्य ने व्यंग्य की इस चुभन में चारों ओर हाथ फैलाये, तो लगा कि मेरी उँगली कहीं बिजली के नंगे तार से छू गयी है–ओह कर्जन के दर्प का रहस्य ताजमहल के इसी चित्र में है !!!

बुद्धि ने चौंककर पूछा, “क्या है वह रहस्य ?”

मेरा चेतन बिजली के उस झनझनाते धक्के से उबर अब बोध की स्थिति में था। बोध की स्थिति, जहाँ रहस्य उत्प्रेक्षा की झिलमिल में आँख-मिचौनी नहीं खेलता, तथ्य और यथार्थ की स्पष्टता में खुली धूप-सा खिल उठता है।

भारत की आत्मा में, भारतीय जीवन में एक बाँकपन है और बाँकपन बन्धन के विरुद्ध कब कैसा विद्रोह कर बैठे, इसे कोई नहीं जानता, तो अँगरेज़ राजनीति के लिए आवश्यक हुआ कि आत्मगौरव का यह बाँकपन चारों ओर से बिना जानें ऐसी चोटें खाये कि हहराकर ढह पड़े।

ताजमहल भारत की विशिष्टता है और उसके आत्मगौरव को गुलामी के अन्धकार में भी एक दीप्ति देता है। यह दीप्ति उस बाँकपन को स्फुरणा देती है। तब बनाया गया यह विक्टोरिया मेमोरियल, जो ताजमहल के गौरव की दीप्ति के दीपक को हाथ की झपकी-सी दिये-दिये कहता है :

कुछ तू ही नहीं है एक ताजमहल कि शरद्-पूर्णिमा की चाँदनी में सौन्दर्य का हीरा-सा चमके ! देख, मैं भी हूँ सफ़ेद संगमर्मर का ही एक महान् निर्माण; तेरे से ऊँचा और विशाल !!

फिर तेरे भीतर है क्या ? सिवाय दो क़ब्रों के, जिनमें गड़े मुरदों के दो रूखे कंकाल अपने अतीत को रोया करते हैं। इधर देख, मेरे भीतर है एक से एक सुन्दर कलाकृतियों का संग्रह। हुं : बड़ा आया है ताजमहल का बच्चा !!!

और मैं देख रहा हूँ, विक्टोरिया मेमोरियल के निर्माता लार्ड कर्जन के रोम-रोम में छाये तनाव में इसी ललकार का दर्प कसा हुआ है !

बुद्धि उचककर पूछती है, क्या कर्जन अपने लक्ष्य को पा सका ? क्या

विक्टोरिया मेमोरियल से ताजमहल की दीप्ति का दीपक झपझपाया ?

प्रश्न उमड़ते रहे, पग आगे बढ़ते रहे। कर्जन और सिंहद्वार के बीच, एक ऊँचे मंच पर जमे सिंहासन पर आसीन हैं ये महारानी विक्टोरिया। उच्चता, महत्त्व और शालीनता से वातावरण और मुद्रा इस तरह ओत-प्रोत कि मैं भूल गया हूँ कर्जन के दर्प को और विक्टोरिया को; बस मेरे मन के चारों ओर है एक वृद्धत्व और हाँ, एक ममतामय महान् मातृत्व।

माँ, प्रणाम !

स्वरहीन शब्दों की यह श्रद्धांजलि जैसे बिना दिये ही मैंने विक्टोरिया को अर्पित कर दी। सच कहूँ, मुझसे अर्पित हो गयी।

मैं देख रहा हूँ, महारानी भौंचक जिज्ञासा और अवाक् आश्चर्य से अभिभूत है—“अच्छा ! तुम मेरा सम्मान करते हो ?”

“हाँ, निश्चय ही; यह तो मेरे देश की सभ्यता है माँ !”

कहते-कहते ही मैं अनुभव कर रहा हूँ कि मेरे हृदय की सरल ममता तरल हो, उनके अन्तर तक पहुँच गयी है।

मैं सुन रहा हूँ, उनके रुकते-झिझकते-से स्वर मुझ तक आ रहे हैं—“तब तो तुम्हें दुख होगा कि मेरे वंशजों का राज्य अब यहाँ नहीं रहा ?”

“माँ, वह तो एक अन्याय था और अन्याय के निवारण में किसी न्यायवान् को भला दुःख क्यों हो ? फिर उस अन्याय का निवारण अपने हाथों कर आपके वंशजों ने तो विश्व के इतिहास में यश कमाया है।” मैंने कहा।

“ठीक है तुम्हारी बात; विवशता को सफलता में बदल देने का वैसा उदाहरण अन्यत्र दुर्लभ है।” वे बोलीं और उभर आ रहे अवसाद के कोहरे को धकियातीं-सी नये प्रश्न में उभरीं—“मेरा यह स्मारक तो शानदार है ?”

भारत का संस्कार है, बूढ़ों की बात रखना, तो मुँह ने अनायास कहा—‘हाँ’ और हृदय के सारस्य में ‘आँ’ का अनुनासिक उन तक तैर-सा गया, तो मुझ तक उचक आया उनका प्रश्न—“फिर इसे ताजमहल-जैसा महत्त्व क्यों नहीं मिला ?”

उफ् !

मेरे कलेजे में एक सुई-सी चुभ गयी—ओह, दर्पदीप्त कर्जन के पैरों तले, एक लौहपट पर उभरे ताजमहल के चित्र और विक्टोरिया के इस प्रश्न की

जीवन-डोर भीतर ही भीतर आपस में गुँथी है !

चुभन पैनी थी, गहरी थी, तो मेरे स्वर आवेश का हलका-सा स्पर्श पा ही गये—"ताजमहल दो हृदयों के प्रेम की जोत है, दो भिन्न व्यक्तियों की अभिन्नता का प्रतीक। और यह मेमोरियल ! यह आपका स्मारक कहाँ है महारानी ? यह तो एक सुनियोजित धूर्तता की प्रदर्शनी है !"

आवेश का हलका स्पर्श गहरा हो गया—"ताजमहल बारह दिन में बना हो या बारह वर्षों में, क्षण-क्षण उसके निर्माता की भावना रही कि ऐसा बने यह ताज कि युग-युगों तक मेरी प्रियतमा की आत्मा को शान्ति मिले। इसके विरुद्ध मेमोरियल बारह दिन में बना हो या बारह वर्षों में, इसके निर्माता की क्षण-क्षण यह भावना रही कि ऐसा बने यह मेमोरियल कि दासता के दिनों भी भारतीयों के आत्मगौरव को दीप्ति देनेवाले उस ताजमहल का पानी उतर जाये—कम से कम सौन्दर्य और स्थापत्य के क्षेत्र में उसका एकत्व, उसकी मोनोपॅली तो टूट ही जाये !

महारानी, ताजमहल प्यार-पगी ताज का स्मारक है, क्योंकि उसके लक्ष्य से बना था—उसकी एक-एक ईंट उसका ध्यान करके रखी गयी थी, पर मेमोरियल के निर्माण-लक्ष्य में आप कहाँ हैं ? फिर कहाँ का स्मारक और किसका स्मारक ? कहा नहीं मैंने कि यह तो सुनियोजित धूर्तता की एक प्रदर्शनी है।"

मुझे लगा कि निर्माण-धातु का कालापन विक्टोरिया के मानस तक सघन हो, चिपट गया है। यह दृश्य इतना दयनीय है कि देखा न जाये। इधर-उधर करने को मैंने आँखें फेरीं, तो देखा—विक्टोरिया के दोनों ओर खड़े हैं दो बन्दूक़धारी सिपाही, जिनमें एक की बन्दूक़ किसी ने बलपूर्वक तोड़ दी है।

मेरे बायें हाथ है विशाल कैथोलिक चर्च। मैं सुन रहा हूँ यह चर्च कुछ कह रहा है। क्या कह रहा है यह चर्च ? कह रहा है—मेरे अनुयायियों की विजय-यात्रा का व्याकरण यह है कि पहले बाइबिल हाथ में लिये पादरी पहुँचे और तब कन्धों पर बन्दूक़ धारे सिपाही। आज भारत में हमारे सिपाही की बन्दूक़ टूट गयी है, पर मैं अपना काम अब भी किये जा रहा हूँ और लो, सच बता दूँ तुम्हें, अब पादरी और सिपाही दोनों का काम मेरे ही हाथों में है।

विचारों से मन इतना भर गया है कि कुछ नयी बात सुनने और सोचने को जी नहीं चाहता, पर आँखें तो अपना काम कर ही रही हैं।

इसी सड़क पर बायें हाथ है वह एक ऊँचा स्टैच्यू–घोड़े पर सवार किचनर। वाह, घोड़े में क्या लहरा है। अपना दायाँ पैर उठाये वह अबोल हिनहिनाहट से वातावरण को भर रहा है; जैसे अपने सवार से कह रहा हो कि खड्ड हो या खाई, नदी हो या नाला, चिन्ता क्या है, तुम ज़रा लगाम को इशारा दो तो, पर जो वाहन के कहे कूदे वह क्या सवार ? सवार लगाम को सधे हाथों साधे अपने लक्ष्य को देख रहा है।

किचनर के ठीक सामने घोड़े पर सवार मिण्टो है। यह घोड़ा अपना दायाँ पैर आगे बढ़ाये, बढ़ने को उतावला है, पर मिण्टो की सधी लगाम ज़रा लरज़ा तो आये !

इसी सड़क पर ज़रा और आगे बायें हाथ है घोड़े पर सवार राबर्ट्स। घोड़ा मुँह बाये पूरी तेज़ी में और सवार दर्प से जलता हुआ। इसके ठीक सामने अपने घोड़े पर सवार लैन्सडाऊन, अपनी प्रभावशाली मुद्रा में और इसके नीचे एक छोटा स्टैच्यू, जिसमें दो बालक हाथ मिला रहे हैं।

मुझे याद आ गया पुराने युग का एक पुलिस कप्तान रॉजर्स। उसका एक ख़ानसामा था मुसलमान और दूसरा हिन्दू। दोनों रूखे, दोनों लड़ाके–तुनकमिज़ाज; जब-तब आपस में गुत्थम-गुत्था। कप्तान जब सुने कि वे जूझ रहे हैं, तो दौड़कर बाहर आये और दोनों के कन्धे थपथपाकर कहे–"शाबास, तुम तुम एक, तो हम लन्दन !"

बालकों के स्टैच्यू देखकर मैं सोच रहा हूँ कि 'तुम-तुम' तो एक हुए नहीं पर 'हम' और उसके भाई-बन्धु लन्दन पहुँच ही गये। भारत की स्वतन्त्रता, इतिहास का कितना बड़ा चमत्कार है !

कल्पना का विश्व भी कितना अद्‌भुत है ! मैं देख रहा हूँ किचनर, मिण्टो, राबर्ट्स और लैन्सडाऊन आकर विक्टोरिया के पास खड़े हो गये हैं। अरे, यही नहीं, ये तो देश-भर से अँगरेज़ों के प्रमुख स्टैच्यू यहीं आ गये हैं–कई किंग, कई गवर्नर जनरल, कई कमाण्डर इन-चीफ़ और कई दूसरे योद्धा–एक से एक शानदार और बाँके !

उन्हें देखकर मुझे एक बात सूझ आयी और मैं उनसे कह उठा–आपकी

जाति का शासन अब इस देश में नहीं रहा और हम स्वतन्त्र हैं कि जो चाहें करें, पर आपको देखकर मुझे अपने देश की सहिष्णुता और उदारता पर गर्व हो रहा है कि आज भी आप लोग अपने-अपने स्थान पर अपने पूर्व गौरव और गर्व की मुद्राओं में ज्यों के त्यों सम्मानपूर्वक खड़े हैं।

मैं अनुभव कर रहा हूँ कि मेरी बात सुनकर वे सब गहरे विषाद में डूब गये हैं और तब सुनाई पड़ी निश्वासों में काँपती-डूबती-सी यह आवाज़—"ठीक है, हम आज भी अपने-अपने स्थान पर अपने पूर्व गौरव और गर्व की मुद्राओं में ज्यों के त्यों सम्मानपूर्वक खड़े हैं, पर भाग्य की इस विडम्बना को हम क्या करें कि पहले हम अपने आत्मगौरव और राष्ट्रीय गर्व के चित्र थे और अब हम अपने आत्मगौरव और राष्ट्रीय गर्व के व्यंग्य चित्र हैं !"

यह शायद बूढ़े एडवर्ड की आवाज़ थी !

□

राबर्ट नर्सिंग होम में !

कल तक जिनका अतिथि था, आज उनका परिचारक हो गया; क्योंकि मेरी आतिथेया अचानक रोग की लपेट में आ गयीं और उन्हें इन्दौर के राबर्ट नर्सिंग होम में लाना पड़ा।

यह है सितम्बर 1951 !

रोग का आघात पूरे वेग में, परिणाम कँपकँपाता और वातावरण चिन्ता से घिरा-घेरा कि हम सब सुस्त। तभी मैंने चौंककर देखा कि अपने विशिष्ट धवल वेष से आच्छादित एक नारी कमरे में आ गयी हैं।

देह उनकी कोई पैंतालीस वसन्त देखी, वर्ण हिम-श्वेत, पर अरुणोदय की रेखाओं से अनुरंजित, क़द लम्बा और सुता-सधा।

"लम्बा मुँह अच्छा नहीं लगता; बीमार के पास लम्बा मुँह नहीं।" आते ही उन्होंने कहा। भाषा सुथरी, उच्चारण साफ़ और स्वर आदेश का, पर आदेश न अधिनायक का, न अधिकारी का, पूर्णतया माँ का, जिसका आरम्भ होता है पंजे से और अन्त गोद में।

हाँ, वह माँ ही थी : होम की अध्यक्षा मदर टेरेज़ा, जन्मभूमि जिसकी फ़्रान्स और कर्मभूमि भारत। उभरती तरुणाई से उम्र के इस ढलाव तक रोगियों की सेवा में लवलीन; यही काम, यही धाम, यही राग, यही चाव और बस यही नहीं !

उन्होंने रोगी के दोनों म्लान कपोल अपने चाँदनी-चर्चित हाथों से थपथपाये, तो उसके सूखे अधरों पर चाँदी की एक रेखा खिंच आयी और मुझे लगा कि वातावरण का बोझ कुछ कम हो गया।

तभी एक खटाक और हमारा डॉक्टर कमरे के भीतर। मदर ने उसे देखते

ही कहा, "डॉक्टर, तुम्हारा बीमार हँस रहा है।"

"हाँ, मदर ! तुम हँसी बिखेरती जो हो !" डॉक्टर ने अपने जाने कितने अनुभव यों एक ही वाक्य में गूँथ दिये।

मैंने भावना से अभिभूत हो सोचा—जो बिना प्रसव किये ही माँ बन सकती है, वही तीस रुपये मासिक के योग-क्षेम पर बीस वर्ष के दिन और रात सेवा में लगा सकती है और वही पीड़ितों के तड़पते जीवन में हँसी बिखेर सकती है।

तीसरे पहर का समय, थर्मामीटर हाथ में लिये यह आयीं मदर टेरेज़ा और उनके साथ एक नवयुवती, उसी विशिष्ट धवल वेष में; गौर और आकर्षक। हाँ, गौर और आकर्षक, पर उसके स्वरूप का चित्रण करने में ये दोनों ही शब्द असफल। यों कहकर उसके आस-पास आ पाऊँगा कि शायद चाँदनी को दूध में घोलकर ब्रह्मा ने उसका निर्माण किया हो। रूप और स्वरूप का एक दैवी साँचा-सी वह लड़की। नाम उसका क्रिस्ट हैल्ड और जन्मभूमि जर्मनी।

फ़्रान्स की पुत्री मदर टेरेज़ा और जर्मनी की दुहिता क्रिस्ट हैल्ड एक साथ, एक रूप, एक ध्येय, एक रस।

"तुम्हारा देश महान् है, जो युद्ध के देवता हिटलर को भी जन्म दे सकता है और तुम्हारे-जैसी सेवाशील बालिका को भी।" मैंने उससे कहा, तो दर्प से दीप्त हो वह स्टैच्यू हो गयी और अपना दाहिना पैर पृथ्वी पर वेग से ठोककर बोली—"यस-यस।"

वह दूसरे कमरे में चली गयी, तो मैंने मदर टेरेज़ा को टटोला, "आप इस जर्मन लड़की के साथ प्यार से रहती हैं ?"

बोलीं, "हाँ, वह भी ईश्वर के लिए काम करती है और मैं भी, फिर प्यार क्यों न हो ?" मैंने नश्तर चुभाया—"पर फ़्रान्स को हिटलर ने पददलित किया था, यह आप कैसे भूल सकती हैं ?"

नश्तर तेज़ था, चुभन गहरी, पर मदर का कलेजा उनसे अछूता रहा। बोलीं, "हिटलर बुरा था, उसने लड़ाई छेड़ी, पर उससे इस लड़की का घर ढह गया और मेरा भी; हम दोनों एक।"

'हम दोनों एक' मदर टेरेज़ा ने झूम में इतने गहरे डूबकर कहा कि जै

मैं उनसे उनकी लड़की को छीन रहा था और उन्होंने पहले ही दाँव में मुझे चारों खाने चित दे मारा।

मदर चली गयीं, मैं सोचता रहा : मनुष्य-मनुष्य के बीच मनुष्य ने ही कितनी दीवारें खड़ी की हैं—ऊँची दीवारें, मज़बूत फ़ौलादी दीवारें, भूगोल की दीवारें, धर्म-विश्वास की दीवारें, जाति-वर्ण की दीवारें, कितनी मनहूस, कितनी नगण्य, पर कितनी अजेय !

क्रिस्ट हैल्ड के पिता जर्मनी में एक कॉलेज के प्रिन्सिपल हैं और उसने अभी पाँच वर्षों के लिए ही सेवा का व्रत लिया है।

रोगिणी के गहरे काले बाल देखकर उसने कहा, "तुम्हारे काले बाल मेरे पिता के हैं।" कहा कि वह स्मृतियों में खो-सी गयी।

मुझे लगा कि मैं ही क्रिस्ट हैल्ड हूँ। अपने माता-पिता से हज़ारों मील दूर, एक अजनबी देश में, अकेली, खोयी, छली-सी और मेरी आँखें भर आयीं।

लड़की मेरे आँसुओं में डूब-डूब गयी और किनारा पाने को उसने जल्दी से उन्हें अपने रूमाल से पोंछ दिया। उसकी सदा हँसती आँखें सम हो नरम हो आयीं, पर ज़रा भी नम नहीं। मैंने पूछा, "घर से चलते समय रोयी थीं तुम ?" उसका भोला उत्तर था, "ना, माँ बहुत रोयी थी।"

फटी आँखों कुछ देर मैं उसे देखता रहा, तब कुछ बिस्किट उसे भेंट किये। बोली, "धन्यवाद, थैंक यू, तांग शू।" वह अकसर हिन्दी-अँगरेज़ी-जर्मन भाषाओं के शब्द मिलाकर बोलती है।

हम सब हँस पड़े और वह हँसती-हँसती भाग गयी।

मदर टेरेज़ा बातों के मूड में थीं। मैंने उनके हृदय-मानस में चोर दरवाज़े से झाँका—"मदर, घर से आने के बाद फिर आप घर नहीं गयीं ? कभी मिलने-जुलने भी नहीं।" कान अपना काम कर चुके थे, वाणी को अपना काम करना था, पर मदर ने उसकी राह मोड़ दी और तब मैंने सुनी यह कहानी :

कई वर्ष हुए फ़्रान्स में विश्व-भर के पूजा-गृहों का एक सम्मेलन हुआ। भारत की दो मदर भी प्रतिनिधि होकर उस सम्मेलन में गयीं। वे फ़्रान्स की ही थीं, उनके माता-पिता फ़्रान्स में ही थे। उन्हें पता था कि बरसों बाद

हमारी पुत्रियाँ आ रही हैं।

दोनों माताएँ अपनी पुत्रियों का स्वागत करने जहाज़ पर आयीं, पर विचित्र बात यह हुई कि वे दोनों अपनी पुत्रियों को पहचान न पायीं और आपस में पूछती रहीं कि तुम्हारी बेटी कौन-सी है ? अन्त में उनका नाम पूछा और तब गले मिलीं।

कहानी पूरी हुई, तो कई प्रश्न उठे, पर मदर टेरेज़ा उनके उठते न उठते भाग गयीं। निश्चय ही उन दोनों अनपहचानी पुत्रियों में से एक वे स्वयं थीं।

बस इतना ही एक दिन मैं उनसे और कहला सका :

"घर से बहुत चिट्ठी आती हैं, तो मैं यहाँ के किसी स्थान का फ़ोटो भेज देती हूँ।"

रोग पूरे उभार पर था, रोगी के लिए असह्य। मदर टेरेज़ा ने कहा, "तुम्हारे लिए आज विनती करूँगी।" उनका चेहरा उस समय भक्त की श्रद्धा से प्रोद्भासित हो उठा था।

रोगी ने कहा, "कल भी करना मदर !"

मदर के स्वर में मिश्री ही मिश्री, पर मिश्री कूजे की थी जो मिठास तो तुरन्त देती है, पर घुलती तुरन्त नहीं और बल का प्रयोग हो तो मसूड़े तक छील देती है। बोली, "ना, कल उसके लिए करूँगी, जिसे सबसे अधिक कष्ट होगा !" जैसे हज़ार वॉल्ट का बल्ब मेरी आँखों में कौंध गया।

मैंने बहुतों को रूप से बहुतों को पाते देखा था, बहुतों को धन से और गुणों से भी बहुतों को पाते देखा था, पर मानवता के आँगन में समर्पण और प्राप्ति का यह अद्भुत सौम्य स्वरूप आज अपनी ही आँखों देखा कि कोई अपनी पीड़ा से किसी को पाये और किसी का उत्सर्ग सदा किसी की पीड़ा के लिए ही सुरक्षित रहे।

ऊपर के बरामदे में खड़े-खड़े मैंने एक जादू की पुड़िया देखी—जीती-जागती जादू की पुड़िया। आदमियों को मक्खी बनानेवाला कामरूप का जादू नहीं, मक्खियों को आदमी बनानेवाला जीवन का जादू—होम की सबसे बुढ़िया मदर मार्गरेट।

क़द इतना नाटा कि उन्हें बड़ी गुड़िया कहा जा सके, पर उनकी चाल में ग़ज़ब की चुस्ती, क़दम में फुर्ती और व्यवहार में मस्ती; हँसी उनकी यों कि

मोतियों की बोरी खुल पड़ी और काम यों कि मशीन मात माने, भारत में चालीस वर्षों से सेवा में रसलीन, जैसे और कुछ उन्हें जीवन में अब जानना भी तो नहीं !

ऑपरेशन के लिए एक रोगी आया, ऐश-आराम में पला जीवन। कहने की बेचारे को आदत, सहने का उसे क्या पता, पर कष्ट क्या पात्र की क्षमता देखकर आता है ? "मदर, मर जाऊँगा।" उसने विह्वल होकर कहा। वातावरण चीत्कार की विह्वलता से भर गया, पर बूढ़ी मदर की हँसी के दीपक ने झपकी तक नहीं खायी।

बोली, "कुछ नहीं, कुछ नहीं, आज है एवरीथिंग (सब कुछ), कल समथिंग (कुछ-कुछ) और बस तब नथिंग (कुछ नहीं)।" और वे इतने ज़ोर से खिलखिला कर हँसीं कि आस-पास कोई होता तो झेंप जाता।

एक रोगी उन्होंने देखा—चिन्ता के गर्त से उठ-उभरती रोगिणी। ज़ोर से चुटकियाँ बजाकर वे किलकीं—जि-उती; जि-उती। यह है उनका जी उठी, जी उठी।

यह अनुभव कितना चमत्कारी है कि यहाँ जो जितनी अधिक बूढ़ी है, वह उतनी ही अधिक उत्फुल्ल है, मुसकानमयी है। यह किस दीपक की जोत है ? जागरूक जीवन की ? लक्ष्यदर्शी जीवन की ? सेवा-निरत जीवन की ? अपने विश्वासों के साथ एकाग्र जीवन की ? भाषा के भेद रहे हैं, रहेंगे भी, पर यह जोत विश्व की, सर्वोत्तम जोत है।

सिस्टर क्रिस्ट हैल्ड का तबादला हो गया—अब वह धानी के भील-सेवा-केन्द्र में काम करेगी। ओह, उस जंगली जीवन में यह कर्पूरिका; पर कर्पूरिका तो अपने सौरभ में इतनी लीन है कि उसे स्वर्ग के अतिरिक्त और कुछ दीखता ही नहीं, सूझता ही नहीं।

वह हम लोगों को मिलने आयी—हँसती, खिलती, बिखरती और कुदकती। यहाँ से जाने का उसे विषाद नहीं; हाँ एक नयी जगह देखने का चाव उसके रोम-रोम में, पर मुझे उसका जाना कचोट-सा रहा था। वह दूसरे रोगियों से मिलने चली गयी।

इधर-उधर आते-जाते वह दो-तीन बार कमरे के बाहर से निकली, पर फिर एक बार भी उसने उधर नहीं झाँका। मैंने अपने से कहा, "कोई उसमें

लाख उलझे, उसे किसी में नहीं उलझना है।"

और तब सिस्टर क्रिस्ट हैल्ड का, सच यह है कि सिस्टर-मदर-वर्ग का निस्संग-निर्लिप्त-निर्द्वन्द्व जीवन पूरी तरह मेरे मानस-चक्षुओं में समा गया और मैंने फिर आप ही आप कहा—सिस्टर क्रिस्ट हैल्ड, हम भारतवासी गीता को कण्ठ में रखकर धनी हुए, पर तुम उसे जीवन में ले कृतार्थ हुईं।

तभी मेरे भीतर एक रोमांच उभर आया—हमारा समाज नारी को देवत्व से जोड़कर जो निर्माण कर पाया, वह कला-प्रदर्शनी देवदासी होकर ही रह गया; न सिस्टर बन पाया, न मदर। हमने युग-दृष्टि भी पायी, तो हमारे चरण भिक्षुणी और अर्जिका तक पहुँच गये, और बस, और बस !

स्त्री पहले कामिनी है, तब रमणी, तब नारी और तब माँ; पर ये सब कामिनी, न रमणी, न नारी, बस माँ और माँ ही माँ—जो देती है सब कुछ और लेती नहीं कुछ भी। तभी तो इनके हाथ में यह निर्मलता है, इनके खुले सम्पर्क में भी यह निश्छलता है कि कामना का कीटाणु आँख नहीं खोल पाता।

हम डेढ़ सदी पश्चिम के सम्पर्क में रहे और जो कुछ हमने पाया उसका पुल्लिंग है साहब और स्त्रीलिंग है मेमसाहबा—न मदर, न फ़ादर ? तभी तो हमारी पूँजी रह गयी बाहरी उन्मुक्तता; साफ़ कहें, तो मर्यादाहीनता और एक विशेष प्रकार की रूप-सज्जा और हम ले न पाये आन्तरिक उन्मुक्तता, 'स्व का स्वेच्छाशमन कर, सदा जागती पर-वृत्ति, लक्ष्य-दृष्टि, लक्ष्य-गति, न चुकनेवाले और न रुकनेवाले चरण।

और फिर ये मदर, ये सिस्टर, यह मिशनरी भावना ! इस जीवनव्यापी उत्सर्ग का प्रेरणा-केन्द्र क्या है ?

इस प्रेरणा का केन्द्र है—ईसा !

अचानक एक आँधी-सी मुझमें उठी और उसने मुझे झकझोर दिया—जब दूसरे महापुरुषों की प्रेरणा कुछ ही दिनों में मन्द पड़ गयी, तो ईसा के जीवन की प्रेरणा हज़ारों वर्षों के बाद भी इतनी सजीव कैसे है ? हमारे यहाँ विवेकानन्द ने इस भावना की गहराई को अनुभव किया था और रामकृष्ण मिशन के रूप में जगाया था, जो जीवित है, पर जीवनव्यापी न हो पाया !

अपने ढंग पर विवेकानन्द ने अपने साधकों से, राष्ट्र के तरुणों से, पूछा था—"मूर्तियों के सामने घण्टियाँ ही टुनटुनाते रहोगे या जनता के जीवन में, जहाँ भगवान् की बाँसुरी बज रही है, जाओगे ?"

मुझे लगा कि यह प्रश्न राष्ट्र के सारे वातावरण में आज भी [illegible] रहा है। साधनासिक्त वीणा के स्वरों-सा मधुर और मधुर !

□

राष्ट्रपति वी. वी. गिरि की सन्निधि में

हमारी कार राष्ट्रपति भवन की ओर दौड़ी जा रही थी। महामहिम राष्ट्रपति श्री वराहगिरि वेंकटगिरि से मिलने का समय ग्यारह बजे का निश्चित था। यह पहली अप्रैल 1971 की बात है।

कार नयी दिल्ली की सड़कों पर दौड़ रही थी, मेरा मन इतिहास की भूल-भुलैया में चक्कर काट रहा था। 1935 में पहली बार मैंने सैक्रेट्रियेट की छत पर खड़े होकर दूर से राष्ट्रपति भवन की झाँकी ली थी। तब इसका नाम वायसरीगल लॉज था और इसमें वाससराय लार्ड विलिंगडन रहते थे। तब यह भवन हमारे देश की पराधीनता का दुर्गम दुर्ग था और अब यह हमारे देश की स्वाधीनता का मन्दिर है। मन आश्चर्य से झमक-सा उठता है यह सोचकर कि ग़ुलामी के उस घने अन्धकार में, जिसका कहीं ओर-छोर नहीं था, मुझे जाने किस दैवी शक्ति के प्रभाव से स्वाधीनता की उषा के दर्शन हुए थे। मेरा वह अन्तरदर्शन मेरे एक रिपोर्ताज–'दिल्ली यात्रा की स्मृतियाँ' में सुरक्षित है–

"एक मित्र की कृपा से सैक्रेट्रियेट देखने को मिला। लिफ़्ट पर पहली बार मैं यहीं चढ़ा। यह एक विशाल भवन है और इसकी छत पर से नयी दिल्ली की एक बहुत सुन्दर झाँकी दिखाई देती है। एक ओर केन्द्रीय असेम्बली (वर्तमान संसद्) का वह विशाल गोल भवन और दूसरी ओर गुम्बददार वायसराय का निवास-स्थान–वायसरीगल लॉज। कल्पना की आँखों से मैंने देखा–दूर खड़ा वह लाल क़िला उदासीन भाव से इस वैभव की ओर देख रहा है। मेरे मन में आया, किसी दिन लाल क़िला भी तो इसी उत्साह से बनाया गया होगा।

मुग़ल साम्राज्य अपने इन सुदृढ़ और सुन्दर भवनों के कारण आज भी

स्मरणीय है और अँगरेज़ी साम्राज्य अपने स्मृतिचिह्न निर्माण कर रहा है। दिल्ली में कितने ही साम्राज्य उगे, पनपे और विलीन हो गये। यह साम्राज्यों का प्रसूतिगृह भी है और श्मशान-मन्दिर भी ! जीवन और मरण, आदि और अन्त एवं सृष्टि और प्रलय का दिल्ली में कितना सुन्दर सम्मिलन हुआ है !!

हम इतिहास को पढ़ते हैं, पर उससे कुछ भी सीखते नहीं। यही कारण है कि वह अपने को बार-बार दोहराता है। राजपूतों का शासन समाप्त हुआ और मुग़लों का आरम्भ, मुग़लों का अध्याय समाप्त हुआ और अँगरेज़ों का आरम्भ।

आज यही चल रहा है, पर कौन जानता है यह कितना लम्बा है ? इतिहास के सभी अध्याय अपने वर्तमान में अखण्ड, अटल और सर्वांगपूर्ण दीखते हैं, पर समय का प्रभाव इस अभिमान को मिथ्या प्रमाणित कर देता है। वर्तमान कितना मोहक है कि हमें भविष्य की ओर देखने ही नहीं देता !"

उस दिन मैं ही कहाँ जानता था कि जुमा-जुमा आठ दिन, कुल बारह साल बाद ही यह अन्तरदर्शन (आब्ज़रवेशन) एक यथार्थ हो जायेगा और 15 अगस्त 1947 को 'अखण्ड, अटल और सर्वांगपूर्ण' दीखनेवाला अँगरेज़ी साम्राज्य खील-खील हो जायेगा।

मोटर का एंजिन अपना काम कर रहा था और मन का एंजिन अपना। अँगरेज़ों ने छल-कपट से भारत को गुलाम बनाया, उसकी स्वतन्त्रता का अपहरण किया और कलकत्ता में अपनी राजधानी स्थापित की, पर 1905 में बंगभंग के बाद अँगरेजों के विरुद्ध खुला आन्दोलन तो छिड़ा ही, सशस्त्र क्रान्ति की अन्तर्धारा भी प्रबल वेग से उमड़ पड़ी। राजधानी नियन्त्रण में हो, तो देश के विद्रोह को सँभाला जा सकता है, पर वहीं विद्रोह की ज्वाला भड़क उठे, तो शासकों के हाथ-पैर फूल जाते हैं और शासन का दीपक बुझ जाता है।

अँगरेज़ों की दूरदर्शिता निश्चय ही प्रशंसनीय थी कि उन्होंने बंगाल की विद्रोही वृत्ति को भाँपा और राजधानी को कलकत्ता से हटाने का निर्णय किया। ईसा की बीसवीं सदी के सातवें दशक में नक्सलपन्थ के जिस विप्लव से बंगाल उद्वेलित हुआ और कहें बंगाल ने सारे भारत को उद्वेलित किया, उसे अँगरेज़ों ने इस शताब्दी के पहले दशक में ही पहचान लिया था।

फलस्वरूप इंगलैण्ड के बादशाह पंचम जार्ज ने 12 दिसम्बर 1911 को

घोषणा की कि भारत की राजधानी कलकत्ता की जगह दिल्ली होगी। इतिहास कितना मसख़रा है कि अँगरेज़ों ने जिन मुग़लों से भारत का राज्य झपटा था, उन्होंने भी अपनी राजधानी बदली थी। वे उसे आगरा से दिल्ली लाये थे और 21 सितम्बर 1857 को हुमायूँ के मकबरे में बादशाह बहादुरशाह 'जफर' की मेजर हडसन द्वारा गिरफ़्तारी के साथ उनकी सल्तनत दिल्ली में ही समाप्त हुई थी। बेचारा पंचम जार्ज भूल गया कि राजधानी बदलने की घोषणा में भी वही इतिहास छिपा है।

अब हम राष्ट्रपति-भवन के समीप पहुँच रहे थे। मैं सोच रहा था कि आज जिस नयी दिल्ली की धूम है, उस घोषणा के समय यह तो रायसीना की पहाड़ी थी और यहाँ भारत की राजधानी बसेगी, इसका किसी को स्वप्न भी न आया था। पंचम जार्ज की घोषणा के बाद उस समय के वायसराय लार्ड हार्डिंग ने 23 दिसम्बर 1912 को बहुत धूमधाम से दिल्ली में प्रवेश किया, पर पहले ही क़दम पर मक्खी ने छींक दिया जैसे अँगरेज़ी सम्राज्य के भारत से उखड़ने का ही एक दैवी संकेत मिल गया हो ! जब हार्डिंग हाथी पर बैठे चाँदनी चौक से गुज़र रहे थे, किसी क्रान्तिकारी ने उन पर एक बम फेंका। ज़रा-सा निशाना चूक गया, बम हाथी के पिछले भाग पर पड़ा और हार्डिंग के अंगरक्षक की बलि हो गयी।

लार्ड हार्डिंग ने ही यूरोप के विख्यात भवन-निर्माता सर एडविनलूथियन्स को वायसराय भवन बनाने का काम सौंपा। लूथियन्स ने दिल्ली और उसके आसपास के क्षेत्र का चप्पा-चप्पा खोजा और तब इस जगह को चुना, जहाँ अब यह भवन खड़ा है। अँगरेज़ सरकार चाहती थी कि यह भवन इतना शानदार हो कि भारत के सभी पुराने शाही महल इसके सामने फीके पड़ जायें। साथ ही यह भी कि यह भारतवासियों पर ऐसा रौब जमानेवाला हो कि वे अँगरेज़ों के विरुद्ध विद्रोह करने की बात सोचना भी मूर्खता मानें। असल में यह भारत को हमेशा गुलाम बनाये रखने के लिए आत्महीन करने की उस आसुरी मनोवृत्ति की परिपक्व प्रक्रिया थी, जिसका पहला प्रदर्शन लार्ड कर्जन ने कलकत्ता में विक्टोरिया मेमोरियल बनाकर किया था। उस मेमोरियल के बाहर लार्ड कर्जन की जो प्रतिमा खड़ी है, उसकी नस-नस में इतना तनाव है कि जैसे वह लार्ड कर्जन की नहीं, उसके अहंकार की प्रतिमा हो !

लूथियन्स को निर्णय करने में एक वर्ष लगा और इस प्रकार लार्ड हार्डिंग की देख-रेख में इस भवन का बनाना 1913 में आरम्भ हुआ, पर 1914 में पहला विश्व-युद्ध आरम्भ हो गया और इस भवन का बनना रुक गया—नींव भरी की भरी रह गयी। 1918 में युद्ध समाप्त हुआ। दो साल अँगरेज़ों को उसकी थकान उतारने में लगे और तब अगस्त 1920 में इस भवन का बनना फिर आरम्भ हुआ। नौ वर्षों तक रात-दिन काम होता रहा और 1929 में यह तैयार हुआ। यह संसार में दूसरे नम्बर का (अमरीका का राष्ट्रपति भवन नम्बर एक) राजमहल माना गया। इंग्लैण्ड का राजमहल बकिंघम पैलेस तो इसके सामने कूड़ाघर ही रह गया—सजावट में भी, बनावट में भी।

लार्ड इरविन पहले वायसराय थे, जो इस भवन में आकर रहे और लार्ड इरविन ही पहले वायसराय थे, जिन्हें राष्ट्र के प्रतिनिधि महात्मा गाँधी से 4 मार्च 1931 को समझौता करना पड़ा। गाँधीजी जब लंगोटी पहने, अंगोछा लपेटे डॉक्टर अन्सारी की कोठी से पैदल चलकर वायसराय से बातचीत करने इस भवन में आये, तो द्वार पर खड़े अँगरेज़ सन्तरी ने अपनी बन्दूक़ का मुँह ज़मीन की तरफ़ करके उनको नमस्कार किया था, जैसे उसी दिन अँगरेज़ी सत्ता की बन्दूक़ टूटकर ज़मीन पर आ गयी हो।

विजय चौक को पार कर हमारी कार राष्ट्रपति भवन के सामने आ गयी थी। गोल गुम्बद पर राष्ट्रपति का झण्डा फहरा रहा था। अचानक श्री बद्री प्रसाद बाजोरिया बोले—"राष्ट्रपति जी का अलग झण्डा क्यों है ? राष्ट्रपति जी हमारे राष्ट्र के गौरव-प्रतीक हैं। इसलिए उनके निवास पर राष्ट्र का तिरंगा झण्डा ही होना चाहिए।" मैंने कहा—"भारत की संविधान सभा में भी इस प्रश्न पर चर्चा हुई थी, पर शायद राष्ट्रपति के पद को राजनीतिक दलों की भावना से ऊपर उठाकर सर्वोच्च सम्मान देने के लिए ही राष्ट्रपति और राज्यपालों के अलग झण्डों का विधान किया गया।"

बद्री बाबू की भावना इस उत्तर से सन्तुष्ट नहीं हुई। असल बात यह है कि झण्डा राष्ट्र-भावना का सर्वोच्च प्रतीक है। राष्ट्र का जागरूक नागरिक अनुभव करता है कि झण्डों की विविधता राष्ट्र के प्रति नागरिकों की दृष्टि में विभेद उत्पन्न करती है। वह अनुभव करना चाहता है कि राष्ट्रपति से जन-साधारण तक सब एक ही झण्डे के नीचे खड़े 'जन-मन-गण अधिनायक

जय हे भारत भाग्य विधाता' का पावन राष्ट्रगान गा रहे हैं, वे सब समान हैं, एक हैं। राष्ट्रीय दृष्टि से यह आवश्यक–उचित ही है कि उनकी एकता भावना को कहीं ठेस न लगे। गीता ने कहा है–साधारण जन में बुद्धि-भेद पैदा न किया जाये और उसके सामने परिपक्व आचरण का ही उदाहरण रहे। बद्री बाबू की भावना इसी नागरिक भावना का उद्घोष थी। यह सुखद आश्चर्य है कि इस बातचीत के कुल चार महीने बाद ही अगस्त 1971 में भारत सरकार ने पृथक् झण्डों की बात वापस ले ली और लोकसभा में घोषणा की कि सब जगह राष्ट्र का तिरंगा झण्डा ही फहराया जायेगा। बद्री बाबू की भावना का महत्त्व तब हमने जाना।

अब हम राष्ट्रपति भवन में प्रवेश कर रहे थे। एक वर्दीधारी द्वारपाल ने हाथ जोड़कर अभिवादन किया और हमें पास के कमरे में पहुँचा दिया। सुन्दर-सधी देह, सौम्य आकृति, ज़री के झब्बों से झमझमाती वेशभूषा और मधुरवाणी; लेफ़्टिनेण्ट दर्शन सिंह ने हमारा स्वागत किया और तुरन्त एक कर्मचारी ने पूछा–"आप क्या लेंगे ? चाय या कुछ ठण्डा ?" हमने धन्यवाद दिया और बैठ गये। हमें ज़्यादा देर नहीं बैठना पड़ा, दर्शन सिंह जी हमें पास के कमरे तक पहुँचा आये।

सामने ही एक विशिष्ट कुरसी पर महामहिम राष्ट्रपति विराजमान थे। चेहरे पर उम्र की रेखाएँ, पर देह में थकान कहीं नहीं, सीधे–तने हुए बैठे थे श्री वी. वी. गिरि। चेहरे पर सरलता, व्यवहार में सादगी, दम्भ या बनावट कहीं दूर-पास नहीं, एकदम हमारे ही परिवार के बुज़ुर्ग-से। बैठे-बैठे ही उन्होंने हाथ मिलाया, स्पर्श में पश्चिम की औपचारिकता नहीं, भारत की आत्मीयता थी। राष्ट्रपति गिरि अब हमारे सामने थे, पर मेरे भीतर कौंध रही थी उनकी क़दम-क़दम आगे बढ़कर इस सर्वोच्च पद तक पहुँची ज़िन्दगी !

श्री गिरि परिस्थितियों का आकस्मिक निर्माण नहीं हैं, महानता उन्हें लाटरी में नहीं मिली। उसे उन्होंने अपनी जिज्ञासा, अपनी गहरी खोज और निरन्तर बाधाओं से टकराती श्रम-साधना से उपार्जित किया है। वे विद्रोही बनकर चले, श्रमिक नेता होकर सार्वजनिक जीवन में उभरे, केन्द्रीय मन्त्री बने, राज्यपाल रहे, उपराष्ट्रपति चुने गये और एक सनसनीख़ेज़ चुनाव लड़ने के बाद राष्ट्रपति हुए, पर उनके जीवन में एक भी क्षण ऐसा नहीं रहा, जब वे

श्रेष्ठ मनुष्य नहीं रहे। उन्हीं के शब्द हैं–

"श्रमिक वर्ग के सम्पर्क में आने पर ऐसे अनेक व्यक्तियों से मेरा परिचय हुआ, जो सबसे निम्नतम सामाजिक स्तर के होते हुए भी उत्साह और जोश से भरपूर थे और अपने स्वीकृत ध्येय के लिए सम्पूर्ण निष्ठा से काम कर रहे थे। इससे मुझे विनम्रता का पाठ पढ़ने को मिला और यह पता चला कि छोटे से छोटे आदमी से भी हमें कुछ नसीहत मिल सकती है। इससे मुझे सांसारिक वस्तुओं की क्षणिकता का बोध हुआ और मुझमें अनासक्ति की भावना पनपी।"

मैं सोच रहा था, यही भावना तो है कि दूसरों की अच्छाई में उनका अखण्ड विश्वास रहा है। इसीलिए मतभेद में भी वे सदा सहिष्णु और उदार रहे हैं, क्रोध एवं द्वेष के मायाचक्र में फँसने से बचकर मधुर रह सकते हैं। उन्हीं के शब्द हैं–

"मैं इसका भी ध्यान रखता था कि मज़दूरों का साथी होते हुए भी मिल-मालिकों के साथ मेरा व्यवहार आदरपूर्ण हो और चाहे उनके विचार मुझसे भिन्न हों, तो भी उनकी ईमानदारी पर मैं शक न करूँ। यही कारण है कि मेरे द्वारा संचालित बड़ी हड़तालों में भी मालिकों को यह विश्वास रहता था कि वह मेरे साथ बातचीत करके समझौते पर पहुँच सकते हैं। यही कारण था कि सभी मामलों में अन्त में हम सज्जनोचित समझौते पर पहुँचने में सफल हो जाते थे और तीव्र मतभेद होने पर भी कटुता या द्वेषभाव नहीं रहता था।"

राष्ट्रपति गिरि सहज भाव से बातें कर रहे थे और मैं सोच रहा था–श्री गिरि की देशभक्ति कोई क्षणिक आवेश नहीं रही। वह उन्हें अपने पिता की वसीयत में मिली है। वे भी देश की स्वतन्त्रता के एक योद्धा थे। कहूँ, श्री गिरि पैदाइशी देशभक्त हैं। 1914 में जब वे पहले-पहल इंगलैण्ड में गाँधीजी से मिले, तब उनका हिंसा में विश्वास था, पर बातचीत में ऐसा लगा कि वे अहिंसावादी बन गये हैं। उन्हीं के शब्द हैं–

"किन्तु घर पहुँचकर मैंने अपनी आत्मा को टटोला, तो अनुभव किया कि मेरा विश्वास नहीं बदला, पर मैं गाँधीजी की महिमामय उपस्थिति से अभिभूत हो गया था। इसलिए अगले दिन मैंने उन्हें पत्र लिखकर बताया कि अब भी मेरा हिंसा में विश्वास है और मेरी अन्तरात्मा मुझे विवश कर रही है कि मैं यह बात आपको बताऊँ।

तो यह है वह पाठ, जो मैंने सीखा और जिसे मैंने अपने सार्वजनिक जीवन में सबसे ऊँचा पाठ माना कि अपनी अन्तरात्मा की आज्ञा और ईमानदारी सबसे अधिक महत्त्व की चीज़ है।"

बाजोरिया कॉलेज सहारनपुर की रजत जयन्ती में पधारने का हमारा अनुरोध उन्होंने लगभग स्वीकार कर लिया। यह बद्री प्रसाद बाजोरिया की सफलता थी। अब हम लोग उनसे निजी बातचीत कर रहे थे, जैसे नयी पीढ़ी के लोग परिवार में अपने बुजुर्गों से किया करते हैं। बद्री बाबू दूसरे दिन विश्व-यात्रा के लिए जा रहे थे। श्री गिरि ने यात्रा की जानकारी ली और आशीर्वाद दिया।

उत्तर प्रदेश के गवर्नर के रूप में जब वे सहारनपुर आये थे, तो सादे वेष में एक भारतीय नागरिक की तरह बाज़ार में घूमे थे और उन्होंने क्लब के चपरासियों के साथ भी एक फ़ोटो खिंचवाया था। श्री गिरि को यह सब याद था और बातचीत में उन्होंने पुरानी स्मृतियों का खूब आनन्द लिया—उनका चेहरा खिल उठा।

मैं सोच रहा था कि महामहिम राष्ट्रपति होकर भी श्री गिरि में बिना प्रयास असाधारणता से साधारणता में उतर आने की अद्‌भुत क्षमता है। बात यह है कि वे किसी भी पद पर हों, वे मूल रूप में जनता के आदमी हैं। राष्ट्रपति पद के ऐतिहासिक चुनाव में विजयी होने के बाद देश के विरोधी दलों ने मर्यादा को भूलकर जब उन्हें अदालत में घसीटा, तो न्यायाधीश उनका बयान राष्ट्रपति-भवन में ही लेने को तैयार थे और यह उचित बात थी, पर उन्होंने इसे स्वीकार नहीं किया और अदालत में ही बयाम दिया, जैसे देश के दूसरे नागरिक देते हैं। जिसने अदालत में उनकी आवाज़ सुनी, वही जान सकता है कि ईमानदारी की आवाज़ कैसी होती है। उन्होंने अदालत की हर एक कार्यवाही में जिस सम्मान से, सहजता से भाग लिया, वह अदालतों के इतिहास का एक आदर्श नमूना तो था ही, उनके आत्मविश्वास का भी एक नमूना ही था।

मैंने उन्हें 'नया जीवन' का वह पुराना अंक भेंट किया, जिसमें उनके राष्ट्रपति-चुनाव का विश्लेषण था। नम्रता से मैंने कहा—इस विशलेषण को कुछ विद्वानों ने 'देश भर में सबसे गहरा और विस्तृत विश्लेषण' कहा था। मुझे आश्चर्य मिश्रित खुशी हुई यह जानकर कि वे उसे पढ़ चुके थे और उन्होंने उसे पसन्द किया था।

अपनी मंगलकामना भेंट करते हुए मैंने कहा—"आप पूर्ण स्वस्थ हैं और यह सौभाग्य की बात है कि आपका मार्गदर्शन देश को बहुत दिनों तक मिलता रहेगा।"

जब वे राष्ट्रपति-चुनाव का दौरा कर रहे थे, तो एक प्रेस-गोष्ठी में किसी पत्रकार ने उनसे कहा था कि आप बूढ़े हो गये हैं और आपके विरोधी कहते हैं कि आप में राष्ट्रपति पद का बोझ उठा सकने की शक्ति नहीं है। सुनकर श्री गिरि न झेंपे, न नाराज़ हुए, उस नौजवान पत्रकार की ओर हाथ बढ़ाकर बोले—"आओ, मिलाओ हाथ और मेरी शक्ति देखो।" बात का लहज़ा इतना रसभरा था कि सभी पत्रकार खिलखिलाकर हँस पड़े। मैंने उन्हें उनका यह संस्मरण सुनाया, तो ख़ूब हँसे।

विदाई का प्रणाम करते हुए मैं सोच रहा था, अपनी अन्तरात्मा की आज्ञा में आस्था और अखण्ड आत्म-विश्वास ही श्री गिरि के व्यक्तित्व की कुंजी है।

श्री जगन प्रसाद रावत उन दिनों उत्तर प्रदेश के सार्वजनिक निर्माणमन्त्री थे। मेरा उनका परिवारिक-जैसा सम्बन्ध है। राज-काज से सहारनपुर आये, तो बच्चों से मिलने मेरे घर आ गये। बातों-बातों में बोले—"आनन्दमयी माँ के दर्शन करने देहरादून जा रहा हूँ, चलते हो ?"

एक बार देहरादून से उनका पत्र मिला—"आनन्दमयी माँ के दर्शन करने आया था, तुम्हारे पास आने का मन था, पर आ न सका।"

इसके कुछ दिन बाद मुझे उनके साथ आनन्दमयी माँ के दर्शन करने का अवसर मिला। वहाँ से लौटते समय मैंने पूछा—"रावतजी, आनन्दमयी माँ में आपकी गहरी श्रद्धा है; आप बार-बार उनके दर्शन करने आते हैं। क्या आपकी श्रद्धा का आधार उनका कोई चमत्कार है ?"

रावतजी बोले—"मेरी एक कसौटी है कि जिसके पास बैठने से मन को अच्छा-अच्छा लगे, वह श्रेष्ठ मनुष्य है। माँ की सन्निधि में मेरे मन को अच्छा-अच्छा लगता है, बस इसीलिए मैं बार-बार आता हूँ।"

बन्धुवर बच्चनजी कवि, लेखक, सन्मित्र और सत् मनुष्य एक साथ हैं। उनका एक सूत्र है—"मैंने तो बड़े आदमी की परिभाषा ही यह बना रखी है

कि जिसके सामने जाकर आप अपने को छोटे न मालूम हों, वही बड़ा आदमी है। जो सचमुच बड़े होते हैं, वे छोटे को भी अपने धरातल पर उठा लेते हैं। केवल नीच मनुष्य को ही इस विचार में सुख हो सकता है कि दूसरे लोग उससे कितने नीचे हैं।"

महामहिम राष्ट्रपति श्री वी. वी. गिरि की सन्निधि में कुछ समय बिताकर हम लोग राष्ट्रपति-भवन से लौट रहे थे। मन को बहुत अच्छा-अच्छा लगा था और ऐसा भी कि हम किसी ऊँचे शिखर की तलहटी में नहीं, अपने ही परिवार के किसी बुजुर्ग से मिले हैं। मैं सोच रहा था कि इस समय मन में सुख का जो स्पर्श है, क्या रावतजी के अनुसार वह एक सत्पुरुष से या फिर बच्चनजी के अनुसार एक बड़े आदमी से मिलने का ही सुख है ? निश्चय ही जीवन के कुछ क्षण एक सत्पुरुष, एक बड़े आदमी के सम्पर्क में बीते थे, पर मन के भीतर उमड़ते सुख की यही सीमा है, कुछ ऐसा नहीं लग रहा था।

फिर यह सुख क्या है ? कैसी है यह अनुभूति ? ये प्रश्न मन की परिक्रमा करते चिन्तन के चक्र पर जा चढ़े और तब मैं विराट् अतीत के अन्तरिक्ष में ऐसे ही घूम गया, जैसे अपने यान में बैठा अन्तरिक्ष यात्री पृथ्वी या चाँद के चारों ओर घूम जाता है।

उत्तर भारत और दक्षिण भारत के नाम से जिन भू-खण्डों को अब हम पहचानते हैं, दो संसारों की तरह अलग थे। रेल और तार का तो युग ही न था, पर सड़क और पगडण्डी से भी दोनों क्षेत्रों में मानव के पग का संचार न था। दोनों के रहन-सहन, बोल-चाल, तौर-तरीक़े और विचार एकदम भिन्न। फिर, कहा तो कि यातायात का कोई साधन नहीं, संचार-सम्पर्क असम्भव–विन्ध्याचल तक की एक दुनिया और उसके पार दूसरी।

अगस्त्य मुनि पहले भारतीय थे, जो विन्ध्याचल को लाँघकर उस पार गये। पुराण की भाषा है, अगस्त्य ने समुद्र को तीन चुल्लू में पी लिया। बाल्टी और पतीली को पीने में ही आदमी को दिन में तारे नज़र आने लगते हैं और मामूली डोकड़े-तालाब में ही आदमी डूबकडूँ हो जाता है। फिर यह कैसा समुद्र था, जिसे एक भारतीय आचमन कर गया ? यह उत्तर और दक्षिण की दूरी का समुद्र था, जिसे साहस के साथ अगस्त्य ने पार किया और इस प्रकार महान् भारत के एकीकरण की नींव रखी। डॉ. सुरेश चन्द्र त्यागी की सूचना

के अनुसार एक फ़्रांसीसी विद्वान् की खोज है कि अब पाण्डिचेरी में जहाँ योगी अरविन्द का आश्रम है, वहीं अगस्त्य मुनि ने अपने आश्रम की स्थापना की थी। आज की भाषा में कहें—इन दो भागों में सम्पर्क का पहला सूत्र जोड़ने का श्रेय अगस्त्य को है। पुराण की भाषा में अगस्त्य ही भारतीय एकता के प्रथम ब्रह्मा थे और इतिहास की भाषा में अगस्त्य ही विशाल भारत के कोलम्बस थे।

निश्चय ही सन्-संवत् का इतिहास सुलभ नहीं है। रेखाएँ हैं और उन्हें मिलाकर जो रेखाचित्र बनता है, वह भी असल में संकेत-चिह्न ही है। अगस्त्य ने कैसे ये सम्पर्क-सूत्र जोड़ा और उसके क्या-कैसे तात्कालिक परिणाम हुए, हम नहीं जानते, पर इतना तो है ही कि उत्तर ने दक्षिण को और दक्षिण ने उत्तर को पहली बार जाना और ऐसा जाना कि इधर से उधर और उधर से इधर आना-जाना सम्भव हो गया। सीता के स्वयंवर में रावण आया था, यह स्पष्ट उल्लेख है और सीता का अपहरण करने भी रावण आया ही था।

रावण का कार्य—सीता का अपहरण—राम को दक्षिण ले गया और राम का कार्य विभीषण की मित्रता के रूप में उत्तर-दक्षिण को एक करने में सफल हुआ। युग का तक़ाज़ा है कि इसे हम भारत की राजनीतिक एकता का अनुष्ठान मानें और उत्तर की दक्षिण पर विजय के विभाजक कुभाव से बचें।

कहाँ है वह समुद्र, जिसे हनुमान ने लाँघा और जिस पर पुल बाँध राम अपनी सेना के साथ पार उतरे ? उत्तर-दक्षिण के बीच आज कहीं समुद्र नहीं है और कथा खोयी-खोयी लगती है, पर गोरखपुर हिन्दी साहित्य सम्मेलन में महान् इतिहासज्ञ श्री गौरीशंकर हीराचन्द ओझा ने एक निबन्ध पढ़ा था और उसमें बताया था कि राम के समय समुद्र वहाँ था, जहाँ अब अमरावती ज़िला है।

इतिहास की बात इतिहासज्ञ जानेंगे और भूगोल की बात भूगोलशास्त्री, पर आज की मनोवृत्ति को इस कथन से सन्तोष हो सकता है कि हनुमान ने दूरी का ही समुद्र लाँघा था और सेना के इंजीनियर नल-नील ने मार्ग की व्यवस्था की थी। इस प्रकार भारत के दोनों भाग यातायात-साधन के माध्यम से जुड़कर एक हो गये थे; अखण्ड भारत की सृष्टि हुई थी। यही कहें, कृष्ण ने जाने कितने समय बाद पूर्व-पश्चिम की द्वारकाधीश के रूप में साध इस

सृष्टि की पुष्टि की थी।

राम का कार्य देखकर आश्चर्य होता है। क्या था वह राम-राज्य, जिसका नाम लेकर हम भावावेश का अनुभव करते हैं ? कानपुर से अयोध्या और उसके आस-पास कुछ दूर तक फैला राम का राज्य। आज की भाषा में कहें—एक कमिश्नरी। कितना छोटा-सा भूखण्ड ? राम ने सीता को अपने राज्य से निर्वासित किया, तो लक्ष्मण उस बेचारी को बिठूर में छोड़ आये। बिठूर अब कानपुर ज़िले का ही एक भाग है।

इतने छोटे-से राज्य का अधीश्वर राम अपने शौर्य, स्वभाव और कौशल से इतना प्रतापी था कि सारे देश को एक सूत्र में बाँध गया। इसी सूत्र का नाम है चक्रवर्तित्व—एक झण्डे के नीचे देश-भर के राज्यों का महाराजा। इस युग की संवैधानिक भाषा में संघीय शासन, यानी फैडरल विधान राजाओं का।

राम का यह कार्य बड़ा था। इतना बड़ा कि इसने उन्हें हमारी भावना में महामानव बना दिया, पर यह बड़ा कार्य उनके साथ बिखर गया और राम, लक्ष्मण, भरत, शत्रुघ्न के उत्तराधिकारियों ने अपनी-अपनी राजधानी अलग-अलग बना ली। राम का राज्य बिखर गया छोटे-छोटे राज्यों में। बँटकर जीना शायद इस देश की भूमि का ही स्वभाव है। जो ज़रा शक्तिशाली हुआ, उसी ने अपना छोटा-सा राज्य बना लिया। सूबेदारों और मन्त्रियों की बग़ावतों से हमारा इतिहास भरा है और सफल डाकुओं को राजा कहने में भी हमारा इतिहास कभी नहीं चूका, पर आस्तिकता की भाषा में इस देश पर भगवान् की यह बड़ी कृपा रही कि इसे देशव्यापी भावनात्मक एकता की स्थापना का पोषण करनेवाले सन्त-आचार्य सदा प्राप्त होते रहे। नैमिषारण्य के ऋषि सूत, दक्षिण के शंकराचार्य और तुलसीदास के कार्यों पर हम गहराई से नज़र डालें, तो आँखें फटी रह जाती हैं।

इसी का फल है कि भारत का लोक-मानस सदा इसी गहरी आकांक्षा से ओत-प्रोत् रहा है कि बँटवारे की—अपनी ढपली अपना राग की, इस घातक प्रवृत्ति को रोककर अखण्डता की सृष्टि करनेवाला कोई महापुरुष जन्मे; कोई बल-प्रतापी सम्राट् पैदा हो। विक्रमादित्य और अशोक-जैसे राजा इसी आकांक्षा की पूर्ति कर लोकप्रिय हुए।

इस प्रकार राजनीति बराबर इस देश को बाँटती रही, इसके छोटे-छोटे

टुकड़े करती रही और संस्कृति उन टुकड़ों के बीच माला के दानों में धागे की तरह समाकर समन्वय का काम करती रही। बिना सन्देह ये छोटे-छोटे राज्यों के टुकड़े बात-बेबात आपस में टकराते रहे और विदेशियों को आक्रमण का निमन्त्रण देते रहे। चतुर चाणक्य ने कहा था कि पड़ोसी राज्य अकारण, यानी जन्मजात शत्रु होता है, उससे सदा सावधान रहना ही चाहिए। बात बड़े मार्के की थी, पर उसकी सचाई को हम अनुभव करें, तो देखेंगे कि भारत का अर्थ था दुश्मनों का देश, इसका दुश्मन वह, उसका दुश्मन यह—न इसे चैन, न उसे चैन। एक का दूसरे के द्वारा विध्वंस ही सबकी राजनीति थी, मुख्यनीति थी। स्पष्ट है कि यह राजनीति जनता को सुख कहाँ दे सकती थी, देश का सबल निर्माण कहाँ कर सकती थी, भारत को विदेशियों के आक्रमण से और गुलामी से कहाँ बचा सकती थी ?

पुण्यात्मा सन्तों की जय कि उनके कारण विध्वंसों की इन अनगिनत होलियों के बीच भारत की एकता नहीं जली। यूरोप में धर्म एक, नस्ल एक, विचार एक, रहन-सहन एक, लिपि एक, केवल भाषा का भेद और यूरोप अनेक राज्यों में बँट गया, उसके टुकड़े हो गये, पर भारत में धर्म अनेक, भाषाएँ अनेक, रहन-सहन ही नहीं, भोजन पद्धतियाँ भी अनेक, विभेद ही विभेद, फिर भी भारत एक होकर जीता रहा, उसमें एकता की आकांक्षा जीवित-जागृत रही, वह सदा चक्रवर्तित्व के लिए आकुल-उत्सुक रहा। राम चक्रवर्ती थे, कृष्ण चक्रधारी थे, बुद्ध (धर्म) चक्र प्रवर्तक, गाँधी चर्खा-चक्र के पोषक, यह सब क्या कोई ऊपरी संयोग है ? नहीं, चक्रवर्ती सम्राट्—भारतीय अखण्डता के संस्थापक-संरक्षक व्यक्तित्व का दर्शन ही भारतीय आत्मा की सबसे बड़ी राष्ट्रीय आकांक्षा रही। इतिहास का कैसा चमत्कार है कि भारत को बँटवारे के साथ स्वतन्त्रता मिली और उसके बाद भारत के प्रजातन्त्री चक्रवर्तित्व का सेहरा जिस भारतीय के सिर बँधा, उस महामहिम का नाम ही था चक्रवर्ती राजगोपालाचार्य और स्वतन्त्र भारत का जो झण्डा बना, उस पर भी स्थापित हुआ चक्र।

तब आये साधुमना डॉक्टर राजेन्द्र प्रसाद, तब दार्शनिक डॉ. राधाकृष्णन, तब शिष्ट शिरोमणि डॉ. जाकिर हुसैन और फिर साहसमूर्ति श्री वराह गिरि वेंकट गिरि, जिनके पास जीवन के कुछ क्षण बिताकर मन को अच्छा-अच्छा

लगा था और इतिहास की यह लम्बी झाँकी लेकर मैं सोच रहा था कि यह इसलिए अच्छा-अच्छा लगा था कि वह एक श्रेष्ठ पुरुष या बड़े आदमी की ही सन्निधि नहीं थी, यह तो भारत की अखण्डता-एकता के प्रतीक की सन्निधि थी। कहें, यह तो भारत में प्रजातन्त्री चक्रवर्तित्व के तीर्थ की पुण्य-यात्रा थी।

समष्टि के इस चिन्तन से मन बाहर आया, तो व्यष्टि के स्मरण में समा गया। कितना सधा हुआ व्यक्तित्व है महामहिम गिरि का। वे कैसे सन्नद्ध भाव से बैठे रहे अपनी कुरसी पर कि ज़रा भी ढीलापन नहीं। आख़िर वे राष्ट्र की तीनों सेनाओं के सर्वोच्च कमाण्डर हैं और हमारे देश के प्रजातन्त्र के प्रतीक हैं। सेनाओं के सर्वोच्च कमाण्डर और प्रजातन्त्र के प्रतीक, कितनी दूरी है इन दोनों में और उन्हें इन दूरियों को अपने निर्णय की तराजू पर हर क्षण तौलना पड़ता है। ऐथेलेट को लोहे का भारी चक्का अपने दोनों हाथों से उठाना और सन्तुलित रखना होता है, पर लोहे का चक्का तो जड़ होता है। हाथों में ताक़त हो, तो उसे उठाना और एक विशेष सन्तुलन में थामे रखना कठिन नहीं होता, पर 'सैनिक सर्वाधिकार' और 'प्रजातन्त्र का प्यार' तो सजीव शक्तियाँ हैं और विशेष बात यह है कि विरोधी शक्तियाँ हैं। इनमें सन्तुलन रखने के लिए किस दर्जे की निर्णयशक्ति अभीष्ट है, सोचकर ही मन भौंचक रह जाता है। उसी भौंचक करनेवाली सन्तुलन शक्ति के देवदूत की निकटता में ही तो बीते थे हमारे कुछ क्षण !

उसके निर्णय का आधार उनकी आत्मा की आवाज़ है, तो उनके चिन्तन का आधार अपने कार्यों का स्वयं आलोचन है। मैंने बार-बार उनकी आँखों में झाँका और देखा कि राष्ट्र के उज्ज्वल भविष्य का विश्वास उनकी आँखों में है, क्योंकि अपने उज्ज्वल भविष्य का विश्वास सदा उनकी आँखों में रहा है। कितनी बड़ी बात कही थी उन्होंने अपने सम्बन्ध में—"श्रमिक आन्दोलन में काम करते समय अकसर जब मेरे काम की नुक्ताचीनी अख़बारों में छपती, श्री एन. एम. जोशी मुझे समझाते कि हमें इन चीज़ों की चिन्ता नहीं करनी चाहिए; क्योंकि आज जो कुछ अख़बारों में छपता है, लोग कल उसे भुला देते हैं, लेकिन अगर हम अपने विरोधियों के वक्तव्य का खण्डन छपवायेंगे, तो उससे विवाद बढ़ेगा।

मैंने यह बात ख़ूब मन में जमा ली कि अगर हमारा अन्तःकरण शुद्ध

है और हम अपने काम में ग़लती पर नहीं हैं, तो हमें आलोचना की चिन्ता करने की ज़रूरत नहीं है—पूरी तरह उपेक्षा ही उसका सही उत्तर है। इस पाठ ने मुझे सार्वजनिक जीवन में बहुत काम दिया।"

राष्ट्रपति गिरि अपनी बात मिठास से कहते हैं और दूसरे की बात सावधानी से सुनते हैं। उनके उत्तर में उनके पद की मर्यादा रहती है। वे ध्यान रखते हैं कि बँधें नहीं, पर वे यह ध्यान भी रखते हैं कि दूसरे का मन छोटा न हो, वे जन-मन-गण के अधिनायक जो हैं !

उनकी निर्णय शक्ति सबल है, स्वस्थ है और मौलिक है। सही समय पर सही निर्णय उनका स्वभाव है; फिर वह निर्णय केन्द्रीय मन्त्रि-मण्डल से त्याग-पत्र देने का हो या उपराष्ट्रपति पद छोड़कर राष्ट्रपति का चुनाव लड़ने का। उन्होंने इस सम्बन्ध में कितने मार्के की बात कही—"मैं अख़बारों में ख़बरें पढ़ता हूँ, उन पर सम्पादकीय नहीं पढ़ता। मैं चाहता हूँ कि अपनी राय स्वयं बनाऊँ, उसे कोई दूसरा प्रभावित न करे।"

मेरे मन का निष्कर्ष सूत्र था—उन्मुक्त, सतर्क और सन्नद्ध हैं हमारे राष्ट्रपति श्री वेंकट गिरि वराह गिरि, जिनके हाथों में हमारे महान् भारत का भाग्य सुरक्षित है, क्योंकि वे किसी के लिए भी ख़तरनाक न होकर स्वयं ख़तरों के खिलाड़ी हैं।

□

मसजिद की मीनारें बोलीं !

मसूरी में लण्ढौर बाज़ार से उतरकर कैमेल्स बैंक रोड पर चढ़ते ही सामने खड़ी है एक मसजिद। बचपन से ही मेरा संस्कार रहा है कि राह में मन्दिर आये या मसजिद, गिरजाघर हो या गुरु-द्वारा, जैन-मन्दिर हो या कबीर-चौरा, मेरा सिर झुक जाता है और मन एक कोमल भावना से भर उठता है। इस मसजिद को भी मैंने देखा तो झुक गया मेरा सिर और सिर उठाकर जो उधर देखता हूँ, तो एक अजीब बात कि इस मसजिद में एक मीनार बड़ी है, एक छोटी ! यह क्यों ? और हाँ, मसजिद में तो कई मीनारें होती हैं, ये दो ही क्यों हैं ? बड़ी मीनार तो गुम्बद की जगह है, पर यह छोटी मीनार एक क्यों ? आगे बढ़कर देखा और समझा—अभी अधूरी है, दूसरी मीनारें अभी बनेंगी। अब जो मैं ज़रा ग़ौर से देख रहा हूँ, तो दरवाज़े पर ताला लगा है और कहीं भी चिनाई का सामान नहीं है। मुसलमानों के पास खाने को रोटी हो या नहीं, मसजिद के लिए उनके पास पैसे की कमी नहीं होती। फिर यह मसजिद बीच में क्यों रुकी पड़ी है ?

पूछने पर आते-जाते किसी ने कहा, "देश के बँटवारे के बाद साम्प्रदायिक झगड़ों के समय यह बन रही थी। झगड़े में कुछ मुसलमान मारे गये, कुछ भाग गये, अब उनकी जान को रो रही है यह खड़ी हुई।" व्यंग्य में जो चुभन थी, उसने मुझे चुटीला किया। एक हिन्दू के लिए यह खुशी की बात क्यों है कि मसजिद बनते-बनते रुक गयी ? मसजिद रुकी या मन्दिर रुका; दोनों पूजा के स्थान हैं। पूजा ईश्वर की; फिर जिसका ईश्वर में विश्वास है वह दोनों में भेद कैसे करेगा ? विश्वास जब अन्धा हो जाता है, तब वह इसी तरह देखता है। मेरा मन करुणा से भर गया। कुछ

इस तरह जैसे मेरा अपना घर बनते-बनते रुक गया हो ! मेरी आत्मीयता गहरी हो गयी और पास के ज़ीने से मैं ऊपर चढ़ गया। अब मैं बड़ी मीनार के पास था।

मीनारें भौंचक-सी थीं। सुस्ती की चादर-सी उन पर पड़ी हुई थी, फिर भी वे जाग रही थीं। मैं बड़ी मीनार के पास गया और बहुत ही प्यार-भरे हाथ से उसे थपथपाया। मुझे लगा, वह सिहर उठी और घबरायी-डबडबायी-सी आँखों से उसने मुझे देखा।

बहुत ही कोमल स्वर में मैंने उससे पूछा, "क्यों, तुम घबरा क्यों रही हो ?" वह और भी घबरा गयी और हकलाती-सी बोली, "क्या तुम मुझे तोड़ने आये हो ?"

मैं सकपका-सा गया, "क्यों मैं तुम्हें क्यों तोड़ूँगा ?"

"तुम हिन्दू हो न !" मीनार ने कहा।

मैं आपे की लज्जा में डूब-डूब गया और मन में आया—इसी मीनार पर चढ़ जाऊँ और धड़ाम से नीचे कूद पड़ूँ। अपने को सँभालकर मैं उससे लिपट गया और कई बड़े-बड़े आँसू मेरी आँखों से उसपर टपक पड़े। सान्त्वना के गम्भीर स्वर में तब उससे मैंने कहा, "नहीं-नहीं, मैं तुम्हें तोड़ूँगा क्यों ? मेरे लिए तो तुम पूजा की चीज़ हो।"

मीनार के साँस अब स्वस्थ हो रहे थे। सँभलकर उसने कहा, "माफ़ करना, मैंने तुम पर ऐसा शक किया, पर क्या करूँ, यहीं खड़े-खड़े मैं वह सब कुछ देख चुकी हूँ, जिसे देखकर यक़ीन मुरदा हो गया है और शक की बेल लहलहा उठी है।"

"क्या उसकी कहानी मुझे न सुनाओगी, मीनार रानी ?" मैंने एक बार फिर उसे प्यार से थपथपाया।

"वह कहानी नहीं है, एक उपन्यास है; वह भी बहुत बड़ा। उसे सुनाना और सुनना दोनों ही मुश्किल हैं, इसलिए मैं तुम्हें एक-दो इशारे देती हूँ, उससे तुम जितना समझ सको, समझ लेना।"

मीनार कहने लगी, "मसूरी की म्युनिसिपैलिटी बहुत दिनों से कुछ कर्मचारियों का अन्धेर-घर हो रही थी। लोगों ने उसे अपने लाभ का साधन बना रखा था। सरकार ने उसे भंग कर अपने हाथों में ले लिया और किदवई को एडमिनिस्ट्रेटर

नियुक्त कर दिया। यह एक भला, ईमानदार और मज़बूत इनसान था। इसने आते ही इस अँधेरे घर में व्यवस्था का दीपक जलाया कि उल्लुओं का राज उजड़ गया। स्वाभाविक है कि उल्लुओं का यह गिरोह उससे चिढ़ गया और मसूरी में साम्प्रदायिक बाढ़ के आते ही, इन उल्लुओं ने उसे क़त्ल कर दिया।"

उल्लुओं ने एक मसालची क़त्ल कर दिया, बात इतनी थी, पर कहा गया, डोंडी पीटी गयी कि हमने एक बुराई को साफ़ कर दिया। अब कमाल यह है कि जिसने उस डोण्डी को सुना, उसकी दाद दी और अपने में खुशी मनायी। किसी ने भी यह नहीं सोचा कि यह शफ़ी अहमद किदवई उस किदवई (रफ़ी अहमद किदवई) का सगा भाई था, जिसकी सारी ज़िन्दगी देश की सेवा में कटी और यह उस बूढ़े किदवई का बेटा था, एक हिन्दू के हाथों महात्मा गाँधी की हत्या का समाचार पाते ही, जो दुनिया से चल बसा–जिसके दिल की धड़कन बन्द हो गयी !

यह है पहला इशारा और लो यह दूसरा–

साम्प्रदायिक आग को शान्त रखने और उससे इस सुन्दर नगर की रक्षा करने के लिए अट्ठाईस मैजिस्ट्रेट बनाये गये। इनमें कुछ ऐसे थे, जिन्हें मुसलमानों की कोठियाँ ख़रीदनी थीं, कुछ को दूकानें और कुछ को इसी तरह का दूसरा सामान !

मैजिस्ट्रेटी का बिल्ला उनकी बाज़ू पर बँधा होता, फ़ौज के छह सिपाही उनके साथ होते और इस तरह इन मैजिस्ट्रेट साहब की निगरानी में लूट, आग और क़त्ल-काण्ड होते। सभी तो ऐसे नहीं थे, कुछ तो बहुत ही ईमानदार थे, पर हाँ कई ऐसे थे। एक नवाब की कोठी लुटी और उसका सामान इस तरह उठा कि जैसे लाला नक़द दिये ला रहे हों। इन्हीं में से एक ने एक नागरिक को टेलीफ़ोन किया कि तुम्हारा घर आज पाँच बजे फूँक दिया जायेगा। तुम फ़ौरन घर से हट जाओ। मैं मित्र के नाते अपनी जान ख़तरे में डालकर तुम्हें सूचना दे रहा हूँ। कोई और प्रबन्ध न हो, तो तुम मेरे घर चले आओ।" वह बेचारा अपने परिवार को लेकर चार बजे ही कचहरी जा बैठा और मैंने आँखें फाड़कर देखा कि पाँच बजे वे टेलीफ़ोन करनेवाले सज्जन ही धूमधाम से उस ख़ाली घर पर क़ब्ज़ा किये बैठे थे !"

मीनार ने यहाँ इतना लम्बा साँस लिया कि मेरा साँस दर्द से भर उठा। तब फिर मीनार ने कहा, "और भाई, इस सब गड़बड़ को धर्म का, धर्म की रक्षा का नाम दिया गया, जिसका मतलब कुछ आदमियों को घबराहट में डालकर उनकी जायदाद और माल को कम दामों या मुफ़्त हड़प लेना ही था। यानी खुले तौर पर चोर और डाकू लोग धर्म के रक्षक बने हुए थे और मैं यहाँ खड़े-खड़े यह सब देख रही थी !"

मीनार अब चुप थी। उसका मन दर्द से भर-सा गया था। "ये चोर और डाकू मेरी जाति के थे और धर्म के उस स्वरूप को माननेवाले थे, जिसे मैं भी मानता हूँ, इसलिए मीनार रानी, मैं भी तुम्हारे सामने अपने को बहुत लज्जित पा रहा हूँ और मेरी समझ में नहीं आता कि मैं तुम्हारे दुःख में इस समय कैसे भागीदार बनूँ ?" मैंने बहुत ही नम्र होकर कहा, तो मीनार ज़ोर से हँस पड़ी। बोली, "तुमने मेरी बात सुनी, पर उसका मर्म नहीं समझा। यह मेरी या तुम्हारी या उनकी जातिवालों का सवाल नहीं है, कतई नहीं है मेरे भाई, यह तो अन्धे नारों का सवाल है। इसमें तत्त्व की, सचाई की बात तो सिर्फ़ इतनी ही है कि खुद-ग़र्ज़ और चलते-पुरजे लोग अपनी बदमाशियों को ऐसी सूरत दे देते हैं कि आम जनता उसमें इस तरह उलझ जाती है कि पाप बन जाता है पुण्य और बुराई दीखने लगती है भलाई !"

मीनार कुछ सोच रही थी। अचानक वह बोली, "मैं ठीक कह रही हूँ तुमसे कि इस मसले को हम तेरा-मेरा या हिन्दू-मुसलमान का बनाकर ठीक-ठीक नहीं समझ सकते। यह भूलभुलैया का रास्ता है और फिर तुम सारा दोष अपनी जाति के सिर पर तो थोप नहीं सकते !"

"क्यों ?" मैंने अचकचाकर पूछा। मीनार की छाती, मुझे लगा पुरानी दुःख-भरी यादों से भर उठी है। अपने को सँभालकर उसने कहा, "यह इसलिए कि अभी-अभी मैंने जिन बदमाशियों की चर्चा तुमसे की है, वह उस आग की लपटें थीं जिसे मेरे धर्मवाले (हाय, उन अभागों को और क्या कहकर तुमसे परिचित कराऊँ ?) बरसों से सुलगाने को झपक रहे थे। लकड़ियाँ इकट्ठी कर इस आग की चिनगारी तो रख गया था सर सैयद; पर इसे ज्वाला का रूप देने का मौक़ा मिला इस ज़माने के लोगों को। अरे,

तुम नहीं जानते, यह सब मेरी ही छाया में हुआ और मैंने यह सब इन्हीं आँखों से देखा। इस देश के पुराने धर्मवालों को, उन्हीं में से निकले मेरे धर्मवालों ने कौन-सा कष्ट है, जो नहीं दिया। उन्होंने मेरी छाया में बैठकर ही उनके जुलूसों का बाजा बन्द कराने की बात सोची और यहीं बैठकर उन्होंने जाने कितने भयंकर दंगों के नक़शे बनाये। उन्हें उस दिन क्या पता था कि जिन अँगरेज़ों के इशारे पर वे इस ठण्डे देश में दंगों का यह गरम सबक़ पढ़ रहे हैं, वे यहाँ से चुपचाप खिसक जायेंगे और वह सबक़ ही हमारी जान का गाहक हो जायेगा !!"

मीनार अब चुप थी। मैंने उसकी ओर देखा, वह चुप ही रही। मुझे लगा, उसके दिमाग़ में अब विचारों की आँधी उठ आयी है और वह उसे बुरी तरह झकझोर रही है। उसका मन बदलने को मैंने कहा, "मीनार रानी, तुम बहुत ऊँची हो और बहुत दूर तक देखती हो; इसलिए बीते दिनों की यह कहानी तो तुमने सुनायी, पर आनेवाले ज़माने की भी तो कुछ बात बताओ !"

"आइन्दा को खुदा जानता है !" मीनार ने कहा, "पर भाई, आज के हम खुद मालिक हैं, इसलिए कल की फ़िक्र छोड़कर मुझे तो यह दीखता है कि हम आज की बात को समझें और उस पर अमल करें, तो आनेवाले कल को जैसा चाहें वैसा बना सकते हैं !"

"तो फिर आज की ही बात बताओ।" मैंने कहा।

"आज की बात ?" मीनार ने अपने बिखरे विचारों को बटोरते हुए कहा, "आज की बात तो बस इतनी ही है कि इनसान यह समझ ले कि धर्म विश्वास की चीज़ है, इसलिए जिनका विश्वास पूजा में है, वे पूजा करें और जिनका नमाज़ में है, वे नमाज़ पढ़ें, पर इनसान की सबसे ज़रूरी चीज़ इनसानियत है। इनसान पूजा करे या नमाज़ पढ़े, पर यदि उसमें इनसानियत नहीं है तो वह धर्मात्मा–खुदापरस्त नहीं हो सकता !"

एक आवेश की-सी मूड में मेरे मुँह से निकल पड़ा, "वाह, यह तो तुमने बड़े पते की बात कही।"

छोटी मीनार अचानक बोल उठी, "बात तो बड़े पते की कही, पर मुसीबत तो यह है कि आज इनसान इनसानियत को खोकर धर्मात्मा

बनने को बेचैन है !"

मैं अब सड़क पर आ गया था। मेरे पैर चल रहे थे और दिमाग़ सोच रहा था—सचमुच यह कितनी अजीब बात है कि इनसान इनसानियत को खोकर धर्मात्मा बनने को बेचैन है !

□

युक्तप्रान्त की असेम्बली में

3 नवम्बर 1947, प्रातः ग्यारह बजे। टिक, टिक, टिक तीन बार मेज़ खटकी और श्रद्धेय श्री पुरुषोत्तम दास टण्डन भीतर पधारे। सब सदस्यों ने खड़े होकर उनका स्वागत किया, उन्होंने सिर झुकाकर उसे ग्रहण किया और बस स्वतन्त्र भारत में यू. पी. असेम्बली का पहला अधिवेशन आरम्भ हो गया। केन्द्रीय असेम्बली में यह प्रथा रही है कि सभापति के जाने से पहले 'मार्शल' सदस्यों की ओर मुँह करके कहता है—'दि आनरेब्ल प्रेसीडेण्ट' और सदस्य खड़े हो जाते हैं, प्रेसीडेण्ट के पद-ग्रहण करने पर बूढ़ा मार्शल अपनी कुरसी पर बैठ जाता है और अकसर सोता रहता है। प्रान्तीय असेम्बली में सेक्रेटरी ही मेज़ थपथपाते हैं। केन्द्रीय असेम्बली में प्रेसीडेण्ट के सिंहासन से नीचे सेक्रेटरी बैठते हैं, पर प्रान्तीय असेम्बली में सेक्रेटरी स्पीकर के इतने पास बैठते हैं कि उनकी बात सुन सकें।

स्पीकर के सामने हॉल में बायीं तरफ़ विरोधी दल यानी आजकल लीग दल, सामने ज़मींदार पार्टी और दायें हाथ सरकारी दल, जिसकी पहली सीट पर बैठते हैं महामान्य महामात्य श्री गोविन्दवल्लभ पन्त। यह उस सीट के बिलकुल सामने हैं, जिस पर आजकल बैठते हैं विरोधी दल के नेता श्री लारी साहब और लारी साहब की यह सीट वही सीट है, जिस पर बैठने के बाद 1924 में पन्तजी की महान् प्रतिभा को पहली बार देश ने पहचाना था। पन्तजी बायें से दायें आ गये हैं; अर्थात् देश के भाग्य की उलटी धारा अब सीधी हो गयी है।

उनके पास बैठते हैं माननीय श्री सम्पूर्णानन्दजी शिक्षा-मन्त्री। उसके बाद माननीय श्री ठाकुर हुकुमसिंहजी माल-मन्त्री, माननीय श्री गिरधारीलाल जी

नशा-मन्त्री और दूसरे माननीय मन्त्री। मन्त्रियों के पीछे उनके सभासचिव–पार्लामेण्टरी सेक्रेटरी। ये लोग हमेशा असेम्बली में नहीं बैठते–अकसर अपने दफ़्तरों में चले जाते हैं। मन्त्रियों में सबसे अधिक बैठते हैं, श्री हुकुमसिंहजी, क्योंकि क़ानूनों के बनाने-बदलने का काम भी उन्हीं के हाथ में है। पार्लामेण्टरी सेक्रेटरियों में श्री गोविन्द सहाय और श्री जगनप्रसाद रावत काफ़ी देर बैठते हैं।

मेम्बरों के पीछे विशेष गैलरियाँ हैं, जिनके ऊपर दूसरी मंज़िल में दर्शक-गैलरियाँ हैं, प्रेस-गैलरी स्पीकर के सामने नीचे हॉल में है। दिन में भी बिजली की रोशनी रहती है, एक विशाल गुम्बद इस सबको ऊपर से ढके हुए है। हॉल में घुसते ही एक भव्यता आदमी के मन पर छा जाती है।

लीग दल पर एक गहरी नज़र डालते ही सबसे पहली जो बात मन में आती है, वह यह कि यह बड़े आदमियों का वर्ग है। हमारे प्रान्त में यह दल काँग्रेस के साथ ही बढ़ा है, पर 15 अगस्त ने इसकी शक्ति के टुकड़े कर दिये हैं। कोशिश हो रही है कि ये टुकड़े जुड़कर फिर से एक शिला का रूप ले लें पर कोशिश हो रही है कि ये टुकड़े पिस जायें और फिर से उभर न सकें। समय दूसरी कोशिश के साथ है और यही विजयी होगी। लीगी सदस्य इसे महसूस करते हैं, यह इससे सिद्ध है कि उन पर एक मायूसी छायी हुई है। जब पन्तजी बोलते हैं, तो वे बायीं हथेली पर गाल रखे बैठे रहते हैं, जैसे अभियुक्त जज का फ़ैसला सुन रहा हो। वे जानते हैं, अगली असेम्बली में हम यहाँ न होंगे। उन्हें देखकर दया-सी आती है, पर बिलकुल वैसी, जैसी बिना टिकिट के मुसाफ़िर को जब टिकिट-चैकर झँझोड़ता है, तो आ जाती है।

देश के साथ लीगियों ने जो ग़द्दारी की है, उसकी सही सज़ा है मौत। यह निश्चय है कि यह घटना यदि किसी डिक्टेटरी देश में हुई होती, तो 15 अगस्त की रात इन लोगों की ज़िन्दगी की आख़िरी रात होती, पर हमारा देश प्रजातन्त्री है, इसलिए ये जी रहे हैं और जियेंगे। हाँ, इस तरह कि हर घड़ी अपने को मुरदा महसूस करें। छह सेकेण्ड की उस मौत से यह बरसों लम्बी मौत वाक़ई कड़वी है, इसमें शक नहीं।

ज़मींदार पार्टी पर नज़र डालते ही ऐसा लगता है, जैसे ये अपनी मरती क्लास के लम्बे साँस हों ! अगली असेम्बली में बेचारे दूसरे मेम्बरों के पास

माँगकर कभी-कभी यह हॉल देखने आया करेंगे। ज़मींदारियाँ ही ख़त्म हो जायेंगी, तो जूते के ज़ोर से वोट लेनेवाले कहाँ रहेंगे ?

काँग्रेस दल पर एक नज़र डालते ही पहली बात जो मन में आती है वह यह है कि उसमें प्रान्त की सर्वोत्तम प्रतिभाएँ नहीं; सर्वोत्तम स्वतन्त्रता-साधक हैं। अभी तक जेल-निवास की घड़ियाँ गिनकर मेम्बरी की रेवड़ियाँ बाँटी गयी हैं और यह ठीक भी है, पर भविष्य में ज्यों-ज्यों वैज्ञानिक दृष्टिकोण बढ़ता जायेगा, उपयोगिता ज़ोर पकड़ेगी।

अपनी छोटी-सी फ़ाइल लिये, देखिए, वे चली आ रही हैं श्रीमती विद्यावती राठौर। 8 फ़रवरी 1936 को 'लीडर' के विश्व-विख्यात सम्पादक सर सी. वाई. चिन्तामणि को इन्होंने 6000 वोटों से हराया था। इन्हें प्रणाम। सर चिन्तामणि, सर सीताराम और सर षण्मुखम् चेट्‌टी की हारें पिछले चुनाव के चमत्कार थे। चमत्कार आन्दोलन को उभार देते हैं, पर निर्माण चमत्कारों से नहीं, गम्भीर योजनाओं से बल पाता है। यह स्वस्थ दृष्टिकोण अब प्रबल होगा और आशा है अगली असेम्बली में जहाँ प्रान्त के सर्वोत्तम क़ानून-विशारद आयेंगे, वहाँ कृषि-विशारद, पत्रकार, शिक्षा-शास्त्री, चित्रकार, अभिनेता, व्यापारी, उद्योगी और विभिन्न अन्य धाराओं के प्रतिनिधि भी दिखाई देंगे। इससे गुणीजनों का व्यक्तिगत महत्त्वाकांक्षाओं के कारण अराष्ट्रीय संस्थाओं में जाना और नयी-नयी पार्टियों का बनना रुकेगा और असेम्बली हमारे प्रान्त की आत्मा का सम्पूर्ण प्रतिनिधित्व करने में समर्थ होगी। केन्द्रीय सरकार में सर चेट्टी, डॉ. अम्बेडकर, श्री मुकर्जी और श्री भामा का आना भी इसी दिशा का एक इशारा है। ये अपनी योग्यता के कारण केन्द्रीय मन्त्रि-मण्डल के सदस्य हैं, कांग्रेसी होने के कारण नहीं !

असेम्बली पर नज़र डालते ही एक लाल चीज़ पर ध्यान जाता है। यह मौलाना हसरत मोहानी की तुर्की टोपी है। बीमारी और बुढ़ापे का चाटा शरीर, साधारण कपड़े और धीमी—भर्रायी-सी आवाज़, यह 1920 के उस क़िले के खण्डहर हैं, जिसमें तब ऐसी रोशनी थी कि आँखें चुँधिया जाती थीं, ऐसी दहाड़ें थीं कि कान फटते थे। देखकर दिल तड़प उठता है। ओह, यही वह मोहानी है, 1920-22 में जिसकी नज़्मों से आगरा जेल की काल कोठरियाँ गूँजीं। जिसे राष्ट्रपति होना था, वह राष्ट्रपति होकर रह गया ! ठीक है, भारी चीज़ जब ऊँचाई पर से गिरती है, तो तिड़कती नहीं, खील-खील हो जाती है।

आह, मौलाना हसरत मोहानी : लीग-दल के सबसे बेचैन मेम्बर, जैसे क़ायदे-आज़म की बूढ़ी तलाक-बेवा या शाहंशाहे पाकिस्तान का चूसा हुआ आम !! खुदा इनकी रूह को राहत दे !!!

इसी नज़र में यह एक और भगवा-सा कुरता, छोटे बालों का सिर, बिना मूँछ का चेहरा, हँसखिले होठ, ऊँची-सी धोती और हाथ में झोला, यह हैं महन्त जगन्नाथदास—यू. पी. असेम्बली में एक मात्र साधु-सदस्य। साधुओं का काम चकाचक छानना है कि जेल काटना ? लीडरी का नशा भी आये, तो सेठों की अन्धश्रद्धा या जनता के भोलेपन का लाभ उठाकर आगे बढ़ने का तरीक़ा करपात्री और दिग्विजयनाथ से सीखिए, पर नहीं, महन्तजी का पथ साधना का पथ रहा है और पिछले दो युगों से उस पर दृढ़ता के साथ चलकर ही वे यहाँ तक आये हैं। काश, देश के साधु उनके आदर्श से शिक्षा लें और उस बाढ़ से बचें, जो तेज़ी से आ रही है और उन्हें विनाश के सागर तक पहुँचाकर ही साँस लेगी।

इसी नज़र में गले के दो साफ़ों पर भी ध्यान जाता है। पहला स्वायत्त-शासन के मन्त्री माननीय श्री आत्माराम गोविन्द खेर का तह किया हुआ, दायीं बग़ल से बायें कन्धे पर गया और दूसरा श्री धुलेकर का, पंजाबी स्त्रियों की चुन्नी की तरह छाती से दोनों कन्धों को पार कर कमर पर लटकता हुआ।

महिला सदस्याओं में विशालता, आकृति और चाल तीनों में पण्डित पन्त के समान श्रीमती प्रभावती सूद हॉल में झाँकते ही आँखों में आ जाती हैं।

हॉल की झाँकी में रंगों का अनुपात है 85 प्रतिशत सफ़ेद, 10 प्रतिशत काला और 5 प्रतिशत शेष।

मन्त्रियों में आकृति के ध्यान से सबसे विशाल हैं पन्तजी, सम्पूर्णानन्दजी और शेरवानीजी तथा सबसे पतले हैं खेरजी और लालबहादुरजी ! सबसे नाटे सभासचिव हैं गोविन्द सहायजी और सबसे दुबले जगनप्रसादजी रावत।

सारी असेम्बली में सम्भवतः सबसे सुन्दर सदस्य हैं, श्री कमलापति त्रिपाठी—माथे पर गोल बिन्दी, बड़े बाल, भरा शरीर, हंस की चाल, गहरे पान-रचे होठ और नारी-सौन्दर्य से ओतप्रोत आकृति। देखकर फिर देखने को जी चाहता है !

"मैं दुनिया-भर में एक गवर्नमेण्ट देखना चाहता हूँ, पर यह देर की बात है ! मैं सपना देखनेवाला भी हूँ, पर मैं वास्तविकता से भागा नहीं हूँ। ज़रूरत है कि हम आज के ख़तरों की ओर देखें, आँखों पर पट्टी नहीं बाँधें। मर्द बनें, क्योंकि देश शक्ति के भरोसे पर ही जीवित रह सकता है और जनता की शक्ति ही हमारी शक्ति है।"

देश की नयी हालत पर रोशनी डालते हुए अपनी पैनी शैली में श्रद्धेय श्री टण्डनजी ने कहा। उनके भाषण में पीड़ा भी थी और हुंकार भी। सतर्कता भी थी और आत्म-विश्वास भी। यही नहीं कि टण्डनजी यू. पी. असेम्बली के गौरव-स्तम्भ हैं, असल में देश-भर की प्रान्तीय असेम्बलियों के स्पीकरों में भी वे ऊँचा स्थान रखते हैं। संक्षेप में—निडर, निःस्पृह, निर्मम और निर्मल। पिछले तीन-चार वर्षों में मैं उनके काफ़ी निकट रहा हूँ और उनकी अस्त-व्यस्त मूँछों और छोटी-सी रूखी दाढ़ी में बार-बार झाँक उठती मुसकान एवं बिखरते अट्टहास और साथ ही भारी भौंहों के नीचे अन्याय के विरुद्ध उभर-उभर उठती कठोरता को देखकर सदा मैंने सोचा है कि वे हमारे प्रान्त के सबसे सजीव वृद्ध हैं। वीर बन्दा वैरागी एकान्त ईश्वर-साधना को छोड़कर एक दिन युद्ध के मोर्चे पर आ डटा था और मैं सोचा करता हूँ—देश पर किसी दिन संकट आये, तो हमारे बाबूजी भी यू. पी. असेम्बली का सभापतित्व और हिन्दी आन्दोलन की पतवार फेंककर किसी सेना का नेतृत्व करते नज़र आयेंगे।

शरीर में चुलबुले-से और विचारों में बुलबुले-से श्री धुलेकरजी उठे और उन्होंने यह 'पॉइण्ट ऑव ऑर्डर' उठाया कि दो राष्ट्रों के उसूल को माननेवाले लीगी सदस्य क्या इस असेम्बली में बैठ सकते हैं ? श्री धुलेकर जिस माइक पर आये, वही ख़राब निकला। तब लीगियों ने उन्हें अपने माइक पर बोलने की दावत दी। इस पर चारों ओर हँसी का फ़व्वारा-सा छूट गया और ख़ूब मेज़ें पिटीं। स्पीकर ने उसे नामंजूर कर दिया। नामंजूर तो उसे होना ही था, फिर भी इसने लीगियों को गम्भीर कर दिया। स्पीकर के रूलिंग से पहले वे इतने खोये-खोये-से हो गये थे कि मुझे लगा कि वे दिल के दर्पण में अपनी सूरतें देख रहे हैं !

ढलती जवानी में भी पचीसे जवान-से चुस्त, ऐवर रेडी और ऐवर हैप्पी

हमारे माल-मन्त्री श्री ठाकुर हुकुमसिंहजी उठे और नयी शपथ के सम्बन्ध में उन्होंने एक सुझाव दिया। सुझाव अँगरेज़ी में और उसका परिचय हिन्दी में ! पूछा गया कि अब भी प्रस्ताव अँगरेज़ी में क्यों ? स्पीकर ने उत्तर दिया, "अभी तक यही नियम है। अब आप नियम बदल लें, तो चाहे जिसमें रखें !" मैंने देखा, श्री टण्डनजी शब्दों के प्रति कितने सतर्क हैं। उन्हें मालूम था कि आज ही हिन्दी का प्रस्ताव आनेवाला है और भविष्य में सब कुछ हिन्दी में होगा, पर उन्होंने कहा यही कि आप नियम बदल लें और चाहे जिसमें रखें ! पिछले वर्षों में मैंने बार-बार अनुभव किया है कि टण्डनजी में बड़ी गहरी वैधानिकता है और वे असल में जन्मजात स्पीकर हैं।

फ़ैसला हुआ कि सब नयी शपथ लें कि हम अपने देश के प्रति वफ़ादार रहेंगे। 15 अगस्त से पहले यह नियम था कि असेम्बली के मेम्बरों को यह शपथ लेनी पड़ती थी कि हम अपने देश और ब्रिटिश ताज के प्रति वफ़ादार रहेंगे। सबसे पहले स्वयं टण्डनजी ने शपथ ली, इसके बाद मन्त्रियों ने और तब सदस्यों ने। इसमें कई घण्टे लगे और एक फीका तमाशा रहा। हम अपने रोज़ के जीवन में हज़ार क़समें झूठी खाते हैं, तो एक यह भी सही। फिर अगर ताज के प्रति वफ़ादारी की क़सम खाकर भी काँग्रेसी लोग बग़ावत कर सकते हैं, तो दूसरों को कौन रोकेगा ? मुझे लगा कि यदि टण्डनजी सबको एक साथ खड़े करके शपथ दिलाते, तो वातावरण गम्भीर हो जाता। अब तो यह क़ानूनी बेगार थी।

मध्याह्न के बाद हमारे प्रान्त के मुकुटमणि महामान्य श्रीमान् पण्डित गोविन्दवल्लभ पन्त नयी परिस्थितियों पर बोले। पन्तजी की अपनी भाषण-शैली है। जब वे बोलना आरम्भ करते हैं, तो कुछ उखड़े-उखड़े-से रहते हैं—बहुत हलके, एकदम मामूली बातें। सुननेवाला सोचता है—अरे, यही वह महान् पन्त हैं ? भाषण के बीच में वे जमते हैं और अन्त में चार सधे हुए ऐसे हिट मारते हैं कि मैदान उनके हाथ रहता है, विरोधी चारों खाने चित्त।

उनकी भाषण-शैली फ़्रान्स के महान् कलाकार विक्टर ह्यूगो की लेखन-शैली से मिलती है। इतनी अधिक कि देखकर आश्चर्य होता है। ह्यूगो के शुरू के परिच्छेद कुछ ऐसे बिखरे-बिखरे-से होते हैं कि उन्हें पढ़ना एक साहित्यिक बेगार होती है, पर इसके बाद तो वह ऐसा पकड़ता है कि भूत; छुड़ाये न छूटे और

पढ़ने के बाद भी दिमाग़-दिल उसी में लीन रहें !

पन्तजी का भाषण सुनकर एक प्रश्न उठता है—वे प्रवक्ता हैं या डिबेटर ? प्रवक्ता का काम भावनाओं को उभार देना है और डिबेटर का काम एक तथ्य की स्थापना। प्रवक्ता का प्रभाव तुरन्त पड़ता है, पर वह तुरन्त समाप्त भी हो सकता है। डिबेटर का प्रभाव देर में पड़ता है, पर अधिक स्थायी है। बात यह है कि प्रवक्ता अपनी ही बात कहता है और डिबेटर हमारी शंकाएँ स्वयं खड़ी करके उनका जवाब भी देता है। पन्तजी की भाषण-कला में प्रवक्तापन भी है अवश्य, पर मुख्य रूप से वे डिबेटर ही हैं—विचारों के बहुत सफल वकील।

वे बोलते समय कभी-कभी मेज़ थपथपा देते हैं, जैसे अपनी स्थापना का खूँटा हिला-हिलाकर ठोंक रहे हों। अपने भाषण में वे बाहर से भीतर जाते हैं और भीतर हृदय से रस ग्रहण करते हैं। असल में वे हृदयप्रधान मनुष्य हैं या मस्तिष्कप्रधान ? बड़ा मुश्किल सवाल है, पर मैं कहना चाहता हूँ कि इस सवाल पर हम एकतरफ़ा हाँ नहीं कर सकते। उनमें प्राचीन भारत का सांस्कृतिक हृदय है, नये युग का राजनीतिक मस्तिष्क। उनमें हृदय की कोमलता है, मस्तिष्क की दृढ़ता। उनका हृदय दानशील है और मस्तिष्क ग्रहण में जागरूक और बस यहीं वे अपने साथियों में श्रेष्ठ हैं—महान् हैं।

उनका भाषण लम्बा था। उसका सार था कि जो देश के वफ़ादार हैं, हम प्राण देकर भी उनकी रक्षा करेंगे और जो बेवफ़ा हैं, वे चले जायें, वरना हम उन्हें कुचल देंगे। इस भाषण को अगर एक लेख मान लें, तो उसका शीर्षक होगा—'आत्मविश्वास; हमें अब कोई नहीं कुचल सकता।' पन्तजी जब बोल रहे थे, तो लीगियों के कान सुन रहे थे और दिल सोच रहे थे। यही श्री पन्तजी के भाषण की सफलता है ! पन्तजी का भाषण सुनकर और असेम्बली के अनेक सदस्यों से मिलकर मैंने अपने से कहा—पन्तजी के हाथ में हमारे प्रान्त का भाग्य सुरक्षित है और अभी बहुत दिनों तक उनका नेतृत्व अखण्डनीय है।

मुसकराता खूबसूरत चेहरा और सधा शरीर, ये उठे विरोधीदल के नेता श्री ज़हीरुल हसनैन लारी। बोले, "आनरेब्ल प्रीमियर ने साफ़-साफ़ बातें कही हैं। साफ़ बातें अच्छी होती हैं, इसलिए मैं भी साफ़ बातें कहूँगा।" सुनते

ही। मुझे लगा कि वातावरण में गरमी आयेगी, पर चतुर लारी वहीं सँभल गये और खारे न बनकर खरे पर ही रुक गये। उनके सारे भाषण का सार था कि जिन्ना से अब हमारा कोई सम्बन्ध नहीं और हम पूरी तरह देश के प्रति वफ़ादार रहेंगे। लारी के भाषण का नारा था–हमने कोई भूल नहीं की और अब भी हम कोई भूल नहीं करेंगे, पर मुझे लगा कि जल्दी या देर में समय का चक्कर इन्हें पढ़ाकर ही रहेगा कि तुमने भूल की–भयंकर भूल और भूल का कफ्फ़ारा–प्रायश्चित्त करके ही तुम आबरू की ज़िन्दगी यहाँ गुज़ार सकते हो।

अब आया हिन्दी का प्रस्ताव–असेम्बली का सब काम आइन्दा हिन्दी में ही हो। लीग के लंगर में खलबली मच गयी–जैसे बच्चे सँपेरे का पिटारा खुलते समय चौंक पड़ते हैं, वे महसूस करते हैं कि साँप उनकी आस्तीन में आ गया है। हिन्दी के पक्ष में श्री जगमोहन सिंह नेगी का भाषण आर्यसमाजी भजनोपदेशक टाइप का था। ऐसे भाषण हमारे सदस्य न दें, तो ठीक है। श्री कमलापति त्रिपाठी का भाषण एक समझदार भक्त का भाषण था। वैज्ञानिक दृष्टिकोण के एक भाषण की कमी रह ही गयी। सचाई यह है कि असेम्बली के कार्य के प्रति तल्लीनता मुझे बहुत कम मेम्बरों में दिखाई दी। वे सोचते हैं–काम करना सरकारी मेम्बरों का काम है और फिर किसी प्रस्ताव को पास करने की शक्ति तो हमारे हाथ में है ही।

हिन्दुस्तानी के पक्ष में श्री इशहाक ख़ान ख़ूब जमकर बोले। भाषण अँगरेज़ी में था और इसके लिए तैयारी की गयी थी। जब वे गाँधीजी और जवाहरलालजी को बार-बार उद्धृत कर रहे थे, मेरे जी में आया ज़ोर से पुकार उठूँ–टू लेट माई डियर (प्यारे, अब तुम बहुत लेट हो गये)। ये वही इशहाक ख़ान हैं, जो हिन्दुस्तानी के नाम पर साँस नहीं लेते थे। मुझे याद है कि एक बार श्री महन्त जगन्नाथदासजी ने हाथ जोड़कर इन्हीं से प्रार्थना की थी कि कृपा कर उर्दू में बोला करें, पर वे टस से मस न हुए। आज उन्हें गाँधीजी का गुणगान करते देखकर दया आती है। यह सच है कि लीगियों ने देश को मिटाने में कोई कसर नहीं रखी, पर यह भी सच है कि वक़्त ने उन्हें भी बरबाद कर दिया। आज वे शिकायत करते हैं कि सरकारी अफ़सरों में 'ईमानदारी' (धर्म-निरपेक्षता) नहीं है, पर वे यह क्यों

नहीं सोचते कि अफ़सरों को 'ब्रेईमानी' (साम्प्रदायिकता) का सबक़ उन्होंने ही पढ़ाया था।

हिन्दी का प्रस्ताव पास हो गया और मुसलिम लीगी 'वाक आउट' कर गये ! उनकी ख़ाली सीटें पड़ी कह रही थीं—"ये लोग अभी नहीं बदले और जब तक मजबूर न हो जायें, बदलेंगे भी नहीं।"

हिन्दी का प्रस्ताव पास हो गया। इसका अर्थ हुआ प्रान्त की आत्मा उसे वापस मिल गयी। आशा करनी चाहिए कि बिहार और मध्य प्रान्त भी शीघ्र ही अपने यहाँ यह क़दम उठायें और संविधान-परिषद् भी इसी राह आयेगी। प्रान्तों की भाषाओं के मनके अपनी-अपनी जगह रहेंगे और हिन्दी का सूत्र उन्हें एक में बाँधे रहेगा।

क्या हिन्दी की विजय हिन्दुओं की विजय है ? नहीं, यह साम्प्रदायिकता के विरुद्ध राष्ट्रीयता की स्मरणीय विजय है।

यह मिनिस्टरों की और सेक्रेट्रियों की गैलरी है—सेक्रेट्रिएट। असेम्बली देखने आये हैं, तो आइए इसे भी देख लें। यह माननीय अर्थमन्त्री पं. श्री कृष्णदत्त पालीवाल का कमरा है। पालीवालजी किसी गाँव में नीम की छाया में बैठे हों या मिनिस्टरी की कुरसी पर, वे जनता के आदमी हैं, इसलिए जनता का हर आदमी उनके पास बेधड़क आना अपना अधिकार समझता है। हम अपने अधिकारों का कितना दुरुपयोग करते हैं, यह मैंने पालीवालजी के कमरे में बैठकर देखा। एक देहाती सज्जन पधारे। बोले, "अमुक आदमी आपके मकान पर ठहरे थे, वे गये या हैं ?" बेकार की बात थी, तुनककर पालीवालजी ने कहा, "आप यही पूछने के लिए यहाँ तक आये हैं महाराज ?" घबराकर वे बोले, "नहीं, नहीं, मैं तो एक और बात के लिए आया हूँ।" पालीवालजी ने कहा, "तो वह कहिए न ?" बोले, "जनता की इच्छा है कि आप…कान्फ़रेन्स में अवश्य पधारें।" पालीवालजी ने कहा, "वह कान्फ़रेन्स तो 29 तारीख को हो चुकी और मैं उसमें भाषण भी दे आया।" कार्यकर्ता महाशय बड़े झेंपे। वे बेचारे बहुत दिन हुए, घर से चले थे और यों ही माननीय मन्त्री का समय बरबाद कर रहे थे। पालीवालजी ने मुझसे कहा, "इस तरह की बातों में इतना समय चला जाता है कि काम की बातें पीछे पड़ जाती हैं।"

मैंने सोचा कितने गँवार लोग हैं ये, पर दूसरे दिन पालीवालजी एक डेपुटेशन से मिल रहे थे और मैं बाहर प्रतीक्षा में था। एक एम. एल. ए. साहब आये और कमरे में घुसने लगे। अर्दली ने कहा, "वे डेपुटेशन से मिल रहे हैं।" ज़रा रुककर उन्होंने कार्ड दिया। पालीवालजी ने उन्हें भीतर बुलाया। एक ही मिनिट में वे लौट आये और अर्दली से बोले, "तुम्हारे कहने से मैं रुक गया था, नहीं तो मैं किवाड़ खोलकर सीधा चला जाया करता हूँ !" जी में आया कह दूँ, "हाँ साहब, आप लाट साहब के सगे साले हैं" पर चुप रहा ! कई कार्यकर्ताओं को उनसे पाँच मिनिट की बात के लिए आध घण्टा झकझक करते देखा। मैंने सोचा, हमारे नेताओं को ग़ैरों की अपेक्षा अपनों से अधिक सहना पड़ रहा है।

मिलनेवालों का ज़ोर पालीवालजी के साथ सबसे ज़्यादा माननीय गृहमन्त्री श्री लालबहादुर शास्त्री पर रहता है। चारों ओर के उपद्रवों की सूचनाओं का भार ही उन पर नहीं रहता, आनेवाले डेपुटेशनों के साथ बातचीत का बोझ भी उन्हें सहना पड़ता है। यह बातचीत एक ही तरह की होती है। हम निर्दोष हैं, सरकारी अफ़सरों ने ठीक काम नहीं किया, सज़ा या जुर्माना माफ़ किया जाये; फिर भी वह कभी ऊबते नहीं हैं। सबकी बात धैर्य से सुनते हैं, अपने काग़ज़ पर उनके नोट्स लेते रहते हैं। ये नोट्स अँगरेज़ी में होते हैं और पेन्सिल से लिखे जाते हैं। इस सम्बन्ध में उनका मुक़ाबला बहुत ही कम लोग कर सकते हैं। एक दिन रात में ग्यारह बजे मैं उनके कमरे में गया। वे एक डेपुटेशन से मिल रहे थे और तीन डेपुटेशन अभी और बाक़ी थे। मैंने सोचा, जो आदमी प्रातः दस बजे दफ़्तर आया था, उसका तेरह घण्टे बाद भी शान्तचित्त होकर इस तरह बातें सुनना, स्वभाव की बहुत बड़ी विशेषता है। झुँझलाहट तो उन्हें कभी आती ही नहीं, इसका महत्त्व इस बात से और भी बढ़ जाता है कि वे मन्त्रि-मण्डल के सबसे कमज़ोर सदस्य हैं। आँखें नीची, कान और उँगलियाँ सतर्क, आवाज़ धीमी और हृदय नतीजे निकालने में लीन; उनकी यह मुद्रा इतनी आकर्षक है कि देखकर भूलना आसान नहीं है।

'चन्द्रकान्ता सन्तति' में एक मकान का ज़िक्र है, जो तालाब में था। दुश्मनों ने सुरंग की राह उसका पानी निकाल दिया और वे उसकी ओर बढ़े,

पर तभी चारों ओर लम्बे-लम्बे आरे चलने लगे, जिससे वे कट गये। हमारे प्रान्त के माल-मन्त्री माननीय श्री ठाकुर हुकुमसिंहजी की उपमा आसानी के साथ इस मकान से दी जा सकती है। तर्कों, प्रश्नों और विवादों के अम्बार को वे पलक मारते काट डालते हैं। जहाँ उन्हें नहीं जाना, आप बहलाकर वहाँ उन्हें नहीं ले जा सकते। मैं एक दिन उनके कमरे में बैठा था। यों ही मैंने पूछा, "राष्ट्रीय स्वयं-सेवक संघ के बारे में आपकी क्या राय है ?" अपना पान का बड़ा डिब्बा खोलकर मेरे सामने करते हुए बोले, "लो पान खाओ और यह सवाल लालबहादुरजी से पूछना !" और इतने ज़ोर से हँसे कि मैं भी हँस पड़ा। वे आकृति और प्रकृति दोनों में ठाकुर हैं, मित्रों और शत्रुओं दोनों के 'स्वागत' के लिए तैयार। 1947 में एक मिनिस्टर की कुरसी पर बैठे हुए भी मुझे वे वैसे ही लगे, जैसे 1932 में फ़ैज़ाबाद जेल की नं. एक बैरक में अपने साथ रहते हुए लगा करते थे। ठाकुर हुकुमसिंह, सरल, सुलझे, सरस, दृढ़, अपनी जगह पर ख़ूब।

माननीय शिक्षा-मन्त्री श्री सम्पूर्णानन्दजी हमारे प्रान्तीय मन्त्रिमण्डल के सबसे विद्वान् सदस्य हैं—अध्ययनशील और चिन्तनशील। उनके अध्ययन और चिन्तन के सुफल हमारे हिन्दी साहित्य की समृद्धि के कारण बने हैं और आज हिन्दी को देश में जो स्वरूप प्राप्त हो रहा है, वे उसका शिलान्यास करनेवालों में एक हैं।

पँचबँगलिया के उनके बँगले में ही इस बार उनके दर्शन करने का अवसर मिला। बात को सहानुभूति से सुनना और उस पर तुरन्त निर्णय देना, यह उनका स्वभाव है। जब-जब मैंने उन्हें देखा है, मुझे लगा है कि उनका सारा चरित्र उनकी आकृति में आबद्ध है। बन्द होठ, रहस्य के प्रति संयम, बड़ी आँखें, लक्ष्य के प्रति एकनिष्ठता और विशिष्ट मस्तिष्क ज्ञान-गाम्भीर्य के प्रतीक-से हैं। उनसे मिलकर खुशी तो बहुत नहीं होती, पर बड़ी गहरी मानसिक सन्तुष्टि मिलती है।

काशी विश्वविद्यालय का एक विद्यार्थी जितनी बार अपने घर से विश्वविद्यालय गया, रास्ते में ही अपना बिस्तर खो गया—इतना अल्हड़, इतना मस्त। वही आज हमारे प्रान्त में नशों का मिनिस्टर है—माननीय श्री गिरधारीलाल। लम्बे, पतले, चुस्त सदा हँसते। बच्चों की तरह सरल और

साथियों की तरह रले-मिले। वे हमारे अपने हैं, इसलिए यदि उनका कमरा मेरे लिए विश्राम-मन्दिर रहे, तो यह स्वाभाविक है। भाई गिरधारीलाल, हरिजन जाति के रत्न और प्रान्तीय मन्त्रि-मण्डल की शोभा ही नहीं, मनुष्यता के शृंगार हैं। उनसे मिलकर मुझे हमेशा ही आत्मीयता का ऐसा रस मिला है, जो जीवन का बहुमूल्य वरदान ही है। मुझ पर इस बार यह प्रभाव पड़ा कि वे अपने कार्य में रसलीन हैं और पुराने एक्साइज़ मिनिस्टर जहाँ नशों की आमदनी बढ़ाने का काम किया करते थे, वहाँ वे प्रान्त से नशों का मुँह काला करने में जुटे हुए हैं।

दूसरे मिनिस्टरों से मिलने का मैं प्रोग्राम बना ही रहा था कि उपद्रव के समाचार सुनकर सहारनपुर लौट आया।

□

मरने के बाद मुलाक़ात

प्रेमचन्द अपने समय के सबसे बड़े हिन्दी कथाकार थे, पर वे जितने बड़े कथाकार थे, उससे भी बड़े मनुष्य थे। उनकी मनुष्यता की कसौटी भी उनकी कला ही है।

उनके जीवन में उन्हें समाज कुछ न दे पाया। वह उन्हें देता है, जो उससे झपट ले, पर प्रेभचन्द में झपट तो दूर, माँग भी मज़बूत न थी। वे अनन्तदानी थे–बिना कुछ पाये भी दिये गये–दिये ही गये और इस दान में कहीं भी उस अप्राप्ति की रुक्षता या कटुता नहीं है। यही मैं कहता हूँ कि उनकी मनुष्यता की कसौटी उनकी कला है।

प्रेमचन्द का स्वभाव था–विरोध में मौन। उन पर आक्षेप हुए–भद्दे और छिछले, पर उन्होंने कभी जवाब नहीं दिया। स्वयं अपनी कला, रचनावृत्ति के सम्बन्ध में भी अपना मत या दृष्टिकोण हमें दिये बिना ही वे इस दुनिया से चले गये।

उस दिन मैं उनका 'रंगभूमि' उपन्यास पढ़ रहा था कि मन में आया–बाबूजी, एक बार मिल जायें, तो उनसे अनेक प्रश्न पूछूँ। स्वयं ही मुझे हँसी आ गयी–अब उनसे मुलाक़ात कहाँ सम्भव है ?

तभी हलकी-सी एक पदचाप, कपड़ों की एक सरसराहट–कोई आकर मेरी चौकी के पास बैठ गया। आँखें मिलीं कि मैं भौंचक, स्वयं बाबूजी ही थे–हाँ प्रेमचन्द !

"ऐं ! बाबूजी, आप ! आप यहाँ कहाँ ? आपके बारे में तो सुना था कि आप मर गये ! और सुना क्या, यह सच ही था। देश-भर के पत्रों ने इस पर श्रद्धांजलियाँ समर्पित की थीं और आपके 'हंस' ने तो अपना 'प्रेमचन्द-स्मृति-अंक'

प्रकाशित किया था, पर कहीं भी नहीं, आप तो वैसे के वैसे ही हैं। मैक्सिम गोर्की-जैसी वे ही मूँछें, वे ही रसीली और नशीली आँखें और वही हँसी। आख़िर बात क्या है यह बाबूजी ?" मैंने पूछा।

वे बोले, "बात क्या होती; हमारे महान् जीवन-शास्त्र गीता में यह लिखा है कि 'वासांसि जीर्णानि यथा विहाय नवानि गृह्णाति नरोऽपराणि। तथा शरीराणि विहाय जीर्णान्यन्यानि संयाति नवानि देही।।' यानी जिस तरह मनुष्य अपने पुराने कपड़े छोड़कर नये बदल लेता है, उसी तरह आत्मा पुरानी देह छोड़कर नयी देह ग्रहण कर लेता है !

यह इस देश का दुर्भाग्य है कि अपने जीवन-शास्त्र में इतनी बड़ी बात लिखी होने पर भी, यहाँ मृत्यु को इतना अधिक महत्त्व दिया जाता है और जीवन की इतनी अधिक उपेक्षा की जाती है।

इधर-उधर क्यों भटकते हो, मेरी तरफ़ ही देखो। मेरे आधी सदी के जीवन में जिन्होंने यही नहीं कि एक बार भी मेरी ओर प्रेम से नहीं देखा, बल्कि हमेशा जो अपने ख़ूनी पंजे मुझ पर कसे रहे, वे मृत्यु की साधारण घटना होते ही बदल गये और इतने ज़ोर से रोये कि मेरे आत्मीयों का विलाप भी फीका पड़ गया।"

मैंने कहा, "बाबूजी, बात यह है कि हमारे देश में नर्सों की बहुत कमी है और स्यापेवालियों की बहुतायत है। अच्छा, यह तो बताइए कि आजकल आप कहाँ हैं ?"

बोले, "मैं अब यहाँ से दूर अन्तरिक्ष में हूँ। आज इधर से जा रहा था कि तुम दिखाई दे गये, नीचे उतर आया। कहो, आजकल क्या पढ़-वढ़ रहे हो ?"

"आजकल मैं आपका ही साहित्य पढ़ रहा हूँ। पढ़ते-पढ़ते बहुत-से प्रश्न मन में उठे हैं। अच्छा ही हुआ कि आप मिल गये। आज्ञा हो तो मैं कुछ पूछूँ ?" मैंने अवसर का सदुपयोग किया।

"तुम जानते हो कि मैंने अपनी आलोचनाओं का कभी उत्तर नहीं दिया। मुझे यह अच्छा ही नहीं लगता कि मैं प्रश्नोत्तर के दायरे में आऊँ, पर ख़ैर तुम पूछ सकते हो। मैं यत्न करूँगा कि अपना दृष्टिकोण तुम्हें समझा सकूँ !" वे इस समय बातचीत की मूड में थे।

मेरा पहला प्रश्न था, “बाबूजी, आपका सबसे महान् पात्र सूरदास है। वह गाँधीजी का प्रतीक है। वह असत्य के विरुद्ध सत्य का आग्रह करता है, पर उसे सफलता नहीं मिलती, जिस काम के लिए वह अपना सब कुछ दाँव पर रख देता है, वह नहीं बनता और चारों ओर असफलता की निराशा में उसका अन्त होता है। इस तरह सूरदास के रूप में आपने अपने देश को निराशा का ही सन्देश दिया है।”

बाबूजी बोले, “आपकी बात सुनकर मुझे हँसी ही आयी और मैं अच्छी तरह समझ गया कि लेखक का काम एक निर्माण करना है, पर समालोचकों का काम सिर्फ़ यह देखना है कि इस निर्माण में कहाँ-कहाँ छेद रह गये हैं ! फिर इन छेदों को भी वे अपने ही चश्मे से देखते हैं और कभी-कभी यह भी होता है कि हवा के लिए रखे झरोखों को वह दीवार की कमज़ोरी बताकर बन्द करने की भी सलाह दे देते हैं !”

“यह कैसे बाबूजी ? मैंने तो कोई ऐसी बात नहीं कही।” मैंने उन्हें बीच में ही रोका।

वे बोले, “पहली बात तो यह है कि सूरदास गाँधीजी का प्रतीक नहीं है। उसे लेकर जो लोग गाँधीजी के विचारों का मज़ाक़ उड़ाते हैं, वह उनके दृष्टिकोण की एकांगिता है। सूरदास असल में मानव-जीवन का प्रतीक है और हमें अपने युद्ध और उसकी असफलता दोनों से यह बताता है कि मनुष्य को अन्याय के विरुद्ध न्यायपूर्वक हमेशा युद्ध जारी रखना चाहिए और उसमें हमें असफलता मिले, तो निराश नहीं होना चाहिए। सूरदास का सन्देश ही यह है कि सफलता या असफलता मनुष्य के कार्य की कसौटी नहीं है। खिलाड़ी खेलते हैं। एक हारता है, एक जीतता है। अब यह जीत खेल की कसौटी नहीं है; क्योंकि बहुत बार ऐसा होता है कि मूर्ख खिलाड़ी अन्त में एक चान्स के तौर पर जीत जाता है और बढ़िया खिलाड़ी हार जाता है। इम्तहान में बुद्धू लड़का पास हो जाता है, तेज़स्वी लड़का फ़ेल। जीवन की दौड़ में धूर्त और तिकड़मी आदमी सफल हो जाते हैं और ईमानदार पिछड़ जाते हैं। अब आप क्या कहेंगे ? असल में जीवन की सही कसौटी यह है कि हमने अपना काम कितनी सावधानी, ईमानदारी और पूर्णता से किया। फल तो वाक़ई एक चान्स है। दूसरे शब्दों में 99 प्रतिशत जीवन है, कार्य है, कार्य की शैली है और एक

प्रतिशत उसका फल ! अब इस एक को 99 और 99 को एक बताना या समझना क्या अर्थ रखता है ? यही मेरे सूरदास के सन्देश की व्याख्या है।"

मैंने कहा, "यह तो आपने अजीब बात कही। इस तरह तो जीवन पर निष्क्रियता छा जायेगी और कोई भी परिश्रम नहीं करेगा।"

बाबूजी तनकर बैठ गये। बोले, "यह अजीब बात नहीं है। जीवन का यह महान् दर्शन है। भारतीय विचारधारा शुरू से ही यह व्यक्त करती है कि मनुष्य तो कर्तव्य कर्म के लिए बाध्य है, फलों की चिन्ता में उलझना उसका काम नहीं है। फल ईश्वर के हाथ है; यानी वह एक चान्स है।

अच्छा, एक बात पर और ध्यान दो। कृष्ण महापुरुष हैं और भक्तजन उन्हें साक्षात् भगवान् मानते हैं, पर उन्होंने महाभारत का जो युद्ध कराया, यदि हम उसके परिणाम पर नज़र डालें, तो उन्हें देश और संस्कृति का संहारक कह सकते हैं, पर असल में ऐसा नहीं है। इसी तरह सूरदास असफल होकर भी महान् हैं और उसके मुक़ाबले में ईसाई मिलमालिक जॉनसेवक सफल होकर भी हीन है। सूरदास मनुष्य को पराजय की हीनता और निराशा से बचाकर जैसे अपने रोम-रोम से पुकार रहा है—अरे पराजित और पिछड़े मनुष्य ! उठ, अधिकार के लिए युद्ध कर। हार मिले या जीत, बस तू युद्ध ही करता चल। युद्ध ही जीवन है, संघर्ष ही मनुष्यता है।"

"आपकी यह व्याख्या अत्यन्त महत्त्वपूर्ण है, इसमें सन्देह नहीं, पर सूरदास के साथ ही आपका दूसरा महान् पात्र गोदान का नायक होरी भी असफल ही रहा है।" भावविभोर हो मैंने कहा, "मेरी शिकायत यह है कि सूरदास और होरी हमारे आज के जीवन की कुरूपता हमारे सामने रखते हैं, पर वे भविष्य का सौन्दर्य हमें नहीं दिखाते। आप हमारे सामने मौजूदा समाज-व्यवस्था तो रखते हैं, पर हम उसे कैसे तोड़ें और फिर कैसी समाज-व्यवस्था यहाँ स्थापित करें यह नहीं बताते ! मैं अपनी बात इस तरह भी रख सकता हूँ कि आप हमें आज का बुरा रूप तो दिखाते हैं, पर उसके विरुद्ध क्रान्ति का सन्देश नहीं देते !"

बाबूजी एकदम गम्भीर हो गये, तब सँभले। कहा, "तुम्हारी बात ठीक है और मैं मानता हूँ कि उसमें सार है, पर क्रान्ति कोई तमाशा नहीं है कि जब चाहा दिखा दिया। उसके लिए वातावरण चाहिए। इस वातावरण के दो

रूप हैं। पहला यह कि जनता आज की बुरी दशा को खूब जान ले और दूसरा यह कि वह उससे ऊब उठे।"

मैंने सेवासदन, रंगभूमि, कर्मभूमि और दूसरे कई उपन्यासों में आज की बुरी दशा जनता के सामने रखी और गोदान में उससे ऊब पैदा की। अब मैं ठेठ क्रान्ति पर आ रहा था कि यहाँ चला आया और वह काम बीच में रह गया।

बात यह कि अतीत की कली खिलकर वर्तमान का फूल बनती है और यही फूल भविष्य का फल है। कली में फूल है और फूल में फल। इसी तरह मैंने भी वर्तमान की तसवीर खींचते समय भविष्य के इंगित किये हैं। 'प्रेमाश्रम' में मायाशंकर के द्वारा स्वेच्छा से ज़मींदारी के त्याग की घोषणा कराकर मैंने नयी समाज-व्यवस्था की साफ़ तसवीर ही पेश कर दी। तुम्हें याद होगा—जमींदारी की ज़ब्ती के बारे में मैंने अपनी एक कहानी—'नशा'—में एक देहाती और शिक्षित में यह संवाद कराया है :

"लोग कहते हैं कि यहाँ सुराज हो जायेगा, तो ज़मींदार न रहेंगे।"

"ज़मींदारों के रहने की ज़रूरत ही क्या है ? यह लोग ग़रीबों का ख़ून चूसने के सिवा और क्या करते हैं ?"

"तो क्यों सरकार, सब ज़मींदारों की ज़मीन छीन ली जायेगी ?"

"बहुत-से लोग तो खुशी से दे देंगे। जो लोग खुशी से न देंगे, उनकी ज़मीन छीननी ही पड़ेगी।"

एक दूसरी कहानी—'भाड़े का टट्टू'—में उसका पात्र रमेश सोचता है : "मनुष्य क्यों पाप करता है ? इसीलिए न कि संसार में इतनी विषमता है। कोई तो विशाल भवनों में रहता है और किसी को पेड़ की छाँह भी मयस्सर नहीं। कोई रेशम और रत्नों से मढ़ा हुआ है, किसी को फटा वस्त्र भी नहीं। ऐसे न्यायविहीन संसार में यदि चोरी, हत्या और अधर्म है, तो यह किसका दोष है ?

मेरे साहित्य में इस तरह की पंक्तियाँ जगह-जगह बिखरी पड़ी हैं, इसलिए मेरे बारे में यह कहना कि वर्तमान की कुरूपता के प्रदर्शन में लीन होकर मैंने भविष्य के सौन्दर्य की उपेक्षा की, इन्साफ़ नहीं है—वैसे हरेक आदमी अपनी राय के लिए आज़ाद है !"

वे अब काफ़ी गहराइयों में थे। मैंने उन्हें एक पैड़ी और उतारते हुए कहा, "आपकी यह बात ठीक है, पर यह भी क्या ठीक नहीं है कि एक महान् कलाकार होते हुए भी आप में प्रचारकपन इतना उग्र है कि वह आपकी क़लम पर छा गया है। आप अपने समय के जीवन के विशेषज्ञ हैं, पर क्या हमारे उस जीवन में ग़रीबी, बेकारी, ग़ुलामी और सामाजिक कुरीतियाँ ही हैं, प्रेम, चाह और आकर्षण आदि नहीं हैं। फिर भी आपने इनकी उपेक्षा ही की ?"

ज़रा उभरकर वे बोले, "यह बात कई तरह से बार-बार दोहरायी गयी है, पर इस बारे में मैं एक बात पूरे ज़ोर के साथ कहना चाहता हूँ, वह यह कि कला या साहित्य का मैं स्वर्ग का फूल नहीं मानता—इसी धरती की एक चीज़ मानता हूँ और दूसरी चीज़ों की तरह उन्हें भी उपयोगिता की तराज़ू पर तोलता हूँ। धरती की चीज़ें धरती की उपेक्षा नहीं कर सकतीं। आज हमारे चारों ओर हीनता और विषमता का जो हाहाकार मचा हुआ है, उसके बीच बैठकर प्रेम के गीत गाना न कला है, न साहित्य—वह जीवन का कोढ़ है और मैंने अपने उपन्यासों में उसे कोढ़ के रूप में ही चित्रित किया है। इससे मेरे उपन्यासों का आकार बढ़ गया है और विवरण दोहरे हो गये हैं। मेरे कला-पारखी आलोचकों को इससे खेद भी हुआ है, पर मैं क्या करूँ। मैं मजबूर हूँ कि सत्य की ओर से आँखें नहीं मूँद सकता।"

मैंने नम्र होकर कहा, "आपकी इस भावना के प्रति मैं हार्दिक सम्मान प्रकट करता हूँ और मुझे यह स्वीकार करने में ज़रा भी झिझक नहीं कि भावी पीढ़ियाँ राष्ट्र के नव-निर्माताओं की पंक्ति में आदर के साथ आपका नाम स्मरण करेंगी, पर इस दिशा में मुझे एक निवेदन अवश्य करना है। वह यह कि आपके पात्र कभी-कभी खूब छलाँगें मारते हैं।"

हँसकर बोले, "कैसी छलाँगें ? ज़रा समझायें, तो मैं उस पर कुछ कहूँ।"

मैंने कहा, "आपके पात्रों में बहुत बार क्रम-विकास नहीं होता। अभी जो डरपोक है, वह पल-भर बाद साहस का अवतार हो जाता है। ज़ेवरों पर जान देनेवाली स्त्री कुछ ही दिनों में ऐसी निखर आती है कि रूसी क्रान्ति के महिला-चरित्र भी मात मान जाते हैं। घटनाओं के क्रम-विकास में भी यही बात है। छोटी-सी घटना का आप इतना बड़ा तूमार बाँधते हैं कि चौराहों पर तमाशा

दिखानेवाले जादूगर भी सिर झुका लेते हैं। इसे ही मैं छलाँग कहता हूँ।"

"ओह, यह मतलब है आपका ?" वे बोले, "ये दो अलग-अलग बातें हैं, इनका उत्तर भी मैं अलग-अलग दूँगा। मानव-पात्रों में यह परिवर्तन वह चीज़ है, जिसे मैं मनुष्य में देवत्व कहता हूँ और देवत्व चमत्कारिता का भण्डार है, इसलिए एक पात्र में यह सहसा परिवर्तन कोई असम्भव बात नहीं। वाल्मीकि को डाकू से ऋषि होने में कितनी देर लगी ? फिर मेरे ही पात्र बदल जाते हैं, तो क्या बुराई है ? दूसरी बात के बारे में मुझे यह कहना है कि परिणाम की यह अतिरंजना—उसे बढ़ाकर कहना—समाज की उस बुराई को जिसके ख़िलाफ़ कहानी खड़ी है, ऐसा कुरूप कर देता है कि पाठक पर प्रभाव पड़े।"

मैंने बीच में ही कहा, "पर इसमें यथार्थता तो नहीं रहती बाबूजी !"

"तो यथार्थ को हूबहू खींचकर रख देना ही तो कला नहीं है।" वे बोले, "मैं पूरे ज़ोर से कहता हूँ कि केवल यथार्थ की नक़ल का ही नाम कला नहीं है। फिर यथार्थ का यथार्थरूप दिखाने से फ़ायदा ही क्या ? वह तो हम अपनी आँखों से देखते ही हैं। कुछ देर के लिए तो हमें इन कुत्सित व्यवहारों से दूर रहना चाहिए, नहीं तो साहित्य का मुख्य उद्देश्य ही नष्ट हो जाता है।"

मैंने ज़रा व्यक्तिगत होते हुए पूछा, "यह आश्चर्य की बात है कि आप ईश्वर में विश्वास नहीं करते, पर आपके साहित्य में मानव में देवत्व-दर्शन के सचमुच अनेक प्रयत्न हैं। यह क्या बात है ?"

बहुत ज़ोर से हँसे और तब बोले, "ईश्वर में विश्वास की ज़रूरत पड़ती ही उन्हें है, जो मानव में देवत्व का दर्शन नहीं कर सकते। बुरा आदमी भी बिलकुल बुरा नहीं होता। उसमें कहीं न कहीं देवता अवश्य छिपा है; यह मनोवैज्ञानिक सत्य है। मैंने अपनी क़लम से इस सत्य को ही कहीं-कहीं प्रकाशित कर दिया है।"

"आपने बड़ी कृपा की जो मेरे प्रश्नों के उत्तर दिये। यदि आप एक और प्रश्न का भी उत्तर दें तो अभारी हूँगा।" नये प्रश्नों के लिए मैंने ज़रा जगह बनायी तो सरस होकर बोले—

"मिश्रजी, आप आभारी न भी हों, तो भी उत्तर तो दूँगा ही, पर पूछिए संक्षेप में, क्योंकि मेरे जाने का समय अब हो गया है।"

मैंने तीर को आलपीन बनाकर पेश किया—"कुछ लोग कहते हैं कि

आपने 'रंगभूमि' का प्लाट थैकरे के 'वैनिटिफेयर' से लिया है। क्या यह ठीक है ?"

उनके चेहरे पर गम्भीरता बरस पड़ी। बोले, "मुझे 'रंगभूमि' का बीजांकुर एक अन्धे भिखारी से मिला, जो मेरे ही गाँव में रहता था। एक ज़रा-सा इशारा, एक ज़रा-सा बीज लेखक के मस्तिष्क में पहुँच कर इतना विशाल वृक्ष बन जाता है कि लोग उस पर आश्चर्य करने लग जाते हैं। इंग्लैण्ड के प्रसिद्ध उपन्यासकार डिकेंस ने शिकरम गाड़ी के मुसाफ़िरों की ज़बान से 'पिकविक' नाम सुना और बस अपनी अमर हास्य कृति 'पिकविक-पेपर्स' की रचना की। श्रीमती जॉर्ज इलियट ने अपने बचपन में एक फेरीवाला कन्धे पर थान रखे देखा था। इसी पर उन्होंने 'साइलेन्स मार्नर' नामक उपन्यास रचा। मर्मस्पर्शी रचना 'स्कारलैट लेटर' के बीज हाथार्न को एक पुराने मुक़दमे की मिसल से मिले। दो सहेलियों की इस बहस से कि उपन्यास की नायिका सुन्दर हो या नहीं 'जेन आयर' की सृष्टि हुई।"

ज़रा रुककर बोले, "किसी पुस्तक से नयी रचना की नींव मिल जाना भी कोई असाधारण घटना नहीं है। हालकेन ने लिखा है कि मुझे बाइबिल से प्लाट मिलते हैं। बेलजियम के विख्यात नाटककार मेटरलिंक का 'मोनावोना' नाटक ब्राउनिङ् की कविता से प्रेरित है और 'मेरी मैगडालीन' एक जर्मन कविता से। अगर कोई यह दावा करे कि मैं वह लिखूँगा, जो कहीं किसी ने किसी भी रूप में कभी नहीं लिखा, तो मेरा ख़याल है कि उसकी रचना बस अद्भुत ही होगी।"

यह सब उन्होंने इतने भावावेश में कहा कि मैं भावविभोर हो गया। ज़रा सँभला तो देखा, चौकी पर मेरे सामने 'रंगभूमि' खुली हुई थी—बाबूजी न थे। क्या वे आये थे ? क्या वे चले गये ?

□

लखनऊ काँग्रेस के उन दिनों में

किसी तरह मैं 8 अप्रैल 1936 को सुबह लखनऊ पहुँच गया। मोतीनगर, धूल का अक्षय भण्डार ! ओह, प्लूरिसी का यह पुराना बीमार यहाँ कैसे जीयेगा ! अचानक हमारे ज़िले के यशस्वी राष्ट्रकर्मी वैद्य श्री रतनलाल 'चातक' मिल गये। वे पास ही आर्यनगर के एक मकान में ठहरे हुए थे। वहाँ डेरा जमाया। लखनऊ काँग्रेस और चातकजी का साथ; सौभाग्य की बात थी। चातकजी सिपाही भी हैं और साहित्यिक भी, मर मिटनेवाले बलिपन्थी और मनहूसियत से कोसों दूर, सरसता के स्रोत !

प्रयाग से जवाहरलालजी आदि के आने की ख़बर गुप्त रखी गयी थी, पर हमें पता चल गया। स्टेशन पहुँचे; देखा पण्डितजी दूसरे नेताओं के साथ थर्ड क्लॉस से उतर रहे हैं। साधारण धोती, चप्पल, कुरता और वही मुसलमानी समय की बण्डी, जिसे इसी जवाहरलाल के नाम से इस युग में 'जवाहर बण्डी' का सुन्दर नाम मिल गया है। फ़ौरन लाहौर काँग्रेस का राष्ट्रपति जवाहर याद आ गया। वह सुरमई अचकन, वह चूड़ियोंदार खिंचा हुआ पायजामा और उसे ही लेकर लाहौर पहुँचनेवाली वह स्पेंशल ट्रेन; कितना परिवर्तन हुआ है इस आदमी में !

भारत में समाजवाद के एक प्रवर्तक पण्डित जवाहरलाल पर, मैंने देखा, गाँधीवाद का प्रभाव झलक रहा है। बापू भी चाहते हैं मुसाफ़िरों का पूरा सुभीता और नेहरूजी भी, पर क़ानून हमारे हाथों में नहीं। इसलिए नहीं सम्भव है आज यह सब, तो हम अपने प्राप्त सुभीतों को 'स्वयं' परित्याग कर अपने समाज के नीचे के स्तर में मिल तो सकते ही हैं। मुझे दीखा, दोनों महापुरुष एक ही मोटर में बैठे जा रहे हैं, फ़ोर्ड की मोटर में भी और समाज-व्यवस्था

की मोटर में भी। दोनों के लक्ष्य में भेद नहीं है और अभी तो रास्ते में भी भेद नहीं है।

चारों ओर पैदल जुलूस की चर्चा थी। जवाहरलालजी ने घोड़े या गाड़ी पर बैठने से इनकार कर दिया था, पर समझ में ही न आता था कि कैसे कण्ट्रोल होगा यह। पिछले आठ वर्षों में सैकड़ों जुलूस निकाले हैं। ओह, जनता का वह रेला ! क्या वह कण्ट्रोल की चीज़ है और वह भी सिर्फ़ ज़बान से ! स्वयंसेवक दल के एक कप्तान पर मैंने अपनी बेचैनी प्रकट की। वे तुनककर बोले, "क्यों, कण्ट्रोल में क्या आफ़त है ? जैसे हिटलर-मुसोलिनी का जुलूस निकलता है, वैसे ही मिस्टर नेहरू का क्यों नहीं निकल सकता !" मैंने ग़ौर से उनकी तरफ़ देखा और अपने दिल में उनके जोश की क़द्र की, पर मेरी बेचैनी ज्यों की त्यों रही।

साढ़े पाँच बजे जुलूस निकलना था, पर चार बजे से पहले ही अमीनाबाद का वह विशाल प्रांगण खचाखच भर गया। कितने आदमी थे ? क्या कहूँ, बस आदमी ही आदमी थे—चौक में, पॉर्क में, छत पर, छज्जों पर, यहाँ तक कि खम्भों पर, वृक्षों पर भी। वहाँ सिर्फ़ दो ही आदमियों की माँग थी—पण्डित जवाहरलाल और गजरेवाला। कितने भी दाम पर गजरा बिक सकता था और कितने भी धक्के खाकर जवाहरलाल की एक झाँकी ली जा सकती थी। भीड़ इतनी और ऐसी कि पास खड़े एक बुजुर्ग मुसलमान ने कहा, "अल्लाह, तेरी कुदरत कि बड़े-बड़े लालों और बादशाहों के जुलूस यहाँ निकले, पर कभी ऐसी रौनक़ नहीं हुई !"

जुलूस शुरू हुआ। कानपुर के श्री रघुबरदयालु गुरु और उनके दो शिष्य घोड़ों पर चढ़े आगे-आगे रास्ता कर रहे थे, पर वे रास्ता करते और वह काई की तरह भर जाता ! बात साफ़ थी कि लोग जवाहरलाल को देखने आये थे और वे दीख नहीं रहे थे। मुश्किल से 300-400 गज़ चलकर पण्डितजी अमीनाबाद में आये। बस यहाँ सब नियम टूट गये और भीड़ के रेले में पण्डितजी कुचले-से जाने लगे। झुँझलाकर उनका चारों तरफ़ देखना बड़ा मधुर था, पर इसे कौन देखता ?

स्वयंसेवकों की दशा बड़ी दयनीय थी; जैसे हारी हुई फ़ौज के सिपाही

जान लेकर भागे जा रहे हों। स्वयंसेवक और उनके दलपति कुछ सचेष्ट रहते, तो पण्डितजी को लाठियों के घेरे में रख सकते थे और अमीनाबाद से मोतीनगर बहुत दूर नहीं था; पूरे रास्ते मोटे रस्सों से भी रास्ता बनाया जा सकता था। ख़ैर, इस घटना ने बताया कि काँग्रेस को एक स्थायी, सुसंगठित स्वयंसेवक दल की कितनी आवश्यकता है और हमारे राष्ट्रीय नेताओं को इधर कितना ध्यान देना चाहिए।

प्रायः पचास क़दम चलते ही पण्डितजी को घोड़े पर चढ़ना पड़ा। इससे भीड़ काफ़ी शान्त हुई। गौर मुख, प्रसन्न और नम्र मुख-मुद्रा, सफ़ेद मोती-से गहरे रंग का घोड़ा और सधी हुई सवारी; देखने ही लायक़ दृश्य था। चारों ओर से गजरे बरस रहे थे, पर पण्डितजी सचेष्ट थे कि कोई गजरा नीचे न गिरे और किसी भाई-बहन के हृदय को ठेस न लगे।

एक स्थान पर पण्डितजी के परिवार के लोग बैठे जुलूस देख रहे थे। उन्हें देखकर मुझे लाहौर की वह दूकान याद हो आयी, जहाँ बैठकर 1930 में स्वर्गीय पण्डित मोतीलाल नेहरू, श्रीमती स्वरूपरानी नेहरू और श्रीमती कमला नेहरू ने जवाहरलालजी का वह शाही जुलूस देखा था। जवाहरलाल का घोड़े पर से सिर झुकाकर माता-पिता की वन्दना, माता-पिता के चेहरे का उल्लास, हृदय के बादशाह मोतीलालजी का वह अशर्फ़ी बिखेरना, जवाहरलाल की वह मीठी झुँझलाहट, कमला नेहरू की वह गर्व-भरी मुखमुद्रा, पति-पत्नी की आँखों ही आँखों में होने वाली वे बातें और चारों ओर बिखरनेवाली वह मन्द-मधुर मुसकान; याद करके जी तड़प उठा ! ओह, नेहरू परिवार का बलिदान !!

10 अप्रैल 1936 को दो बजे से विषय-निर्वाचिनी समिति (सब्जेक्ट कमेटी) की बैठक हुई। श्री राजेन्द्रप्रसादजी ने पण्डित जवाहरलालजी को चार्ज दिया। लाहौर में पण्डितजी ने यही चार्ज स्वर्गीय पण्डित मोतीलाल नेहरू से लिया था और माता स्वरूपरानी ने उनका माथा चूमकर, उनकी बलैयाँ ली थीं, जिसे देखकर हज़ारों आँखें तर हो गयी थीं, पर आज बूढ़ी माता का हृदय जर्जर है, व्यथित है–पति के अभाव और बहू की मृत्यु से वे समारोह में कैसे भाग लेतीं !

पण्डितजी ने जब धन्यवाद में कहा, "मैं (कमला नेहरू की विदेश में

मृत्यु के बाद) सान्त्वना के लिए भारत माता की गोद में आया, एक बालक की तरह। आपका प्रेम पाकर मैं कृतार्थ हुआ। फिर भी भीतर कुछ सूना-सूना लगता है।" सुनकर सहृदयों के हृदय द्रवित हो गये।

आरम्भ में ही एक संशोधन लिखने के लिए उन्हें काग़ज़-पेन्सिल की ज़रूरत पड़ी, पर मंच पर वह था नहीं। पण्डितजी ने कहा, "कैसा इन्तज़ाम है रिसैप्शन कमेटी का ! है कोई यहाँ रिसैप्शन कमेटी (स्वागत-समिति) का मेम्बर ?" कोई वहाँ न था, बोले, "डाँट-फटकार सुनने के लिए किसी को तो रहना ही चाहिए।"

बात यह है कि पण्डितजी स्वयं इतने सावधान हैं–अपना छोटे से छोटा काम इतनी सतर्कता से करते हैं, ज़रा भी कमी वे बरदाश्त नहीं कर सकते। उनकी स्फुरणा और सन्नद्धता भी असाधारण है। उनके आसन के सामने बैठे-बैठे बोलने का माइक लगा था। राजेन्द्रबाबू ने उनसे उस पर बोलने को–बैठे-बैठे ही बोलने को–कहा, तो बोले, "बैठकर ! बन्धन में बोलना तो मुझसे नहीं हो सकता !" बाप रे, बन्धनों का इतना तीखा विद्रोही यह जवाहरलाल !

वे बराबर ऊँचे लाउडस्पीकर पर, खड़े होकर ही बोले। किसी वक्ता का नाम वे पुकारते और उसके आते ही लाउडस्पीकर का मुँह खुद वक्ता की तरफ़ कर देते। वक्ता को मशीन से जितनी दूर खड़ा होना चाहिए, उसमें ज़रा भी फ़र्क़ रहता, तो उसे हाथ से ठीक जगह खड़ा करते। लाउडस्पीकरवालों का आदमी इस काम के लिए नियुक्त था, पर जब तक वह उठता, पण्डितजी अपना काम पूरा भी कर डालते !

उनकी कमर के पीछे एक मोटा और लम्बा तकिया था–कमर के सहारे के लिए, पर जवाहरलाल को 'कमर के सहारे' की ज़रूरत कहाँ है ? वे सदा उसके ऊपर बैठते थे–तनकर। हरारत की हालत में एक दिन वे साढ़े आठ घण्टे बैठे, बैठे क्या, लगभग खड़े ही रहे। तीन दिन सब्जेक्ट कमेटी और दो दिन खुला अधिवेशन; इस तरह पूरे पाँच दिन मैंने उन्हें बहुत नज़दीक और गहराई से देखा, पर इस इतने लम्बे समय में उन्होंने दो बार से ज़्यादा जमुहाई नहीं ली। ऐसा सन्नद्ध है हमारा जवाहरलाल !

बोलनेवाले के एक-एक शब्द पर वे ध्यान रखते थे। ज़रा बहका कि वे तमककर उठे जैसे शेर अपनी गुफा से छलाँग मारकर निकले। शब्दों के

मायाजाल में वे नहीं फँसते, न जनसाधारण को फँसने देना चाहते हैं। किसान और मज़दूरों के प्रतिनिधि उनकी संस्थाओं की मार्फ़त लिये जायें, श्री अच्युत पटवर्धन के इस संशोधन का समर्थन करते हुए श्री विश्वम्भरदयालु त्रिपाठी ने कहा, इस प्रस्ताव में एक 'प्रिएम्बल' है और उन्होंने बार-बार इस 'प्रिएम्बल' शब्द को दोहराया। पण्डितजी ने फ़ौरन टोका, "यह 'प्रिएम्बल' क्या होता है, मेरी कुछ समझ में नहीं आता। वाक़ई क़ानूनी दिमाग़ बहुत तेज़ होता है।"

श्रीमती पार्वती देवी बोलने आयीं—"मुझे कोई स्पीच नहीं देनी है, पर एक घटना हो गयी है…" पण्डितजी ने फ़ौरन टोका—"लेकिन उस घटना का सम्बन्ध इस प्रस्ताव के साथ हो।"

अनुशासन जवाहरलालजी की अपनी विशेषता है। क्या मज़ाल कि कोई ज़रा भी चूँ कर सके। श्री नरीमान बोल रहे थे कि श्रीमती कमला देवी चट्टोपाध्याय ने उन्हें बीच में टोक दिया। फिर क्या था, पड़ी फटकार "ऑर्डर, ऑर्डर ! आप कौन हैं रूल करनेवाली ? मैं जो यहाँ हूँ !"

बात-बात में झुँझलाहट, हर झुँझलाहट पर एक झपट और हर झपट पर एक मीठी मुसकान; एक-एक साँस में तीन-तीन झाँकियाँ और मामला समाप्त—सोचता हूँ जवाहरलाल के व्यक्तित्व की यह भी एक बड़ी ख़ूबी है।

श्री अमृतलाल सेठ को पुकारा गया संशोधन का समर्थन करने, पर वे पेश करने लगे एक नया संशोधन। पण्डितजी ने नये संशोधन का नोटिस चाहा, तो उन्होंने कहा, "मैं कल अपना संशोधन कृपलानीजी को दे चुका हूँ, इसलिए मैं उसे पेश कर सकता हूँ।"

अध्यक्ष का यह प्रतिवाद और फिर नेहरू अध्यक्ष का ! पण्डितजी तमककर इतनी तेज़ी से उठे और उनकी तरफ़ बढ़े कि सचमुच वे घबरा गये और उलटे पैरों (ज़रा भी अतिशयोक्ति नहीं, व्यवहारतः उलटे पैरों) भागकर मंच से नीचे कूद गये। विख्यात पार्लामेण्टेरियन श्री सत्यमूर्ति ने इस व्यवहार का बहुत फर्राटेदार प्रतिवाद किया और अन्त में कहा, "अध्यक्ष को जेण्टलमैन तो होना ही चाहिए।"

मामला संगीन हो गया। सबके मन में एक ही प्रश्न—अब पण्डितजी क्या करेंगे ? क्या कहेंगे ? पण्डितजी उठे, मुसकराये और बोले, "इस हाउस में मिस्टर सत्यमूर्ति ही सबसे बड़े जेण्टलमैन हैं और मैं तो बिलकुल जेण्टलमैन

(सभ्य आदमी) नहीं हूँ।"

श्री सत्यमूर्ति ने अपने ढंग पर उन्हें असभ्य कहा था और उन्होंने उसे स्वीकार कर लिया। स्थिति यह कि अब हाउस इसे स्वीकार कर ले, तो विधान की मर्यादा यह कि जवाहरलालजी तुरन्त त्यागपत्र दें और अपना आसन ख़ाली करें। विधानशास्त्री श्री सत्यमूर्ति ने खड़े होकर कहा, "हमारे अध्यक्ष निश्चित रूप से जेण्टलमैन हैं।" श्री अमृतलाल सेठ ने भी उन्हें जेण्टलमैन कहा। इस पर पण्डितजी बहुत ज़ोर से हँसे और तब बोले, "नहीं, मैं जेण्टलमैन नहीं हूँ और यही एक दिक़्क़त है।" उनकी हँसी में सारा विरोध आप ही आप घुल गया, बह गया।

जवाहरलाल चौकन्ने इतने कि प्रतिनिधियों की जेब तक की ख़बर रखें। प्रस्ताव-पत्र कम थे और प्रतिनिधियों में माँग थी, पण्डितजी को एक पत्र मिला। उन्होंने कहा, "मेरे पास एक है, जो चाहें ले लें।" एक प्रतिनिधि ने माँगा, तो बोले, "आपके पास तो है वह।" प्रतिनिधि ने कहा, "वह दूसरा है।" पर वे कहाँ चूकनेवाले। बोले, "नहीं, वही है। ज़रा देखिए तो महाशय !" वाक़ई यह वही पत्र था। कमाल यह कि पण्डितजी और प्रतिनिधि के बीच में प्रतिनिधियों की कई क़तारें थीं।

तुरन्त निर्णय जवाहरलालजी के सभापतित्व की विशेषता थी। डॉक्टर पट्टाभि सीतारमैया ने काँग्रेस-वर्किङ् कमेटी के पदग्रहण-सम्बन्धी प्रस्ताव का विरोध किया; यद्यपि वे खुद भी वर्किंग कमेटी के मेम्बर थे। उनका विरोध परम्परा के विरुद्ध था। श्री पुरुषोत्तमदास टण्डन ने इसका प्रतिवाद किया। श्री पट्टाभि ने मामला प्रधान पर छोड़ दिया। सबने आश्चर्य से सुना कि पण्डितजी का निर्णय परम्परा के विरुद्ध है—पट्टाभि के अनुकूल ! इसमें सन्देह नहीं कि यह निर्णय पण्डितजी के सुलझे हुए मस्तिष्क का प्रतिबिम्ब था। इसके बाद तो उन्होंने दो-तीन बार प्रस्ताव पर बहस से पहले ही अपनी सम्मति प्रकट कर—प्रस्ताव के विरुद्ध अपनी निजी सम्मति बताकर परम्परा को भंग किया। सचमुच यह परम्पराभंग बहुत सुन्दर था; जैसा कि कलकत्ता-काँग्रेस में स्वयं जवाहरलालजी ने एक बंगाली युवक के आक्षेप करने पर कहा था कि कभी-कभी बन्धनहीन हो जाना भी सभापति की सुन्दरता है। जवाहरलालजी तब काँग्रेस के जनरल सेक्रेटरी थे और एतराज़, काँग्रेस-अध्यक्ष श्री मोतीलाल

नेहरू पर किया गया।

पण्डित जवाहरलाल के खड़े होने की भी एक अदा थीं। शरीर तना हुआ, पैर ठुके हुए-से, बायाँ हाथ बण्डी की जेब में और दायाँ गले के बटन पर या फिर लाउडस्पीकर के चक्कर को पकड़े हुए।

अँगरेज़ी का सब्जेक्ट कमेटी में काफ़ी ज़ोर था। कुछ लोग तो शौकि़या भी अँगरेज़ी बोलते थे। पूना के श्री शंकरराव देव ने एक उपसमिति के बारे में हिन्दी में कुछ पूछा। कृपलानीजी ने उसका अँगरेज़ी में जवाब दिया। स्वामी सहजानन्द सरस्वती के टोकने पर कृपलानीजी ने भूल स्वीकार की। पण्डितजी ने श्री देव से पूछा, "आप हिन्दी में बोलिएगा ?" उत्तर मिला–"हाँ, हाँ, मैं तो जहाँ तक होते मेरी टूटी-फूटी हिन्दी में ही बोलते !" कितनी मधुर थी यह टूटी-फूटी हिन्दी।

पण्डितजी साधारणतया हिन्दी में ही बोले। पद-ग्रहण पर उन्होंने अपनी राय दी, तो पहले हिन्दी में और पीछे अँगरेज़ी में। प्रस्ताव तो सभी अँगरेज़ी में थे और उनका अनुवाद भी न किया जाता था। पहले ही दिन शाम को मैंने टण्डनजी से इसकी शिकायत की, "एक तरफ़ तो आप काँग्रेस-अधिवेशन में ज़्यादा से ज़्यादा किसानों को बुलाते हैं और दूसरी ओर यह उम्मीद करते हैं कि हरेक प्रतिनिधि अँगरेज़ी जाने।" टण्डनजी ने पण्डितजी से कहा। इसके बाद बराबर अनुवाद हुआ और खुले अधिवेशन में भी यह प्रथा चालू रही।

आगामी चुनाव के बाद बहुमत मिलने पर काँग्रेस पदग्रहण करे या नहीं ? यही इस अधिवेशन का मुख्य प्रश्न था। काँग्रेस हाई कमाण्ड का मूल प्रस्ताव था कि चुनाव लड़ा जाये, पर पदग्रहण करने-न-करने के बारे में अभी विचार न किया जाये। गरम दल चाहता था कि पदग्रहण न करने की बात साफ़ कह दी जाये और नरम दल चाहता था कि पदग्रहण करने की बात साफ़ कह दी जाये। यही टक्कर थी।

इस प्रस्ताव पर ख़ूब गरमी रही। बहुत-से संशोधन आये, बहुत-से भाषण हुए, पर दो भाषण विशेषतः उल्लेखनीय थे। पहला श्री आचार्य नरेन्द्रदेव का प्रस्ताव के विपक्ष में और दूसरा श्री राजेन्द्रप्रसाद का पक्ष में। हाँफते-काँपते-से आचार्यजी माइक पर आये। शरीर में हड्डियों का एक ढाँचा, दमे के राक्षसी रोग से जर्जर, चेहरे पर मुर्दनी छायी हुई। उनका लखनऊ आना ही अपने साथ

ज़्यादती थी, इतने पर भी और इस दशा में भी, फिर बोलना। श्री जयप्रकाश नारायण ने कहा, "बैठकर बोलिए।" उन्होंने मना किया, तो मुहब्बत से झिड़ककर जयप्रकाशजी ने कहा, "तो मत बोलिए।" इस झिड़की में कितना आदर था, कितना अपमान, कितनी मिठास !

कुरसी आयी, तो पण्डितजी ने दोनों हाथों से पकड़कर उन्हें उस पर बैठा दिया। मेरे पास ही एक अँगरेज़ पत्रकार बैठा था। मुँह बनाकर बोला, "ओह, बेचारा वक्ता !" उसका मतलब था कि यह बीमार क्या बोलेगा। मैंने उससे कहा, "कृपया अपने कानों को सँभालें।" आचार्यजी बोले, तड़पकर बोले, तड़पाकर बोले। शरीर भग्न, पर ऊँची आवाज़; हृदय जो उछलता हुआ है। क्या फ़सीह उर्दू, सरिता की लहर-सा प्रवाह, विचारों की कड़ियाँ और भावनाओं की लड़ियाँ कि एक के बाद एक पिरोयी हुई—ख़यालात और जज़्बात का एक अजब मजमुआ। सचाई यह कि भाषा और प्रवाह की दृष्टि से पूरी लखनऊ काँग्रेस में यही सर्वोत्तम भाषण था। उस अँगरेज़ पत्रकार ने कहा, "कुछ-कुछ समझा, पर बहुत सुन्दर, जैसे झरना !"

इस प्रस्ताव की बहस में वर्किंग कमेटी पर बहुत आक्षेप हुए। उसे खुले शब्दों में बेईमान और प्रतिगामी कहा गया। इस सबका जवाब देने को राजेन्द्रबाबू ने जो भाषण दिया, उसमें ओज भी था और चोज़ भी। प्रवाह ऐसा कि कानों में मिश्री घुले और प्रभाव ऐसा कि तख़्ता उलट दिया। समाजवादियों को उम्मीद थी कि प्रस्ताव पास भी होगा, तो पाँच-सात वोट से, पर बहुत अधिक वोटों का अन्तर रहा। बम्बई के एक समाजवादी नेता ने मुझसे कहा, "ग़ज़ब कर दिया आज राजेन्द्रबाबू ने !" सचमुच प्रभाव की दृष्टि से यही काँग्रेस का सर्वोत्तम भाषण था। डॉ॰ पट्टाभि इस प्रस्ताव पर तटस्थ रहे, यह एक ख़ास बात थी।

सब्जेक्ट कमेटी में होने को तो बहुत थे, पर उल्लेखनीय हैं : सर्वश्री अच्युत पटवर्धन, कमलादेवी चट्टोपाध्याय, डॉ. पट्टाभि, सेठ गोविन्ददास, बालकृष्ण शर्मा 'नवीन', स्वामी सहजानन्द, सम्पूर्णानन्द, अवधेश प्रताप सिंह, वेंकटाचलम् चेट्टी, साम्बमूर्ति, अमृतलाल सेठ, डॉक्टर ख़ान साहब, सत्यमूर्ति, डॉ. प्रफुल्लचन्द्र घोष, आचार्य कृपलानी, राजेन्द्रबाबू, जयरामदास दौलतराम, शंकरराव देव, विश्वम्भरदयालु त्रिपाठी और टण्डनजी।

डॉक्टर पट्टाभि अपनी जगह निराले। नीची धोती, ऊँचा कुरता, मद्रासी ढंग का तहाया हुआ साफ़ा कन्धे पर और विशाल गंजी खोपड़ी। देखने में शान्त और बोलने में ऐसे, जैसे टूटी हुई बाँध का झरना। जो बात दूसरे घण्टे-भर में कहें, वे बत्तीस मिनिट में। अध्ययन के भण्डार और विधान के पण्डित, काँग्रेस में इस युग के श्री विजयराघवाचारी—नागपुर काँग्रेस के अध्यक्ष !

श्री पटवर्धन, देखने में सरल, बातचीत में सरस और भाषण में ओजस्वी। स्फुरणा की मूर्ति, हर बातं में सवाल, हर सवाल पर जवाब; जैसे केन्द्रीय असेम्बली में सत्यमूर्ति !

श्री राजेन्द्रबाबू, सीधे-सादे, जितने लम्बे, उससे ज़्यादा गहरे। स्थिर, अपने स्थान के लिए निश्चिन्त। हर सवाल के लिए तैयार; पर हर उक्ति मीठी मुसकराहट से सनी। जनता की आँखों की ठण्डक और जनता में से ही एक, पर अत्यन्त सुलझे हुए दिमाग़ के आदमी। अपनी धुन के धनी और अपनी बात के पक्के। काँग्रेस मंच पर गाँधीजी की व्यवहार-पद्धति के संरक्षक और प्रभावपूर्ण प्रतिनिधि।

डॉक्टर खान, सिलबिल्ला-सा भरे बदन का पठान। कपड़ों में सादा, चेहरे पर बालकों-सी सरलता। सबसे मिलने को तैयार, सबका अपना ही। खरा सिपाही, कम बोलनेवाला, पर करारी बात का कहैया और देश की गुलामी को हर घड़ी महसूस करनेवाला।

सत्यमूर्ति, साधारण धोती, आधी आस्तीन की क़मीज, गले में साफ़ा, नंगे पैर, नंगे सिर, बिलकुल काशी के किसी मन्दिर का पुज़ारी-सा। अपने अख़बारों से छपे फ़ोटों से बिल्कुल अलहदा। अँगरेज़ी का अच्छा वक्ता, पार्लामेण्टरी टोन, गोली की तरह सवाल का जवाब देनेवाला और निडर। नम्बर एक का एडवोकेट और नम्बर तीन का काँग्रेसी—बोलने में दस साल आगे, पर स्पिरिट में इतना ही पीछे, कहूँ बहस में भारी, पर अनुभूति में हलका !

जयरामदास दौलतराम; स्वस्थ, सुन्दर, सादे, वाक्संयमी और गम्भीर। सदा सन्नद्ध, नेता भी और कार्यकर्ता भी।

भाषण गिनती में बहुत थे, पर 'टु दि प्वॉइण्ट' बहुत कम। ज़्यादातर प्रतिनिधि सिर्फ़ बोलने के लिए, लोगों की आँखों में आने के लिए बोलने-वाले—हर बात पर घण्टों बोलने को तैयार, पर काम की बात कम से कम !

खद्दर के विरोध में एक संशोधन आया। बिहार के किसान नेता श्री स्वामी सहजानन्द सरस्वती ने समर्थन किया। बोले, "मेरे किसान साथी कहते थे कि काँग्रेस में जाने को खादीवेश के लिए चौदह रुपये चाहिए। लोगों ने मुझसे कहा कि हम लँगोटी लगाकर काँग्रेस के ख़िलाफ़ एक प्रदर्शन करना चाहते हैं। कहाँ से लायें खादी ?"

बिहार के ही एक प्रतिनिधि इस पर बहुत झल्लाये और बोले, "उन मूर्खों को लँगोटी लगाकर प्रदर्शन की बात तो सूझी, पर सूत कातने की नहीं। जिन लोगों को जिस 'वाद' का ज्ञान नहीं, वे उस पर पता नहीं बकवाद क्यों करते हैं !" एक खादी-भक्त के नाते कड़वी होने पर भी मुझे उनकी बात बहुत पसन्द आयी।

सब्जेक्ट कमेटी के पण्डाल में मंच के पीछे कुरसियों की एक क़तार थी। उसके अधिष्ठाता थे मौलाना अबुलक़लाम आज़ाद, सरोजिनी नायडू, भूलाभाई देसाई और डॉ. अन्सारी। आज़ाद साहब बराबर सिगरेट पीते रहते और धुएँ का उपहार मिलता रहता भारत-कोकिला को ! भूलाभाई बराबर इस-उससे बातें करते और ख़ूब हँसते, सरल और सरस। केन्द्रीय असेम्बली के केन्द्रीय सर एन. एन. सरकार, सर हेनरी क्रेक और सर जफ़रुल्ला, तीन-तीन सरों के दिल की धड़कन को बन्द कर देनेवाला यह महारथी निजी जीवन में कितना सरल है, यह देखकर दिल को एक मीठा मानवीय स्पर्श मिलता है। राजनीति के बीच में रहकर भी राजनीति के प्रति मौलाना और सरोजिनी की निर्लिप्तता उनकी ज़िन्दगियों का करिश्मा है।

श्री ब्रिजलाल बियाणी ने बरार का नाम विदर्भ रखने का प्रस्ताव किया। प्रतिनिधि समझे ही नहीं कि विदर्भ का क्या अर्थ ? अपने घर की ख़बर किसी को हो, तो वह विदर्भ को समझे। बहुतों से विदर्भ शब्द का उच्चारण ही न होता था। अँगरेज़ी में उसके स्पेलिंग बनाने पड़े, फिर भी काम न चला। डॉक्टर अन्सारी ने अपनी जगह ही खड़े होकर कहा, "ज़रा बताइए तो यह है क्या चीज़ ?" लखनऊ काँग्रेस में यह वाक्य ही उनका पहला और अन्तिम भाषण था।

कुछ भी हो, सब्जेक्ट कमेटी देखने लायक़ थी और मेरी राय में काँग्रेस के अधिवेशन में कोई जाये, तो सब्जेक्ट कमेटी ज़रूर देखे—कुरता-टोपी बेचकर

भी उसका महँगा टिकिट ख़रीदे।

सब्जेक्ट कमेटी की बस एक बात और—दोपहर को जवाहरलालजी कुछ पीते हैं, पर इसका ध्यान कौन रखे ? स्वागत समिति को तो अपनी ही ख़बर न थी। कमला नेहरू, जिनका वास्तव में यह काम था; दुर्भाग्यवश संसार में हैं नहीं और माता स्वरूपरानी अस्वस्थ हैं। फिर यह ज़िम्मेदारी कौन ले ? कौन है वह, जो राजनीति में खोये इस जवाहरलाल का ख़याल रखे ? वह है स्नेहमयी बहन श्रीमती विजयालक्ष्मी पण्डित।

सब्जेक्ट कमेटी के पण्डाल में पहले दिन दोपहर बाद थर्मस में दूध लायीं। वह ज़्यादा गरम था। उन्होंने उसे ठण्डा किया और गिलास में डाल जयरामदासजी को दे आयीं। वे मंच के कोने पर थे। उन्होंने जब गिलास जवाहरलालजी को दिया, तो चौंककर पूछा, "कौन लाया है ?" उन्होंने विजया बहन की तरफ़ संकेत किया। वे लौटी जा रही थीं। अब एक अद्भुत दृश्य। जवाहरलालजी की कोहनी उनके घुटने पर, गिलास हाथ में, आँखें विजया बहन की कमर पर और मन में विचार ही विचार। मैं कल्पना के पंखों पर चढ़, उनके विचारों में उतर गया, तो देखा, उन विचारों में स्वर्गीय कमला की स्मृतियाँ मचल रही थीं !

दूसरे दिन ठीक उसी समय वे सन्तरे का रस लायीं और दे गयीं। क्या यह काम नौकर न कर सकता था ? क्या किसी स्वयंसेवक को यह काम न सौंपा जा सकता था ? नौकर भी थे और स्वयंसेवक भी, पर बहन का वह सात्त्विक ममतामय दिव्य प्रेम !

12 अप्रैल 1936 को शाम के छह बजे खुला अधिवेशन शुरू हुआ। मधुर संगीत के साथ मिलकर स्वर्गीय बंकिमचन्द्र के अमर गीत वन्दे मातरम् की काव्यधारा अजेय हो उठी ! अद्भुत कण्ठवीणा, अपूर्व स्वर-संगम। सचाई यह कि वन्दे मातरम् के सौन्दर्य और माधुर्य का इतना हार्दिक साक्षात्कार मुझे आज पहली बार ही हुआ। तन-मन की थकान उतर गयी, ताज़गी के वातावरण की सृष्टि हुई।

भरा-पूरा बदन, चोगे के ढंग-से दोनों कन्धों पर झूलती रेशमी चादर, शान्त-सौम्य मुखमुद्रा—नेता बिलकुल नहीं, मानव भरपूर, ये थे लखनऊ-काँग्रेस

के नाम-नियत स्वागताध्यक्ष श्री श्रीप्रकाशजी ! नाम-नियत यों कि जब इस पद के उम्मीदवार दो लखनौआ लीडरों में किसी तरह समझौता न हो सका और प्रबन्ध-व्यवस्था की काफ़ी मिट्टी पलीत हो चुकी, तो काशी से श्रीप्रकाशजी को बुलाकर पदासीन किया गया। उनका भाषण उनकी ही तरह सादा, संयत और शिष्ट !

उनके बाद आये उर्दू के यशस्वी कवि श्री साग़र निज़ामी और उन्होंने जवाहरलाल पर अपनी कविता पढ़ी। ताक़त और ताज़गी से भरे जैसे जवाहरलाल, वैसी ही ताक़त और ताज़गी से भरी कविता; फिर साग़र साहब के कण्ठ की कूक और भीना-भीना तरन्नुम—वातावरण में कविता रच गयी, तो कविता में वातावरण पच गया।

कविता के स्वर सिमटे कि जवाहरलालजी पीछेवाले बड़े मंच से बाईस फ़ीट ऊँचे छोटे मंच की ओर चले। अब एक दृश्य कि मंच से उतरे साग़र निज़ामी एक तरफ़, तो मंच पर चढ़ने को तैयार जवाहरलालजी दूसरी तरफ़; कवि और कर्णधार आमने-सामने। कर्णधार ने हाथ बढ़ाया ही नहीं, बहुत मुहब्बत से मिलाया और दाद दी, "आपने बहुत मौज़ूँ नज़्म फ़रमायी !" बहुत पुराने ज़माने में इसी लखनऊ में नवाबों द्वारा शाइरों को दिये हुए सब सुनहरे इनाम मात हो गये इस दाद के दाम !

साकार स्फुरण-सा जवाहरलाल छलाँगता-सा एक ही साँस में ऊपर चढ़ आया; कुछ भावों में लीन-सा, कुछ अनमना-सा छपा भाषण जन्मपत्री की तरह लिपटा हाथ में, पर भाषण ज़बानी, कण्ठाग्र भाव से और यों जवाहरलाल ढाई घण्टे बोलते रहे और छपा भाषण हाथ में लिये हज़ारों आदमी सुनते रहे। भाषण में अतीत का सिंहावलोकन, वर्तमान की झाँकी और नवयुग के नवप्रभात की अरुणिमा थी, जो काँग्रेस की यानी भारत की राजनीति को संसार की राजनीति से पहली बार जोड़ती उभरी। इस तरह काँग्रेस के इतिहास में एक ऐतिहासिक भाषण, छपे भाषण में जो कुछ लिखा था, उससे बहुत ज़्यादा, पर लगा कि जवाहरलालजी जितना सोचते हैं, जितना महसूस करते हैं, उससे बहुत कम। कानपुर-काँग्रेस के बाद यह पहला ही अवसर था कि अध्यक्ष अपने छपे भाषण से इधर-उधर जाये। वहाँ सरोजिनी नायडू अभिभाषण से आगे बह गयी थीं और यहाँ तो जवाहरलालजी उसके हरेक अनुच्छेद में उससे आगे बढ़े।

राह छाँड़ि तीनों चलें, सायर, सिंह, सपूत।

कानपुर में शाइर-कवि का साम्राज्य था, तो लखनऊ में सिंह-सपूत का। ढाई घण्टे में छपा भाषण उन्होंने एक बार भी नहीं खोला, पर आश्चर्य क्रम और विषय ही नहीं, भाषा तक प्रायः वही रही। अन्त में कहा, "ज़रा इसे देख लूँ कि कुछ रह तो नहीं गया !" और उलट-पुलटकर बोले, "नहीं, कुछ नहीं !" और जनता का अभिवादन कर, तालियों की गड़गड़ाहट में वे वेदी से उतर अपने स्थान पर चले गये।

उनके आसन के पास ही गाँधीजी बैठे थे। उन्होंने जवाहरलाल को थपथपाया और प्यार से उनकी तरफ़ देख मुसकराये। यह उनके भाषण की स्वीकृति थी। पण्डितजी ने माइक पर कहा, "काम तो अभी और भी हैं, पर पहला काम है यह कि हम महात्माजी से कहें कि वे अब तशरीफ़ ले जायें। मैं शर्मिन्दा हूँ कि उन्हें कमज़ोरी की हालत में इतनी देर इन्तज़ार करना पड़ा।"

महात्माजी ने पूरे उल्लास में अपना अट्टहास किया। खादी के धवल मंच से वह अट्टहास गूँज उठा, जैसे हिमाच्छादित कैलास पर शिव का अट्टहास ! लाउडस्पीकर ने युगदेवता की प्रसादी के रूप में उसे चारों ओर बाँट दिया। जवाहरलालजी मंच के किनारे तक उन्हें पहुँचाने आये और वहीं खड़े-खड़े महात्माजी को मोटर में बैठते हुए देखते रहे। मन में प्रश्न उठा, यह नवयुग द्वारा प्राचीन युग की बिदाई है या दोनों का समन्वय ? 'कल' इस प्रश्न पर क्या कहेगा, इसे मैं नहीं जानता, पर 'आज' की साक्षी तो समन्वय के ही पक्ष में है।

कुछ प्रस्ताव पास हुए और कुछ सन्देश में भेजनेवालों के नाम सुनाये गये। बहुत बड़े-बड़े नाम थे, पर जनता ने सिर्फ़ दो नामों में दिलचस्पी ली, एक श्री रासबिहारी बोस और दूसरा राजा महेन्द्रप्रताप। श्री बोस का सन्देश सुनाने का आग्रह हुआ, तो कृपलानीजी ने अपने दुर्वासा-स्वभाव के अनुसार समय की कमी का फ़तवा दे दिया, पर जवाहरलालजी ने इसे महसूस किया और अपनी भाषा में सन्देश सुना दिया।

लखनऊ के किसी सज्जन की ओर से नेताओं, प्रतिनिधियों और स्वयंसेवकों को दूसरे दिन के लिए दावत की घोषण लाउडस्पीकर पर हुई। एक पत्र-प्रतिनिधि

ने पूछा, "और प्रेस ?" पण्डितजी ने हँसकर कहा, "जो परचे में था, पढ़ दिया।" मैंने कहा, "मेज़बान अपने रुपयों की रसीद चाहेगा, तो प्रेस को दावत देगा ही।" दावत नहीं मिली और पत्रों में उसका कहीं ज़िक्र भी नहीं हुआ !

बस, इसी दिन की एक घटना और–जब पण्डितजी अपना भाषण पढ़ रहे थे, तो एक तरफ़ से टीन के पिटने की धम-धम आवाज़ आयी। कुछ स्वयंसेवक दौड़कर बाहर चले गये। आवाज़ फिर आयी और कुछ और स्वयंसेवक बाहर की ओर दौड़े। पण्डितजी का चेहरा तन गया–"यह क्या बेहूदगी है ?"

किसी ने कहा, "कुछ धार्मिक लोग हरिजन प्रश्न पर अपना विरोध प्रकट कर रहे हैं !"

पण्डितजी ने जनसमूह से कहा, "अगर आप वादा करें कि मेरे पीछे कोई नहीं जायेगा और सब अपनी जगह बैठे रहेंगे, तो मैं इस विरोध को ज़रा देखना चाहता हूँ।" बहुत-से हाथ उठ गये। पण्डितजी वेदी से उतरे और भीड़ के बीच की राहों से उस आवाज़ की तरफ़ झपटे–एकदम अकेले। कुछ स्वयंसेवक उनके पीछे चार क़दम चले कि पण्डितजी ने मुड़कर उन्हें झिड़का, "बेहूदे कहीं के !"

वे रुक गये। पण्डितजी गये और लौट आये। माइक पर आते ही बोले, "मेरे जाने से पहले ही वे भाग गये।" और इस तरह हँसे कि सब हँस पड़े। सचमुच ख़तरों के खिलाड़ी हैं जवाहरलाल !

13 अप्रैल 1936 को साढ़े पाँच बजे से ही कार्य शुरू हो गया। यह दिन बहुत व्यस्तता का था। सारे महत्त्वपूर्ण विवाद आज ही होने थे। जवाहरलालजी आज मंच पर नहीं बैठे, वेदी पर ही रहे और सारे विवाद का नेतृत्व उन्होंने इस योग्यता से किया कि वह उन्हीं का हिस्सा था। जब एक वक्ता बोलना आरम्भ करता तो वे दूसरे को बुलाकर बैठा लेते। वक्ताओं से भी उन्होंने कहा, "दिलचस्प बातें बहुत हैं। आप उन्हें छोड़िए और मतलब की बातें कहिए।" दोनों पक्षों के वक्ताओं का उन्होंने इतना सुन्दर सिलसिला बाँधा कि वाह !

आरम्भ में जलियाँवाला बाग़ के शहीदों की याद में दो मिनिट का मौन रहा। वह 1919 की 13 अप्रैल; हमारे राष्ट्रयज्ञ की आत्मबलि। हम सभी मौन

थे, पर हममें कितने हैं, जो उन हुतात्माओं के लिए बेचैनी अनुभव करते हैं और उनकी बलि-भावना के कुछ क्षण अपने मानस-पात्र में चुनने की कामना—गुलामी की आग देश के कितने कलेजों को जलाती है ?

सवा आठ बजे महामना मालवीयजी आये। वही सौम्य प्रभावशाली मुखमुद्रा, वही भारतीय वेश-विन्यास, पर थके-से, झुके-से। मंच पर वे आये, पर बिना किसी हलचल के, बिना किसी जनोद्वेलन के; राष्ट्रीय भारत के इस महापर्व में भी जैसे वे अकेले ही हों। श्री जमनालाल बजाज ने उठकर उन्हें जगह दी। और कोई हिला तक नहीं। वे बैठे रहे, शान्त-से, चुप-से; जैसे पिछले बीस-पचीस वर्षों के राष्ट्रीय जागरण में अपनी स्थिति का सिंहावलोकन कर रहे हों।

पद-ग्रहण के प्रस्ताव पर बहुत गरमागरमी रही। सत्यमूर्ति ने ख़ूब डटकर उसका समर्थन किया। किसी ने पुकारा, "राघवेन्द्र और ताम्बे भी याद हैं आपको ?" ये दोनों पद पाकर अँगरेज़-सरकार के साथी हो गये थे; कहें, इनकी गरमी नरम पड़ गयी थी। प्रश्न का इधर ही इशारा था। तुरन्त बोले, "मरने दो उन्हें, आप मुझे देखिए, मैं बनूँगा मिनिस्टर !" सब्जेक्ट क़मेटी में भी उन्होंने कहा था, "मैं मिनिस्टर बनूँगा और स्कूलों में महात्मा गाँधी की जय पुकारी जायेगी और राष्ट्रीय गान गाये जायेंगे।" जैसे यह कोई बहुत बड़ा लक्ष्य हो ! कहाँ विधान को नष्ट करने या उसके द्वारा स्वराज्य की ओर बढ़ने की बातें और कहाँ ये हलकी लन्तरानियाँ ?

दस बजकर पचीस मिनिट पर समाजवादियों ने चाहा कि विवाद बन्द हो और प्रस्ताव पर राय ले ली जाये। जवाहरलालजी ने कहा, "अभी मालवीयजी, सरदार पटेल, अच्युत पटवर्धन और राजेन्द्रबाबू बोलने को बाक़ी हैं। प्रस्ताव के नाते राजेन्द्रबाबू को तो बोलना ही है, पर आप औरों के विचार न सुनना चाहें, तो मैं विवाद बन्द कर दूँ ?" दोनों पक्षों के लोग चिल्ला उठे, "नहीं, नहीं !" 'दो हिरन जख़्मी किये सैयाद ने एक तीर से' इसी का नाम है।

मालवीयजी बोलने आये। आम उम्मीद थी कि ये प्रस्ताव के पक्ष में बोलेंगे, पर बोले वे विरुद्ध। बहुतों ने आश्चर्य से उनकी तरफ़ देखा। मालवीयजी भाषणकला के आचार्य हैं। इस भाषण में भी उसका परिचय मिला, जब आरम्भ

में ही उन्होंने कहा, "मैं मरना चाहता हूँ, सच मानिए, मरना चाहता हूँ। पचास वर्ष पहले जो देखा था, वही आज भी देख रहा हूँ और मरने का समय आ गया है।" तो लोगों की भावुकता में एक लहर आ गयी, पर जब उन्होंने विवाद के स्वर में कहा, "अपना तो यह धर्म रहा है कि जो समझ में आये, कह दूँ, आप मानें या न मानें" तो कम से कम मेरे हृदय पर एक चोट लगी। यह पूज्य मालवीयजी के अनुयायीविहीन नेतृत्व का करुण चीत्कार था। भाषण के बाद ज़रा बैठकर वे चले गये, बिल्कुल वैसे ही, जैसे आये थे–जनता के इस समुद्र में बिना कोई लहर उठाये हुए।

गम्भीर गति, उन्नत ललाट, चढ़ी हुई आँखें, हिन्दी भाषा और गुजराती लहज़ा; सरदार पटेल का भाषण आरम्भ हुआ। पचहत्तर प्रतिशत मालवीय विरोध, पचीस प्रतिशत प्रस्ताव का समर्थन। भाषा तीखी, कहने का ढंग करारा–चोटीला; सरदार सचमुच सिपाही हैं–"मेरे भाई मालवीयजी की बात तो मेरी समझ में ही नहीं आती, पर मैं उन्हें सब दिन से जानता हूँ। पटना में उन्होंने तीस हज़ार सत्याग्रही स्वयंसेवक देने को कहा, पर सारे भारतवर्ष में उन्हें मिला तीन स्वयंसेवक भी नहीं।" सरदार को बहुत बार देखा है, पास से भी, दूर से भी और मीठी-तीखी बातें भी की हैं उनसे बहुत बार, पर कभी नहीं लगा कि उनके पास कुछ अपना सन्देश है। उनका नेतृत्व जीवन-दर्शन का नहीं, जीवन-पद्धति का है, कर्मण्यता का है। वे कर्म-विश्वासी हैं। काम करने का उनका अपना तरीक़ा है और उसी के कारण वे युग-पुरुष के अटल भक्त और अनन्य विश्वासपात्र हैं।

श्री पटवर्धन यहाँ हिन्दी में बोले–खूब बोले और ख़ूब जमे। सभी ने चाहा कि वे हिन्दी में बोला करें। पदग्रहण के विरोधियों में सरदार शार्दूल सिंह कवीश्वर का भी एक अपना स्थान था–इस दल का नेतृत्व उन्हीं के हाथों में था ! गठा हुआ बदन, ललाट पर स्थिरता की रेखाएँ और चेहरे पर सिखधर्म की नम्रता, यही उनका हुलिया। प्रस्ताव के समर्थन में पन्तजी भी ख़ूब बोले–सदा की भाँति। वे महान् धाराशास्त्री हैं, पर सत्यमूर्ति से बिलकुल भिन्न शैली के वक्ता; अनथक, लड़ाकू, पराजय की मनोवृत्ति से दूर, मितभाषी और गहन-गम्भीर।

अब नम्बर आया वोटिंग का और पहले हाथ उठे पदग्रहणविरोधी श्री सम्पूर्णानन्द के संशोधन पर; जैसे सैकड़ों सफ़ेद झण्डे उभर उठे हों।

पण्डितजी अपने हाथ की पीली पेन्सिल से इशारा कर उन्हें गिनने लगे; इस फुरती से कि जैसे मशीन से गोलियाँ निकल रही हों। गिनकर बोले, "ठीक गिनती तो नहीं हो सकती, पर मेरी 'रफ़ आइडिया' है कि संशोधन के पक्ष में दो सौ पचास और विपक्ष में चार सौ पचहत्तर रायें हैं।" सम्पूर्णानन्दजी ने डिवीज़न की माँग की, तो दोनों पक्षों के लोग अलग-अलग घेरों में बैठे—मंच के नेता भी घेरों में गये। जमनालाल बज़ाज़ ने वेदी के नीचे आकर पुकारा, "जवाहरलाल, ए जवाहरलाल, प्रतिनिधियों से कह दो कि हाथ उठाते वक़्त अपना प्रतिनिध-टिकिट हाथ में रखें।" सोचा—'ब्राह्मणवृत्ति' जमनालाल का 'वैश्य' कितना सावधान है, कितना जागरूक। संशोधन के पक्ष में दो सौ तिरपन और विपक्ष में चार सौ सत्तासी मत आये। कितना सही था जवाहरलाल का रफ़ आइडिया !

तीसरे दिन मैं चला आया, पर दो दिन में ही जो कुछ देखा, वह सब कह सकना कहाँ सम्भव है ?

□

पहाड़ी रिक्शा

यह जा रही है पास ही एक रिक्शा, जिसमें बैठी हैं दो परियाँ और उन्हें खींच रहे हैं पाँच जन !

वह जा रही है दूर एक रिक्शा, जिसमें बैठा है एक भैंसा और उसे खींच रहे हैं चार जन !

यह जा रही है नीचे की ओर स्वयं दौड़ी-सी एक रिक्शा, जिसमें बैठा है एक बूढ़ा और उसे खींच रहे हैं चार जन !

वह जा रही है ऊपर की ओर घिसटती-सी एक रिक्शा, जिसमें बैठा है एक बीमार और उसे खींच रहे हैं चार जन !

रिक्शा को देखते ही आँखों की राह दिल में उतर जाते हैं ये रिक्शाकुली, जो पेट के लिए मनुष्य होकर भी बैलों या घोड़ों की तरह मनुष्य को ही ढोते हैं।

पिछले वर्षों में जब-जब पहाड़ पर आया हूँ, रिक्शाएँ देखी हैं और तभी तब सोचा है, कितने दयनीय हैं ये जन, जो पेट के लिए रिक्शा खींचते हैं !

उस दिन भी एक बेंच पर बैठा मैं देख रहा था कि रिक्शाओं का एक समूह चला जा रहा है, पर मेरा ध्यान रिक्शा के कुलियों पर नहीं, रिक्शा पर ही जा टिका।

कितना बोझ होगा एक रिक्शा में ? चार-पाँच मन ! और दो सवारियों में ? आम तौर पर ढाई मन ! तब पूरा बोझ हुआ सात-आठ मन और कभी-कभी दस मन। इसका अर्थ हुआ कि रिक्शा के प्रत्येक मज़दूर पर डेढ़ मन से दो मन !

मैं कुछ सोच रहा हूँ. सोचे जा रहा हूँ, कोई बड़े काम की बात है, पर

धुँधली-सी है और पकड़ में नहीं आ रही ! तभी देखता हूँ, सामने की ऊँची कोठी पर आटे की पूरी बोरी अपनी कमर पर लिये और सिर पर खिंचे पट्टे के सहारे उसे सँभाले एक मज़दूर चढ़ा जा रहा है। उसे देखते ही, मेरे भीतर जो धुँधला विचार घुमड़ रहा है, उसे स्वरूप मिल गया है। अब मैं अपने से पूछ रहा हूँ, रिक्शा का मज़दूर दो मन का बोझ पहियों के सहारे खींचता है और यह मज़दूर ठीक दो मन बोझ अपनी कमर के सहारे ही लिये जा रहा है, फिर रिक्शा का कुली दयनीय क्यों है ? स्वयं मार्क्स राष्ट्रपति हों या महात्मा गाँधी, ऊपर बोझ ले जाने की ज़रूरत रहेगी, तो सामान ऊंपर जायेगा ही, और कोई न कोई उसे ले जायेगा भी, फिर इसमें दयनीयता क्या है ? कुछ नहीं; तो फिर रिक्शा में ही क्या ख़ास बात है ?

एक मज़दूर दो मन आटा ले जा रहा है, एक मज़दूर एक आदमी को, जिसका बोझा दो मन है, खींचे लिये जा रहा है; इसमें क्या कुछ अन्तर है ? मज़दूर आटा उठाये या आलू, कपड़ों का ट्रंक ले जाये या रात का बिस्तरा और इसी तरह वह ले जाये एक आदमी को, उसे उसकी मज़दूरी मिलेगी। मुझे याद आया, अस्पताल में जो अनाथ लोग मर जाते हैं उन्हें शमशान ले जाने का काम भी मज़दूर करते हैं और अपनी मज़दूरी ले लेते हैं। फिर जब आटा ढोने में दयनीयता नहीं, यहाँ तक कि मुरदा मनुष्य ढोने में भी दयनीयता नहीं, तो यह कौन-सी फ़िलासफ़ी है कि जीवित मनुष्य को ढोना ही दयनीयता है ?

जो बात पिछले अनेक वर्षों से मन के लिए साधारण रही है, वह आज असाधारण क्यों बन गयी ? रिक्शा देखकर सदैव रिक्शा-कुली पर जो दया आती रही है, इस प्रथा को बन्द करने के लिए मन में करुणा और विद्रोह का जो स्वर उमड़ता रहा है, क्या वह एक सस्ती भावुकता ही थी ? मन यह मानने को तैयार नहीं होता, पर मस्तिष्क तो आज जैसे अपनी बात पर अड़ ही गया है—वह उस भावुकता की खिल्ली उड़ाकर पूछता है—जब मुरदा मनुष्य ढोना दयनीय नहीं, तब जीवित मनुष्य को खींचना दयनीय क्यों है ?

मैं अपने में खो गया हूँ, खोया जा रहा हूँ—हाँ, ठीक तो है। मज़दूरी-मज़दूरी एक ! हम समाज-व्यवस्था को ऐसा रूप दें कि मज़दूरी ही न रहे, उसकी आवश्यकता ही समाप्त हो जाये ? जब तक ऐसा न हो, मज़दूरी-मज़दूरी एक।

मज़दूर आलू ढोये या आटा, जीवित आदमी को ढोये या मुरदा लाश, एक ही बात है। हाँ, यह ज़रूरी है कि मज़दूर को पूरी मज़दूरी मिले। आख़िर समाज में पाख़ाना ढोना भी एक कार्य है और कोई न कोई उसे करेगा ही। समाज का जो यह काम करे, वह दयनीय क्यों ?

मन में झिझक अभी बाक़ी है और तभी मैं अपने से पूछ रहा हूँ—तो रिक्शा-कुली दयनीय नहीं है न ? मस्तिष्क चौकन्ना है—वह पूरी दृढ़ता से कहता है, नहीं, भाई, नहीं ! मन पूछता है, यह दयनीय नहीं है, तो पिछले अनेक वर्षों में मैं यों ही इससे दुखी रहा हूँ और दूसरे लोग भी ख़ामख़ाह ही इस भावुकता में फँसे रहे हैं ? मन चाहता है, कोई तथ्य ऐसा मिले कि इस भावुकता का समर्थन हो, पर मिल नहीं रहा है और तब मैं सोच रहा हूँ, किस मूर्खता में फँसा रहा मैं इतने साल !!!

यों ही ध्यान उचटकर पहुँच गया उस बड़े अस्पताल में; जहाँ बहन का बड़ा ऑपरेशन हुआ था। बहन क्लोरोफ़ॉर्म में धुत्त और रोग के आक्रमण से जर्जर ! ऑपरेशन-रूम से चार आदमी स्ट्रैचर पर उसे कमरे तक उठाकर लाये। मैं भी साथ-साथ रहा और रास्ते-भर सोचता रहा—कितने अच्छे हैं ये लोग ! ये यहाँ न हों, तो रोगियों को कितना कष्ट हो ? और तब मैंने कृतज्ञ होकर उन्हें दो रुपये पुरस्कार दिये थे ! तब क्या उनका कार्य दयनीय था और मेरे मन में उनके प्रति कोमलता का जो भाव उगा था, वह एक मूर्खता ही थी ? आज तो यही लगता है कि वह एक मूर्खता ही थी। मनुष्य भी क्या अजूबा है कि इतने वर्षों तक एक मूर्खता को ही अपना गुण समझता रहा !

सोचने की शक्ति और उत्साह अब क्षीण हो गया है और मस्तिष्क थक चला है। मन अब कोई नयी बात चाहता है। मैं अपनी बेंच पर से उठकर चल पड़ा हूँ, धीरे-धीरे और सुस्त; मन जैसे मर-सा गया है यह पछाड़ खाकर। चला जा रहा हूँ, चला जा रहा हूँ। कुछ सोच रहा हूँ, कुछ सोच भी नहीं रहा हूँ।

सामने से आ रहा है एक मज़दूर—कोयले की एक कण्डी कमर पर लिये, दूसरी ओर जा रहा है एक मज़दूर कमर पर ही लकड़ी का भारी गट्ठा लिये। वे जा रहे हैं तीन मज़दूर साथ-साथ बड़े-बड़े ट्रंक और बिस्तर लादे।

मैं देख रहा हूँ और सोच रहा हूँ कि कितना बोझ उठाते हैं ये पहाड़ी

बन्धु और तब याद आया, उस दिन कुलड़ी बाज़ार में ढाल पर बच्चा बैठ गया और वास्केटवाला भी न मिला, तो मैंने उसे अपनी गोद में उठा लिया था। हाँ, उठा तो लिया था, पर ऊपर पहुँचाना मुझे मुश्किल हो गया था। ऊपर पहुँचकर जब लम्बे-लम्बे साँसों के बीच मैंने उसे उतारा, तो मुझे लगा कि मेरी छाती से भूत उतरा और तब मेरे मुँह से निकला, कम्बख़्त में कितना बोझ है !

अब मेरे मन में एक शब्द है बोझ और यह एक गूँज की तरह मेरे मन के गुम्बद में भर रहा है।

एक बार किसी गाँव में जब मैं गया तो वहाँ एक पिता ने अपने निखट्टू पुत्र को 'धरती का बोझ' कहा था और मेरे नन्हे पुत्र को पत्नी की मृत्यु के बाद किसी आत्मीय ने ही 'छाती का बोझ' कहा था।

मन के गुम्बद में भरी गूँज में अब ये दो नयी ध्वनियाँ आ गयी हैं—धरती का बोझ और छाती का बोझ।

धरती का बोझ ! छाती का बोझ !! दोनों में मन की घोर घृणा है, तो बोझ बनना बुरा है ! बोझ बनकर जीना दयनीय है।

मन की गूँज इस चिन्तन में तीव्र हो चली है। बोझ बनना बुरा है। बोझ का अर्थ है—दूसरे का सहारा। यह स्वावलम्बन के विरुद्ध अनाथता का—असहायता का अवलम्बन है।

सामने से एक रिक्शा आ रही है। उसमें बैठा है एक मोटा मनुष्य और उसे खींच रहे हैं चार जन ! कोयले की कण्डी, लकड़ी का गट्ठा और ट्रंक-बिस्तरा लिये जा रहे वे मज़दूर भी दिखाई दे रहे हैं मुझे !

ओह ! कितना बोझ ढोते हैं ये पहाड़ी बन्धु ! फिर वही बोझ ! कोयले का बोझ, लकड़ी का बोझ, ट्रंक का बोझ ! सोचते-सोचते मैं बह रहा हूँ···और मनुष्य का बोझ !

मन के भीतर एक रोशनी-सी आ रही है—मनुष्य का बोझ ! तभी एक प्रश्न—जो मनुष्य रिक्शा में बैठता है, वह बोझ है और जीवित, स्वस्थ मनुष्य का बोझ बनना दयनीय है ? बेशक दयनीय है !

मेरी थकान अब दूर हो गयी है। मन के साथ देह में भी स्फुरणा है और एक वाक्य मन की उस गूँज पर छा गया है—जो रिक्शा खींचते हैं वे

पुरुषार्थी हैं—उनका पुरुषार्थ भले ही उनकी विवशता हो, वे हैं पुरुषार्थी और जो उसमें बैठते हैं, वे बोझ हैं। इस बात का फलितार्थ होता है—बोझ बनना दयनीय है, रिक्शा में बैठनेवाले लोग दयनीय हैं।

और मैं अब अपने से कह रहा हूँ। अनेक वर्षों से मैं रिक्शा चलानेवालों को दया का पात्र समझता रहा हूँ, पर सत्य यह है कि रिक्शा में बैठनेवाले ही दयनीय हैं।

मन नयी दिशा में मुड़ चला है—अहिंसा की छाया में। एक रोगी भी हमारी दया का पात्र है और एक डाकू भी। दवा और दण्ड समाज की दया ही तो है ! तब पेट के लिए बोझ ढोने को विवश मज़दूर और पैसे के गर्व में मनुष्य से बोझ बननेवाला यात्री, दोनों ही दया के पात्र हैं और हमारी दया का अनुरोध है कि यह प्रथा बन्द हो।

बूढ़ों एवं बीमारों के लिए झपान, बच्चों के लिए वास्केट और मूर्च्छितों एवं मृतकों की सेवा के लिए स्ट्रेचर रहेंगे ही। रिक्शाएँ भी रहेंगी, पर संग्रहालयों में; जहाँ भावी पीढ़ी के बच्चे उन्हें देखेंगे और सोचेंगे—ओह ! वह भी एक युग था, जब मनुष्य भी कुछ पैसों के लिए मनुष्यों द्वारा ही बोझ की तरह ढोया जाया करता था।

□

काँग्रेस महासमिति के अधिवेशन में

वे आसमान में और हम धरती पर !

हम धरती पर और हमारे हृदय और आँखें आसमान पर, जैसे हमारी आँखों की डोर से ही वह खिंचा आ रहा हो ! अपने वायुयान से हमें ताकते-झाँकते ये उतरे जवाहरलाल कि इन्दौर की इन्द्रपुरी में काँग्रेस महासमिति का अधिवेशन बस शुरू हो गया।

यह है 12 सितम्बर 1952 !

हारों से लद चले जवाहरलाल के कन्धे। इन हारों में स्नेहाकर्षण की सुरभि है तो विश्वास का सौन्दर्य भी। जवाहरलाल के पीछे खड़े हैं मौलाना अबुलकलाम आज़ाद, डॉक्टर काटजू और और-और; पर किसी को उन्हें देखने की फ़ुरसत नहीं। तब जागी जवाहरलाल की शराफ़त, "अरे भाई देखिए, साथ में मौलाना साहब और डॉक्टर काटजू हैं, उन्हें पहनाइए हार।" और तब उनके भी गले लटकीं कुछ मालाएँ और मैंने अपने से कहा, आज के युग की मालाएँ तो जवाहरलाल की ही हैं; यों वह चाहे जिसके गले उन्हें डलवा दें।

"जवाहरलाल की जय !" जवाहरलाल आज के भारत का चाँद, जहाँ वह है, वहाँ भीड़ है—अधीर भीड़, उतावली भीड़, उचकती-उभरती भीड़, बेचैन भीड़ है। ओह, कोटि-कोटि मानवों के आकर्षण का मध्यबिन्दु; जिसे देखकर जनता के सागर में ज्वार उमड़ता है, पर हाय, ज्वाला नहीं जागती !

मीलों लम्बे रास्ते पर घच्चम-घच्च कन्धा भिड़ाये आदमी ही आदमी, जैसे अनझपकती आँखों की बन्दनवार बँधी हो। खुली मोटर में जवाहरलाल, एक आँख इधर, तो दूसरी आँख उधर, जिसने उसे झपक-भर देख लिया, निहाल हो गया। जो रह गया, चूक गया, लुट गया। मैं सोच रहा हूँ गोपियों

में भी कृष्ण के लिए इससे ज़्यादा बेचैनी और क्या होगी !

सजे द्वारों, धजे चौराहों को पार करते, वन्दना देते, अभिवन्दना लेते वे रेज़ीडेन्सी-भवन जा पहुँचे और मोटर से उतर कमरे में चले गये। कमरे में गये कि लौट आये कुछ खोजते—"मेरी छड़ी कहाँ है ?" मोटर से छड़ी आयी, तो उसे सँभालते-से बोले, "हाँ, मैं इसे नहीं भूल सकता, यह मेरा साथी है।"

जवाहरलाल हमारी कल्पना में चिरयुवा हैं। उन्हें विमान से उतरते देखा था, फिर मोटर से और अब छड़ी को सँभालते और तब सोचा, बुढ़ापा जीत रहा है। और तभी सोचा, बुढ़ापा बेचारा क्या जीतता जवाहरलाल को, हमारे पाप जीत रहे हैं। हमने, उसके अपनों ने, उसे धुएँ के भभूले में खड़ा कर दिया है और धुएँ में किसका दम नहीं घुटता !

दूसरे दिन सुबह !

गाँधी-भवन; इन्दौर-काँग्रेस का अपना विशाल कार्यालय और यहीं राज्यों की असेम्बलियों, कौन्सिलों और पार्लमिण्ट के काँग्रेसी सदस्यों का कन्वेन्शन। देश-भर से आये कोई एक-डेढ़ हज़ार सदस्य उपस्थित, जिनमें अनेक मन्त्री और अनेक मुख्यमन्त्री, वातावरण सजीव और सरस !

गाँधी-भवन पहुँचते ही बहुत-से पत्रकारों को जवाब मिला, "श्री बलवन्तराय मेहता ने सब प्रेस-पास देखकर यहाँ के लिए पचास रख लिये हैं और बाक़ी कैन्सिल कर दिये हैं। आपका नाम उन पचास में नहीं है।" और इन उत्तर पाने वालों ने देखा, उनसे हीन कोटि के पत्रकारों का नाम उन पचास में है।

पता नहीं श्री मेहता को यह वायुगोला क्यों उठा और व्यवस्था ही इसका उद्देश्य था, तो भाई-भतीजों को परमिट देने की ज़लील जहनियत से ऊपर वे क्यों न उठ सके ? वे न उठें और जायें जहन्नुम में, पर उनके नाम से सार्वजनिक जीवन जो डुबकी खाता है, उसे कैसे भूला जाये ?

गाँधी-भवन के बाहर भीड़ ही भीड़, पर व्यवस्थित—हरेक आदमी लाइन में। ये आये उत्तर-प्रदेश के मुख्यमन्त्री पन्तजी और ये मध्य-प्रदेश के रविशंकर शुक्ल; दोनों लम्बे-चौड़े, तो यह आ गये हैदराबाद के मुख्यमन्त्री श्री रामकृष्ण राव नाटे-गुट्टे और ये वे और वे ये, जनता शान्त है, पुलिस के अधिकारी सतर्क हैं।

इस शान्ति में कहीं से चमकी एक चौंक और फिर उठी लहर—'पण्डितजी आ गये' और तब बाढ़—आ गये ! आ गये !! बाढ़ बन्धनों में कब बँधी है ? पुलिस के प्रबन्ध और कार्यकर्ताओं की कोशिशें बेकार—लोग उमड़ आये जवाहरलाल की मोटर के चारों ओर।

मोटर में ड्राइवर के पास श्री गोपीकृष्ण हाण्डू, डिप्टी डायरेक्टर इण्टैलीजेन्स और पीछे पण्डितजी और श्रीमती विजयालक्ष्मी पण्डित। हाण्डू अपनी ज़िम्मेदारियों से परेशान, पर हमेशा से वे अपनी सूझ और फुरती के लिए यशस्वी; उन्होंने बलपूर्वक पण्डितजी को ज़ीने पर चढ़ा दिया।

बस यही इस अधिवेशन का सर्वोत्तम दृश्य।

पण्डित जवाहरलाल नेहरू गाँधी-भवन के दुमंज़िले छज्जे पर और नीचे कोई आठ-दस हज़ार आदमी ! दस हज़ार आदमी, तो बीस हज़ार आँखें और दस हज़ार दिल, दिमाग़ और चेहरे ! इन बीस हज़ार आँखों में एक तसवीर जवाहरलाल; इन दस हज़ार दिल-दिमाग़ों में एक धुन जवाहरलाल और ये चेहरे ? उमंगों से फट पड़ते-से, ख़ुशी से खिले-से; जैसे हज़ारों कैमरे एक साथ एक ही आदमी का फ़ोटो ले रहे हों !

ओह, कितना आकर्षण है जवाहरलाल में ! हर आदमी उसे देखने को बेचैन है, दीवाना है, पर इस आकर्षण का रहस्य क्या है ?

जवाहरलाल की राजनीतिक ईमानदारी को वामपक्ष रोज़ चैलेंज करता है और उसकी शासन-चातुरी की आलोचना घर-घर और गली-गली है। जनता की भाषा में वही तो है, जिसके राज में कोई काम बिना रिश्वत या सिफ़ारिश के नहीं होता और वही तो उन काँग्रेसियों का प्रधान है, जिन्हें लोग कोसा करते हैं। फिर जवाहरलाल के प्रति जनता के आकर्षण की खिड़की कहाँ है ? वह कोना कौन-सा है, जिससे जनता को जवाहरलाल आकर्षक दिखाई देता है ?

मुझे लगता है कि जवाहरलाल की नैतिक ईमानदारी, व्यक्तिगत चरित्र, विरोधियों के लिए भी 'अनचैलेंजेबल' है, उसकी सिन्सियरिटी उनके लिए भी विश्वसनीय है। लोग महसूस करते हैं कि वही है, जो नयी ज़िन्दगी, नया समाज और नये भारत के निर्माण के लिए बेचैन है; वही है जिसने दुनिया में भारत की शान चमकायी। दूसरे शब्दों में वही एक है, जिसकी जनता के जीवन

में दिलचस्पी है; गाँधी जी के बाद वही तो है, जो देश की पतवार थामे है; और बस यहीं उस आकर्षण की नींव है। मैंने सोचा, तो एक ईमानदारी इतनी बड़ी होती है !

कन्वेन्शन के स्वागताध्यक्ष और मध्यभारत के मन्त्री श्री मिश्रीलाल गंगवाल का स्वागत-भाषण उतना ही सादा था, जितने वे स्वयं।

पण्डित नेहरू ने अपने भाषण में पार्लामेण्टरी परिषद् स्थापित करने और काँग्रेस का एक साप्ताहिक पत्र प्रकाशित करने की बात कही। वे बोल रहे थे, पर भाषण में वे न थे। उनकी मूड कुछ यों थी--चलो आ गया हूँ, तो कुछ कह ही दूँ।

सचाई यह है कि यह कन्वेन्शन कुछ यों ही बुला लिया गया था। इसके एक प्रस्ताव में कहा गया था कि भिन्न-भिन्न राज्यों के काँग्रेसी सदस्यों में सहयोग होना चाहिए और दूसरे में एक पत्र निकालने की बात, पर यह काम तो एक सरकुलर से ही हो सकता था। यही कारण है कि इन प्रस्तावों के लिए सदस्यों में कोई उत्साह न था। मंच से जब पण्डित नेहरू, डॉ. काटजू और पाटिल बोल चुके, तो पण्डितजी ने सदस्यों से कहा, "प्लेटफ़ार्म तो काफ़ी बोल चुका अब आपका नम्बर है," पर कोई बोलने को नहीं उठा, तब पण्डितजी ने एक बड़ा करारा व्यंग्य किया : "मेम्बरों की ख़ामोशी का यह नया तजुर्बा है। दिल्ली में तो बोलने को हरेक बेचैन रहता है, जिससे काफ़ी परेशानी होती है।"

इस अधिवेशन की सबसे बड़ी दिलचस्प चीज़ थी, डॉ. काटजू का भाषण। ये पहला प्रस्ताव पेश करने को उठे, तो बोले, "प्रधानजी चाहते हैं कि मैं प्रस्ताव पर बोलूँ, पर मैं तो मध्यभारत के गुणगान करना चाहता हूँ। भारत के प्रान्तों में मध्यभारत ही जवाहर है और वही लाल। भारत की राजधानी दिल्ली को बनाया गया, मुझसे किसी ने नहीं पूछा। कोई पूछता तो मैं कहता···"

बीच में ही किसी ने कहा, "अपनी जन्म-भूमि जावरा !" तो बोले, "ना, अवन्ती (उज्जैन)", और बस फिर तो वे बह चले और उन्होंने मध्यभारत को कश्मीर से भी श्रेष्ठ बताया।

नध्यभारत के लोग मुग्ध हो गये और उनकी तालियों से हॉल गूँज-गूँज गया। डॉ. काटजू श्रेष्ठ वकील हैं और 1937 में वकालत छोड़कर मिनिस्टर

बनने में उन्होंने बहुत बड़ा बलिदान किया था, पर इस भाषण से उन्होंने वर्षों का मेहनताना एक साथ वसूल कर लिया। प्रसिद्ध पत्रकार श्री सत्यदेव विद्यालंकार ने मुझसे कहा, "डॉ. काटजू ने पार्लामेण्ट का चुनाव यहाँ से लड़कर मध्यभारत को सर किया था और आज उस पर क़ब्ज़ा भी कर लिया।"

महासमिति के अधिवेशन का पहला काम था झण्डा फहराना। यह बहुत शानदार समारोह था और कुछ देर के लिए तो हम जैसे 1930 के जलते-जागते वातावरण में पहुँच गये। पण्डित जवाहरलाल भी भावलीन थे; यहाँ तक कि वे खड़े थे कांग्रेस पताका के नीचे और उनके मन में थी राष्ट्रीय पताका !

इसी स्थिति में उन्होंने कहा, "यह झण्डा जिसे कि आप हम और लाख-लाख जनता सिर नवाती है, महज़ कपड़े की तीन पट्टियाँ हैं, मगर इस झण्डे मे आपस की एकता, एक-दूसरे का विश्वास, मुहब्बत और मुल्क़ की तरक़्क़ी की भावना छिपी है। झण्डा किसी एक नगर या एक प्रान्त की धरोहर नहीं, वरन् वह देश की धरोहर है, समस्त धर्मों, समस्त जातियों की अपनी सर्वोत्तम चीज़ है। आज हमें झण्डे को काम और मेहनत का भी प्रतीक बना लेना चाहिए।"

श्री कन्हैयालाल खादीवाला के स्वागत-भाषण के बाद पण्डित जवाहरलाल नेहरू के हिन्दी भाषण से खुला अधिवेशन आरम्भ हुआ। वे जब नयी प्रयोगशालाओं के भावी सुफल की चर्चा कर रहे थे, तो ज़ोर का पानी बरस पड़ा और पण्डाल के ऊपर का टीन टपाटप की ध्वनि से गड़गड़ा उठा। पानी बरसने की खुशी में जनता ने जवाहरलाल की जय गुँजायी और तालियाँ गड़गड़ा दीं।

अब नेहरूजी भौंचक, कभी वे देखते हैं ऊपर, तो कभी नीचे; यह आवाज़ कहाँ है ? उनकी समझ में बात आयी कि वे ज़ोर से हँस पड़े और तब बोले, "मुबारक है आपको।"

पण्डितजी आज देश के सर्वमान्य नेता हैं। उन्होंने भाषण में क्या कहा, यह देखना साधारण है। असल में देखना यह है कि उनके भाषण की प्रतिध्वनियाँ क्या हैं और आज जनता के मन में जो जिज्ञासाएँ हैं, ये प्रतिध्वनियाँ उनका क्या उत्तर देती हैं।

आज जनता में जो आलोचना है, चे-में-गोइयाँ हैं, उनका सार है—देश की पाँच वर्षों की स्वतन्त्रता में अभी सरकार ने यह नहीं किया, वह नहीं किया, यह कमी है, वह कमी है।

जवाहरलाल नेहरू के मानस की प्रतिध्वनि है कि ठीक है आपकी बात, पर हम प्रजातन्त्र की जिस पद्धति की नींव रख रहे हैं, उसमें यह ज़रूरी है कि हम तो करें ही, आप भी करें।

संक्षेप में पण्डित नेहरू यह मानकर चलते हैं कि आज हम जनता के सुखपूर्ण जीवन का निर्माण नहीं कर रहे हैं, उसकी नींव ही रख रहे हैं। साफ़-साफ़ यह है कि वे शिलान्यास का ही श्रेय माँगते हैं, उन्हें उद्‍घाटन का भी श्रेय मिले, इसके लिए वे लालायित नहीं हैं।

सरकार तेज़ी से क्यों नहीं चलती, इस बारे में उनके भीतर की धारणा कुछ यों है कि भारत की परिस्थिति और परम्परा को देखकर यही उचित और हितकर है कि हम अहिंसात्मक क्रान्ति के द्वारा देश को प्रगति के लम्बे रास्ते ले चलें और हिंसात्मक दबाव के द्वारा, जो जल्दी मुमकिन है, उसे न अपनायें। संक्षेप में वे असन्तोष में भी सन्तुष्ट हैं कि आज जो होना है, हो रहा है, कल जो होनेवाला है, कल होगा।

अब आये प्रस्ताव। शोक-प्रस्ताव के बाद श्रीनरहरि विष्णु गाडगिल ने काँग्रेस के विधान में संशोधन का प्रस्ताव उपस्थित किया। इस प्रस्ताव की पत्रों में बहुत चर्चा हो चुकी थी और आशा थी कि इस पर बहुत गरम बहस होगी। कहा गया था कि काँग्रेस-शासन काँग्रेस-संगठन पर क़ब्ज़ा करना चाहता है और एस. के. पाटिल जो संशोधन करेंगे, उससे काँग्रेस-शासन पर काँग्रेस-संगठन का क़ब्ज़ा हो जायेगा।

समझ में आने लायक़ बात कहनी हो तो यों कहिए कि बँगलोर में पराजित गुट इन्दौर में नेहरू को कसने की तैयारी में था, पर इन्दौर में आते ही परदे के पीछे जो बातें हुईं, उनमें विरोध का बल टूट गया और एक संशोधित प्रस्ताव बना, जिसे गाडगिल पेश कर रहे थे।

हिन्दी-हिन्दुस्तानी के विवाद में, हिन्दी के एक नेता रहनेवाले गाडगिल अँगरेज़ी में ही बोल पड़े, तो पण्डाल में कानाफूसी हुई और पाटिल भी उधर ही बढ़े, तो कानाफूसी कोलाहल में बदली, पर पाटिल तो 'पब्लिक प्लेयर' हैं।

सँभलकर बोले, "अच्छा हिन्दी चाहते हैं, तो हिन्दी लीजिए" और बड़ी टकसाली हिन्दी बोले :

"पार्लियामेण्ट के मेम्बर काँग्रेस कमेटियों के सौ टका मेम्बर होंगे और असेम्बलियों के एसोशियेट मेम्बर। शासन और संगठन में को-ऑर्डिनेशन—दोस्ती होनी चाहिए।" सुनकर जनता जम गयी। पं. सत्यदेव विद्यालंकार बोले, "फुल प्लेज़ मेम्बर तो हुए एक सौ टका मेम्बर, पर एसोशियेट मेम्बर क्या हुए ?"

मैंने कहा, "ये हुए दो टका मेम्बर—यानी आइए, बैठिए, बोलिए और जाइए; क्योंकि इन्हें वोट देने का अधिकार तो होगा नहीं।"

पाटिल के समर्थन के बाद मैंने मंच को बारीकी से देखा। विरोधी गुट के नेता सुस्त बैठे थे; जैसे विरोध की सरकटी देह के धड़ हों और जवाहरलालजी अचकन के उस काज में आज लाल गुलाब का फूल लगाये थे, जो कल सूना था !

बँगलौर में जवाहरलाल के राजनीतिक जीवन को समाप्त करने का मोर्चा उनके विरोधी गुट ने बाँधा था और वह अपनी सफलता में इतना विश्वासी था कि 'बिना जवाहरलाल के काँग्रेस को चलाने' की घोषणा कर चुका था—उसकी जेब में नये केन्द्रीय मन्त्रि-मण्डल की सूची तक तैयार थी। इन्दौर में ऐसा तो न था, सिर्फ़ दाँव-घात का ही मोर्चा था, जो जमने से पहले ही टूट गया।

पहले दिन की कार्यवाही को पूरी तरह देखकर मैंने सोचा, जवाहरलाल का प्रभाव आज सारे राष्ट्र में अजेय है, पर उनकी पार्टी इस प्रभाव को बढ़ाने का नहीं, शोषण करने का ही काम करती है। मुझे याद आ गये मेरे बूढ़े पिताजी। मैं छोटा था, उनसे पैसे माँगता था, मेरा बड़ा भाई पढ़ता था, उनसे पैसे माँगता था, उससे बड़ा भाई भंगड़मस्त था, वह भी उनसे पैसे माँगता था। पण्डित जवाहरलाल का कुनबा—काँग्रेस—भी ऐसा ही है। कुछ अबोध हैं, कुछ सीखतड़, कुछ भंगड़ी और ये सब अपने अस्तित्व और व्यक्तित्व के लिए ताक़त चाहते हैं जवाहरलाल से। तो यों जवाहरलाल काँग्रेस की शक्ति हैं और काँग्रेस जवाहरलाल की कमज़ोरी !

ग़ज़ब का प्रभाव है जवाहरलाल में, पर आज का भारत लाख सिर झुकाये इस प्रभाव को, इतिहास भावुक नहीं होता; वह जवाहरलाल से सौ साल बाद

एक ही प्रश्न पूछेगा, "तूने उस अथाह प्रभाव का क्या उपयोग किया ?"

जवाहरलाल में कला और राजनीति के समन्वय की एक लचक है, जो उन्हें कटीला नहीं होने देती। यही कारण है कि सम्भव होते हुए भी वे अधिनायक नहीं हो पाये। अधिनायक वध और बलिदान, निर्माण के इन दोनों पहियों को तेज़ी से घुमा देता है और इस प्रकार उसके चारों ओर एकाएक चमत्कारी वातावरण की सृष्टि हो जाती है, जिसमें चुस्ती भी होती है और गति भी, पर जवाहरलाल अपनों को बलिदान की भावना और नव-निर्माण के विरोधी तत्त्वों को वध का—अवरोध का दण्ड नहीं दे पाते। पता नहीं इतिहास उन्हें इसके लिए महान् कहेगा या मूर्ख ?

दूसरे दिन महासमिति के दो अधिवेशन।

दक्षिण अफ़्रीका के वर्णभेद की लड़ाई को एक प्रस्ताव में ललकार दी गयी, तो दूसरे में ट्यूनिशिया में साम्राज्यवादी प्रवृत्तियों को धिक्कारा गया; इसकी प्रतिध्वनि हुई कि आज का भारत विश्व की राजनीति को बदल भले ही न पाये, वह सचाई का प्रहरी ज़रूर है।

महासमिति का मुख्य प्रस्ताव है वह आर्थिक प्रस्ताव, जिसे गाडगिल ने पेश किया और श्रीमन्नारायण अग्रवाल ने समर्थन। इसके कुछ अंश इस प्रकार हैं, "भारत की जनता के सामने दरिद्रता, बेकारी, अज्ञान और फूट से युद्ध करने तथा अनुशासनपूर्ण संगठित तरीक़े से आर्थिक प्रगति, अधिक उत्पादन, न्यायपूर्ण वितरण तथा जनता के रहन-सहन के स्तर को उन्नत करने की दिशा में अपनी समस्त शक्ति लगाकर भारत के संविधान में बताये गये लक्ष्य को प्राप्त करने का महान् और अत्यन्त आवश्यक कार्य है। इस लक्ष्य को प्राप्त करने के लिए आर्थिक प्रगति के क्रम में गतिशीलता लानी पड़ेगी और ऐसे निश्चित क़दम उठाने पड़ेंगे, जिससे लोगों को समान अवसर मिल सके और क्रम से आय और सम्पत्ति की असमानता को कम किया जा सके। प्रगति का आधार देश की आर्थिक व्यवस्था के ढाँचे में आमूल परिवर्तन पर निर्भर होना चाहिए, ऐसी परिस्थिति उत्पन्न की जानी चाहिए जिसमें कि समाज राज्य के विभिन्न संगठनों एवं सहकारी संस्थाओं द्वारा उद्योग तथा व्यापार के विकास एवं संचालन में और भी अधिक हिस्सा ले सके। उत्पादन और व्यापार की

प्रतियोगिता तथा निजी लाभ के बदले सहकारिता तथा समाज-सेवा के आधार पर आश्रित किया जाना चाहिए। इस बात के लिए दृष्टिकोण और शासन की प्रणालियों में परिवर्तन और जनता द्वारा अपनी क्षमता के अनुसार अधिक से अधिक त्याग करने की आवश्यकता है।"

इस प्रस्ताव को काँग्रेस के इतिहास में नया अध्याय कहा गया। श्रीमन्नारायण अग्रवाल के समर्थन में विषमता के प्रति विद्रोह का स्वर तो न था, पर उसकी सरल चर्चा और उसे मिटाने की बात स्पष्ट भाषा में कही गयी थी, "आख़िर बड़े कारखाने भी मैनेजिंग एजेन्सी या किसी धनपति के हाथ क्यों रहें, वे को-ऑपरेटिव व्यवस्था में क्यों न हों !"

मज़दूर प्रश्नों के विशेषज्ञ नेता श्री खण्डू भाई ने इस स्पष्टता को थोड़ी प्रखरता दी, जब कहा, "इस प्रस्ताव में काँग्रेस का मानस शासन के सामने आया है। यह मानस यह है कि आज की समाज-व्यवस्था का ढाँचा बदले। पूँजीवादी समाज-व्यवस्था का आधार लेकर हम नहीं पनपे और इसे बदले बिना हम जनता में सहकार नहीं जगा सकते !"

प्रस्ताव पास हो गया और इसका अर्थ हुआ कि अब काँग्रेस यह बखूबी समझ गयी है कि या तो वह कोई तेज़ क़दम उठाये और या हट जाये ! सचाई यह है कि इस प्रस्ताव पर काँग्रेसी शासन जो कुछ करेगा, वही काँग्रेस के जीवन-मरण की कसौटी होगी।

कलकत्ते के समाज-सुधारक श्री वसन्तलाल मुरारका ने इस प्रस्ताव में यह संशोधन रखा कि एक व्यक्ति की आय से दूसरे व्यक्ति की आय पचास गुणी से अधिक न हो। उन्होंने कहा, "मज़दूर और मैनेजर की तनख़्वाह में जो विषमता है, वह दूर हो।"

संशोधन गिर गया, पर उनके प्रभावहीन भाषण का जनता पर जो प्रभाव पड़ा, वह सब प्रभावशाली व्यक्तियों के भाषणों से अधिक प्रभावशाली सिद्ध हुआ और तालियों से पण्डाल गूँज उठा। इसका अर्थ हुआ कि जनता के हित-राहत या समाज-व्यवस्था के नव-निर्माण का कोई काम काँग्रेस हाथ में तेज़ी से ले, तो जनता का आज का अवसाद उत्साह में बदल सकता है और उसका पूरा सहयोग भी मिल सकता है। तो कमज़ोरी शिखर में है, नींव में नहीं और यह नींव क्या किसी दिन ऊबकर स्वयं न हिल उठेगी ?

प्रस्ताव के ठीक बीच में एक रेला पण्डाल में आया और अव्यवस्था फैली तो स्वयंसेवक दौड़े कि नेहरू भिन्नाये हुए माइक पर आये, "यह मीटिंग है या इन्दौर का बाज़ार कि जब चाहा खड़े हो गये या भाग पड़े। मैं इसे गवारा नहीं कर सकता। जो बैठना नहीं चाहते वे बाहर घूमें या घर जायें।" और ज़ोर से गरजकर स्वयंसेवकों से बोले, "बैठ जाओ, कोई उठे, तुम बैठे रहो, अब मैं किसी को खड़ा न देखूँ, साँप भी उठे, तो तुम मत उठो।"

लोग हँस पड़े। जवाहरलाल की घुड़की पर भी लोग क्यों हँसते हैं ? उनकी आत्मीयता में सबका अखण्ड विश्वास है और यह विश्वास ही उस ममता की जड़ है, जो उनके प्रति सबमें फैली है।

इस भस्मासुरी गुस्से के तुरन्त बाद बोले, "श्री गुलजारीलाल नन्दा की तबीयत बहुत अच्छी नहीं है, गला भी उनका पड़ा है, पर उनमें इतना जोश है कि वे कुछ-न-कुछ कहना ही चाहते हैं।" और वे इतनी शोख़ी से मुसकराये कि सारा पण्डाल हँस पड़ा और हज़ारों फ़िल्मी मुसकराहटें मात हो गयीं।

यह हँसी ही जवाहरलाल की शक्ति का और अशक्ति का भी स्रोत है। वे नाराज़ होते हैं और हँस पड़ते हैं, सोचते हैं और हँस पड़ते हैं, थकते हैं, ऊबते हैं और हँस पड़ते हैं; मतलब यह कि किसी बात को गम्भीरता से नहीं लेते। बड़ी बात है, पर यह बड़ी बात किसी साधक के लिए है या राष्ट्रनिर्माता नेता के लिए ?

राजप्रमुख प्रथा-विरोधी प्रस्ताव की सूचना पाते ही जनता में जोश उबल पड़ा और जब अनुमोदक ने कहा, आप इसे एक मत से पास करें, तो पण्डाल में उत्साह की बाढ़-सी आयी, पर पण्डितजी ने एक ही वाक्य में इस बाढ़ को बाँध दिया, "आप सब, इस पर राय दें, पर मेरा मत तो इसके विरोध में ही होगा, इसलिए एक मत से तो यह पास नहीं हो सकता। सरकारों के वादे यों नहीं बदला करते। मैं भी इसे बदलना चाहता हूँ, पर इस तरह कि भारत सरकार की शान के लायक़ हो यह।"

यहीं नेहरू नेतृत्व की पूरी मूड में थे। लोकमत प्रस्ताव के पक्ष में था, पर नेतृत्व विरोध में। जवाहरलालजी ने ठीक ही कहा, कभी हमें जनता के पीछे चलना पड़ता है, पर कभी उसे नेतृत्व देना भी हमारा काम है।

प्रस्ताव वापस ले लिया गया, पर इसमें सन्देह नहीं कि राजप्रमुख प्रथा

और प्रीवीपर्स दोनों पर आज नहीं तो कल जवाल आने की यह घोषणा हो गयी।

अधिवेशन शेख़ अब्दुल्ला के भाषण पर समाप्त हो गया और मैं पण्डाल से बाहर निकला। तीन भिखारी पण्डाल के सामने ही भीख माँग रहे थे, जैसे पिसी मानवता पूछ रही थी, तुम्हारी यह आर्थिक व्यवस्था हम तक कब पहुँचेगी ? मुझे लगा कि यह काँग्रेस और काँग्रेस के प्रोग्राम को दिया धरती का चैलेंज है और इस अटाल चैलेंज पर दिया जानेवाला जवाब ही काँग्रेस के जीवन-मरण का निर्णायक होगा, पर आज की शिथिलता, भावनाहीनता, तू-तू मैं-मैं और ला-ला में काँग्रेस सही समय पर यह जवाब दे सकेगी ?

□

मेरे मकान के आस-पास

जहाँ मैं आजकल रहता हूँ, उस स्थान की नाप-जोख (सर्वे) इस प्रकार है : एक विशाल और शानदार कोठी दोमंज़िली। ऊपर के हिस्से में रहते हैं एक अप-टु-डेट सज्जन, जो अपने व्यापार के सिलसिले में बाहर से आकर यहाँ रह रहे हैं। कोठी के मालिक उनके पार्टनर हैं। पुराने रईस हैं, अफ़सरों से भी मिलते हैं। आपकी पत्नी अद्‌भुत है। अपनी लड़की के साथ पढ़ रही है, सेकेण्ड ईयर में। बड़ा सुखी परिवार है।

नीचे के हिस्से में स्वयं कोठी के मालिक रहते हैं। लाखों रुपयों का कारबार है। स्वयं शिक्षित हैं, पत्नी सार्वजनिक क्षेत्र में यश-प्राप्त है। किसी प्रकार का अभाव नहीं, दुःख नहीं, सब भगवान् की कृपा है।

पास के क्वार्टर में हिन्दी के यशस्वी पत्रकार रहते हैं। सहृदय, सज्जन, हँसमुख और सेवाशील। इनके परिवार में एक पुत्र है, पुत्री है, विधवा भाभी है। पास के क्वार्टरों में और दो भले परिवार रहते हैं और सामने ही रहता है, कोठी का भंगी, अपने झोंपड़े में। इसका परिवार बड़ा है। कई लड़के, लड़कियाँ, बहुएँ, बच्चे।

ज़रा बचकर सामने ही सात क्वार्टर हैं, जिनमें किरायेदार रहते हैं। सभी परिवार शिक्षित हैं, शरीफ हैं, कमाऊ हैं। बराबरी में दो कोठियाँ हैं, जिनमें बड़े आदमी रहते हैं, जो सर्वथा सुखी हैं, प्रसन्न हैं। सामनेवाली तीन कोठियों में भी इसी प्रकार के परिवार रहते हैं, जिनके यहाँ अभाव नहीं, अभियोग नहीं, जो आराम की ज़िन्दगी गुज़ारते हैं और वाक़ई जिन्हें सुखी कहना चाहिए।

अपने पलंग पर पड़ा मैं अकसर सोचा करता हूँ, इस सारे क्षेत्र में

सबसे छोटा, सबसे ग़रीब, दीन, ज़िम्मेदारियों के बोझ से दबा जो परिवार है, वह उस भंगी का है। थोड़ी आय, बड़ा कुनबा, अछूतपन की ग्लानि, अशिक्षा और अप्रतिष्ठा। सारे वातावरण में वह ऐसा है, जैसे हिमाच्छादित कैलास के धवल शृंगों के मध्य पड़ा कोई अँधेरा खड्ड ! उसके बच्चों को मैं अपने पास बुला लेता हूँ, पैसे देता हूँ, खिलाता हूँ, कहानियाँ सुनाता हूँ। पहले तो वे झिझकते थे, अब भेद पा गये हैं। रास्ते में कुरता पकड़ लेते हैं और कभी-कभी तो ज़बरदस्ती पैसे वसूल करते हैं। इनकार करने पर कहते हैं, अच्छा, जेब दिखाओ !

मैं अपने कमरे में पड़ा सोचा करता हूँ, यह कैसी समाज-व्यवस्था है, जिसने एक मानव को कैलास का धवल शिखर और दूसरे को अन्धकारभरा खड्ड बना छोड़ा है और हम कैसे हैं कि नरक का यह बोझ ढोते चले जा रहे हैं, करवट लेकर उसे छाती पर से उलट नहीं देते ? यह परिवार हमारी समाज-व्यवस्था का एक नमूना है—मर्मवेधी और स्पष्ट ! पता नहीं इस परिवार में प्रतिभा के कितने वरद पुत्र हैं, जो गायक, व्यापारी, लेखक और इंजीनियर हो सकते हैं, पर नहीं, उन्हें पाखाना ही ढोना है और हमारे इन 'ऊँचे' परिवारों में न जाने कितने अकर्मण्य और बुद्धू हैं, जिन्हें पाखाना ढोना चाहिए, पर नहीं वे लाला, बाबू और पण्डित ही रहेंगे। यहाँ कोई 'क्यों' नहीं कह सकता, क्योंकि यह समाज-व्यवस्था है, धर्म की आज्ञा है, शासन उसका समर्थन करता है।

हम व्यापार की धुन में हैं, यश की धुन में हैं, लाभ की धुन में हैं, पर असल में तो आज एक ही धुन चाहिए कि यह समाज-व्यवस्था कैसे बदले और इस परिवर्तन में हम अपना हिस्सा कैसे अदा करें।

'घिरि आयी रे बदरिया सावन की !'

सावन प्रकृति का यौवन है और इस सप्ताह तो यह यौवन पूरे उभार के साथ उतरा है। रोज़ रिमझिम, छमाछम लगी रहती है। 'बदरिया' तो इस बार कुछ ऐसी जमी है कि बस जमी ही है। पृथ्वी पर हरीतिमा छा गयी है, वृक्षों पर अमृत बरस पड़ा है, शुष्कता जैसे समुद्र में जा डूबी, चारों ओर ताज़गी, जीवन और रस। हाँ, बस रस ही रस ! आख़िर यह सावन है, जिसमें कोई सूरदास हो जाये, तो बस उसे हरा ही हरा सूझे। कहते हैं सावन में मनहूसों में भी मस्ती

की रमक आ जाती है।

यह वह मौसम है, जिसमें सूखे गड्ढे भर जाते हैं, अचल पृथ्वी भी मेंढकों के रूप में मुखरित हो उठती है और ख़ामोश पेड़ भी अपनी झिंगरियों के स्वर में झंकृत हो पड़ते हैं। सावन नीरवता, निष्पन्दता, जड़ता, अरसता और मनहूसियत के विरुद्ध एक प्राकृतिक विद्रोह है, जिहाद और क्रान्ति ! ओह यह सावन !

मैं अपने पलंग पर पड़ा सुन रहा हूँ, 'घिरि आयी रे बदरिया सावन की !' लड़कियाँ और बहुएँ मिलकर गा रही हैं। कोमल कण्ठ के साथ ढोलक की टुमक मिलकर एक समा बाँध रही है, जिसमें रूप है, रस है, जीवन है, यौवन है, पर कहीं दूर भी जिसमें वासना की छाया नहीं है।

भंगी भाई के परिवार ने अपने झोंपड़े के सामने खड़ी पूर्व जन्म की सहेली-सी बूढ़ी बेरी की कमर-से झुके तने में एक झूला डाल रखा है। उसमें रात के समय परिवार की कन्याएँ और बहुएँ झूला झूल रही हैं, गा रही हैं और अपनी छोटी-सी ढुलकिया को टमकोर रही हैं। पास के सब मकानों की रोशनी बुझ गयी है, आवाज़ें सो गयी हैं और यह संगीत सारे वातावरण में मौलसिरी की भीनी गन्ध-सा व्याप रहा है। पता नहीं और कोई भी इसे सुनता है या नहीं, पर तल्लीन हुआ मैं सुन रहा हूँ। मेरी देह निश्चय ही इस समय इस युग में है, पर मन चिर अतीत के उस गृहस्थ में रम रहा है, जहाँ प्रतिदिन कोई न कोई पर्व-त्यौहार अतिथि रहता था और जिसकी हर कड़ी में गीत की गाँठ थी—हमारा जीवन ही तब गीतमय था।

मैं अपने पलंग पर पड़ा सोच रहा हूँ। सावन की यह मस्ती क्या इसी दीन परिवार पर बरसी है ? यह सबमें ग़रीब है, हीन है, अभाव-ग्रस्त है, दुखिया है, फिर भी सावन की इस फुहार-भरी बदरिया के तले यही क्यों गीतमय है ? जिनके घर में धन भरा है, कोई अभाव नहीं, जो शिक्षित हैं, 'कल्चर्ड' हैं, जिन्हें संगीत का ज्ञान है, 'टेस्ट' है, जिनके यहाँ रेडियो है, ग्रामोफ़ोन है, सिनेमा जिनके जीवन की एक ज़रूरत है, उनके महलों के दीप्तिमान् बल्ब बुझे पड़े हैं और इस ग़रीब की झोंपड़ी का यह टिमटिमाता दीपक अभी तक प्रकाश-दान करता जा रहा है। क्या सावन इसी झोंपड़ी का अतिथि है ? उन ऊँची अट्टालिकाओं से वह रूठ गया है ?

सघन कण्ठों का वह संगीत मेरे रोम-रोम में पुलक बनकर छा रहा है और प्रत्येक पुलक में उसी का स्पन्दन मुझे सुनाई देता है। कहीं कोई दूसरा स्वर नहीं है, शब्द नहीं है, जैसे यह सारी सृष्टि ही इस समय गीतमय हो उठी है।

और तभी; भावना के उस घने आवेश में भी ज़रा सचेत-सा मैं सोच रहा हूँ। इस दैवी चमत्कार का स्रष्टा कौन है ? यह अमृत-वर्षा समाज के इस आँगन में कौन कर रहा है ? मन मेरा कराह उठा है, यह देखकर कि उस स्रष्टा को मेरे समाज ने कुछ नहीं दिया, जो दिया बस विष ही विष दिया। तभी एक प्रश्न मन में झाँक उठता है : समाज का यह विषपायी, सावन की इस अँधियारी में अमृत की वर्षा कर रहा है और ये जो चारों ओर समाज का अमृत पीनेवाले सो रहे हैं, अमृत की इस वर्षा में भी निष्पन्द हैं ; यह क्यों ? और मन मेरा जैसे सूक्ष्म से भी सूक्ष्म हो समाज की तह-तह में उतरा जा रहा है।

हमारे समाज में जो ऊँचा है, सम्मान्य है, उसने अपने को प्रकृति से पृथक् कर लिया है। उसके भीतर अवकाश नहीं, व्यस्तता है। उसने स्नेह, ममता, दया, बन्धुत्व और सौहार्द के स्थान में पश्चिम से उधार लेकर टैक्ट और धन-लिप्सा को अपने में समा लिया है और उसकी दशा उस वृक्ष-जैसी है, जिसे सफ़ाई के साथ बीच से आ़रे द्वारा चीरकर मूल से सम्बन्ध-विच्छिन्न कर दिया गया है, पर ऊपर से जो मूल के साथ मिला ज्यों का त्यों खड़ा है।

अब यह वृक्ष अपने मूल पर ज्यों का त्यों खड़ा है, पर उससे यह जीवन-रस का ग्रहण नहीं करता। जीवन-रस के इस अभाव में वृक्ष सूखने लगता है, उसकी हरीतिमा सूखी पीतिमा में परिणत हो जाती है। हम विदेश का हरा रंग और वार्निश लेकर उन सूखे पत्तों पर फेर देते हैं। अब वे पत्ते हरे हैं, चमकीले हैं और देखने में सुन्दर भी हैं, पर उनमें अपना जीवन नहीं है। यही दशा हमारे सम्मान्य ऊँचे वर्ग की है। उसका सम्बन्ध व्यापार से है, व्यवसाय से है, विज्ञान से है, सभ्यता से है, पर यह व्यापार, व्यवसाय, विज्ञान और सभ्यता उसकी नहीं है, उसकी जाति की नहीं है, सब विदेशियों की है, ग़ैर है। फलस्वरूप उसमें रंग है, रौनक़ नहीं है, ऊँचाई है, उभार नहीं है, ग्रहण

है, दान नहीं है, 'एग्रीमेण्ट' की बारीकियाँ हैं, कविता की भावधारा नहीं है। उसका मानस-पात्र भरा है, लबरेज नहीं है, फिर वह छलके कहाँ ? जिस बादल में घुमड़न नहीं, वह फुहार क्या देगा ?

और मैं फिर अपने पलंग पर पड़ा अनुभव कर रहा हूँ, सारा वातावरण उसी मधुर-मस्त टुमक से भरा है और सारी प्रकृति उसमें डूबी, नहायी नग्न बालिका-सी सिमटी भावलीन है। मन मेरा फिर विचारों में डूब चला है। कमल की सृष्टि कीच में है और इस गीत-धारा की मान-अभाव-भरे जीवन में। मैं उसी जीवन पर कल्पना की दृष्टि से एक सरसरी नज़र डाल रहा हूँ। इस लघु-जीवन का सम्बन्ध अभी मूल के साथ है, यह मूल से जीवन का रस ग्रहण करता रहता है पर इसके पत्तों में, जीवन के विकास में, ग़रीबी और सामाजिक पदहीनता के कीटाणु हो गये हैं, जो इसे पनपने, लहलहाने नहीं देते। मूल से इसे जीवन-रस न मिलता, तो यह कभी का सूख जाता !

गीत की रस-धारा में बहते-बहते मेरी पलकें अब भारी हो गयी हैं और नींद उन पर अपना डोरा डाल रही है। कानों की ग्रहण-शक्ति कम हो चली है, मस्तिष्क में तन्द्रा है और गीत का स्वर इससे और भी भीना, मधुर हो गया है—प्रकृति जैसे थिरकती-थिरकती, धीरे से नृत्य की विशेष मुद्रा में आकर स्थिर हो गयी है। मन वर्तमान की धारा से फिसलकर भावी की चिन्ता में रम चला है—निंदियाया मन, मेरा मन !

आँखें झप रही हैं और इसी खुमार-भरी झपझपी में मैं देख रहा हूँ दूर से परिवर्तन के पंखों पर बैठा भावी युग का धन्वन्तरि आ गया है। उसने यह लो, एक ही धक्के में उस मूलहीन वृक्ष को गिरा दिया है और अपने कलश से उस दिव्यात्मा ने दूसरे रोगी वृक्ष पर अमृत की बूँदें डालकर उसे रोगहीन, जीवनपूर्ण, फिर से लहलहाता कर दिया है।

आज के वातावरण से और भी दूर अपने उसी पलंग पर पड़ा-पड़ा मैं तन्द्रा की झपझपी में देख रहा हूँ। उस गिरे वृक्ष को चीर-फाड़, लोगों ने ईंधन कर जलाना आरम्भ कर दिया है। साथ ही सूखे वृक्ष पर बौर लदा है, जिसकी महक से कोना-कोना भरा है और विश्व उससे फलदान की आशा में आँखें बिछाये प्रार्थी है।

मेरी तन्द्रा नींद में बदल रही है। गीत की ध्वनि और भी मन्द-मधुर हो चली है। अब ध्वनि नहीं, झंकार है और इसी धुँधली-सी चेतना में मैं सोच रहा हूँ–विदेशी रंग और पॉलिश के दर्प से दीप्त यह ऊँचा वृक्ष आज नहीं सोचता कि कल उसे अग्निभोज बनना है और आज की दीनता में दबा यह दूसरा वृक्ष भी अनुभव नहीं कर पाता कि कल उसे विश्व को अपनी सुगन्ध से भर देना है।

गीत और भी मीठा हो चला है, अनहद नाद-सा और ढोलक की टमकोर बूँदों की टप-टप-सी प्यारी। उँगलियाँ ढोलक पर खेल रही हैं। बस, आ गया सम, पड़ी थाप और मेरी चेतना उसी में रम गयी।

□

दो दिन : दो गोष्ठियाँ

गदराये यौवन की अमराइयों में जब मेरी चेतना पहली अँगड़ाइयाँ ले रही थी, राष्ट्रीय पुनरुत्थान के महाकवि मैथिलीशरण गुप्त की युग-रचना 'भारत-भारती' मैंने डूब-डूबकर, झूम-झूमकर, कभी गाते, कभी गुनगुनाते पढ़ी थी।

उस पीढ़ी की गीता ही थी 'भारत-भारती'। उससे प्रेरणा मिली थी, इरादों ने मुट्ठियाँ बाँधी थीं, चेतना ने पंख पसारे थे, पर यह सब जैसे इस एक ही पंक्ति में समा गया :

"हम कौन थे ? क्या हो गये हैं ? और क्या होंगे अभी ?"

इस पंक्ति में तीन रंग थे—अतीत का गौरव से भरा, वर्तमान का गुलामी के दर्द से भरा और भविष्य का स्वतन्त्रता की आशा से भरा। इस तरह दो युगों से अधिक समय तक इस पंक्ति का साथ रहा और तब आया 15 अगस्त 1947—भारत की स्वतन्त्रता का दिन। मन उस दिन विचारों का समुद्र हो गया, लहर पर लहर, लहर पर लहर—कुछ स्पष्ट, कुछ धुँधली। उन्हीं में यह भी एक—क्या युग-युग-संगिनी इस पंक्ति का साथ आज छूट गया ? उत्तर में हाँ, क्योंकि हमारा अतीत महान् था, वर्तमान हीन हो गया था, अब स्वतन्त्रता के साथ हमने खोयी महत्ता फिर पा ली, पर मन इस हाँ में हाँ मिलाने को तैयार नहीं, जैसे उसकी कोई बहुमूल्य वस्तु बलपूर्वक छिन रही हो।

जहाँ चाह तहाँ राह, तो चाह है कि इस पंक्ति का साथ बना रहे और राह है उसकी यह व्याख्या—हम गुलाम थे; स्वतन्त्र हो गये हैं और अब हमें अपने महान् राष्ट्र के निर्माता—नागरिक होना है। ओह छिनते-छिनते बच गयी मेरी युग-युग-संगिनी और इस खुशी में राष्ट्र के अतीत और भविष्य मिलकर एक गहरे चिन्तन में समा गये।

इस चिन्तन को पूर्णता मिली उस दिल लाला जगतप्रसाद की बातचीत में। वे अपने कोल्ड स्टोरेज की प्रक्रिया मुझे बता रहे थे कि कैसे फ़सल पर उसमें आलू रख दिये जाते हैं, ठण्डक के द्वारा कैसे उन्हें बाहरी प्रभावों से प्रिज़र्व (सुरक्षित) किया जाता है और बाद में कैसे उन्हें बाज़ार में भेजा और बेचा जाता है। जगतप्रसाद जी किसी भी स्थिति में हों, उनकी बातों का रस और प्रवाह कभी खण्डित नहीं होता। इस प्रवाह में मेरी चेतना जिस किनारे लगी, वह था यह कि राष्ट्र की संस्कृति जब समाज के छोटे-छोटे राज्यों में बँटने और बाहरी आक्रमणों का ताँता लगने के कारण सुरक्षित न रही, उसके नष्ट होने का खतरा पैदा हो गया, तो सन्तों ने उसे तीर्थों में, सामाजिक समारोहों में और प्रथाओं में बाँधकर और परिवार को व्यक्तिगत जीवन की और जाति की सामाजिक जीवन का मुख्य इकाई बनाकर सुरक्षित कर दिया, प्रिज़र्व कर दिया कि वह अच्छा समय आने तक बची रहे। भारत की स्वतन्त्रता का उदय वही चिर-प्रतीक्षित अच्छा समय है—अब हमारी संस्कृति को कोई ख़तरा नहीं, उसके उगने-पनपने और फैलने का यह समय है।

अपने इस चिन्तन को मैंने एक लघु कथा में इस प्रकार सँजोकर रख दिया :

नन्दन अपने गाँव का एकमात्र धनी था। सारे गाँव में उसकी ऊँची हबेली दूर से दिखाई देती थी। आस-पास चारों ओर उसका नाम फैला हुआ था।

उसी दिन खबर उड़ी कि आज सन्ध्या के समय गाँव में डाका पड़ेगा और ख़बर क्या उड़ी, गर्वोन्मत्त डाकू सरदार ने खुद ही यह ख़बर भेजी थी। गाँव में और तो सब गरीब थे, डाकू भला उनका क्या लेते—क्या बिगाड़ते। उनके लिए तो गरीबी आज रक्षाकवच थी। वे पूरी तरह विश्वस्त थे कि डाके का नोटिस नन्दन के नाम ही है।

नन्दन भी यह जानता था। वह उस दिन, दिन-भर अपनी हबेली के किवाड़ बन्द किये भीतर घुसा रहा। कैसे वह डाकुओं से अपने माल, मान और प्राण की रक्षा करे; यही उसकी चिन्ता थी।

सोच-विचार कर उसने अपना जेवर और धन अपनी हबेली के पीछेवाले उपवन में जगह-जगह बिखेर दिया। मोतियों का हार नेवले के बिल में रखा,

तो सोने की बोरी कुएँ में डाल दी, गिन्नियाँ खाद के गड्ढे में दबायीं, तो रुपयों की थैलियाँ बूढ़े बड़ की खोखर में भर दीं। यही उसने दूसरे क़ीमती सामान का किया।

उसकी हबेली के पिछले हिस्से में एक बड़ा-सा गड्ढा था। उसमें वह स्वयं बैठा और अपने ऊपर उसने एक टूटा-सा टोकरा ढाँक लिया। सन्ध्या होते ही हबेली का द्वार उसने खुलवा दिया और एक भी कमरा ऐसा नहीं छोड़ा, जिसका द्वार बन्द हो या जिसमें कुछ भी व्यवस्थित हो। उसे उस गड्ढे में बैठे टोकरी की झिरखियों से सारी हबेली दिखाई दे रही थी।

दलबल सहित रात में डाकू आये, तो वे सीधे नन्दन की हबेली पर पहुँचे। उन्हें विश्वास था कि वहाँ एक पूरे युद्ध की तैयारी होगी, पर यहाँ पर द्वार खुले हुए थे। चौंकते-सँभलते वे भीतर घुसे, पर हबेली तो बिखरी-सी पड़ी थी।

"भाग गया शैतान और सारी दौलत भी साथ ही ले गया।" डाकुओं के सरदार ने कहा और वे सब हाथ मलते लौट गये। नन्दन का दिल पहले तो धड़कता रहा, पर अब वह मुसकरा रहा था।

दूसरे दिन गाँव के बड़े-बूढ़ों ने नन्दन के धैर्य और बुद्धिमत्ता की प्रशंसा की, पर कई दिन बाद भी उन्होंने नन्दन को उसी गड्ढे में अपने को टोकरे से ढँके बैठे देखा, तो उन्हें आश्चर्य हुआ।

उन्होंने उसे समझाया कि अब कोई खतरा नहीं है। अपने घर को फिर से व्यवस्थित करो, अपनी सम्पदा को सुन्दर अलमारियों में सजाओं और स्वयं भी अपने सुखद पर्यंक पर सोना आरम्भ करो।

नन्दन सबकी सुनता है, फिर हिलाता है, पर मानता नहीं। कहता है, जिस पद्धति ने मेरे प्राण बचाये, धन-सम्पदा की रक्षा की, उसका त्याग भला मैं कैसे कर सकता हूँ ?

सब उसे समझाते हैं कि वह संकट-काल की नीति थी। उस समय उसका व्यवहार करने के लिए हम तुम्हारी प्रशंसा करते हैं, पर आज तो उसका पालन एक विडम्बना है। कल जो सुरूप था, आज वह कुरूप है। जब वह परिस्थिति ही नहीं, तो वह नीति-पद्धति कैसे ठीक रहेगी ? उसे छोड़ो और अपना रूप ग्रहण करो।

नन्दन बहसें करता है और एक से एक बढ़कर तर्क खड़ा करके उस पद्धति का समर्थन करता है। सब देखते हैं कि उसकी सुन्दर हबेली सूनी और उजड़ी पड़ी है और उसकी धन-सम्पदा भी खोखरों-गड्ढों में बिखरी है! बात-चीत से अनुमान होता है कि अब वह यह भी भूलने लगा है कि कौन चीज़ किस खोखर या गड्ढे में है, पर वह सन्तुष्ट है और स्वयं उस टोकरे से ढँके गड्ढे को ही अपना शयनकक्ष बनाये हुए है।

श्रद्धा में डूबकर वह उन खोखरों-गड्ढों को पुकारता है रीति-प्रीति और उस बड़े गड्ढे को कहता है जन्मकूप।

सब देखते हैं कि उसकी सुन्दर हबेली सूनी-उजड़ी पड़ी है, उसकी धन-सम्पदा उन गड्ढों-गड्ढों में बिखरी है और वह स्वयं भी उस टोकरे से ढँके गड्ढे को ही अपना शयनकक्ष बनाये हुए है।

अँगरेज़ों ने अपने लगभग दो शताब्दी के शासन में भारत को सांस्कृतिक और बौद्धिक दृष्टि से नष्ट-भ्रष्ट करने के योजनापूर्ण प्रयत्न किये थे। उन्हें जो सफलता मिली, उसका साक्षात्कार मुझे पहली बार हुआ।

उन सर्वनाशी प्रयत्नों के बाद भी, सन्तों के द्वारा सुरक्षित—प्रिज़र्व की गयी हमारी संस्कृति में जीवित रहने और फैलने की इच्छा एवं शक्ति कितनी फ़ौलादी है, इसका साक्षात्कार भी मुझे पहली बार हुआ।

ये दोनों साक्षात्कार मुझे टाइम्स ऑव इण्डिया बम्बई और भारतीय ज्ञानपीठ कलकत्ता द्वारा संयुक्त रूप से संयोजित उन गोष्ठियों में हुए, जो पहली-दूसरी अप्रैल 1962 को भारत की राजधानी नयी दिल्ली में हुई और जिनमें सम्मिलित होने का अवसर मुझे भी मिला।

यों तो जलसे-जुलूस-गोष्ठियाँ 1920 से मेरे जीवन का वैसा ही अंग रही हैं, जैसे व्यापारी के लिए हिसाब-किताब, पर इन गोष्ठियों में भाग लेकर मुझे असाधारणता का अनुभव हुआ—विराट् राष्ट्र की महान् संस्कृति के सम्पर्क-तादात्म्य का बोध हुआ और इस प्रकार दिल्ली के ये दो दिन मेरे लिए सदा-सदा को स्मरणीय हो गये, क्योंकि इन दो दिनों में मैंने युग-युगों से दबी संस्कृति की बेल में नये पत्ते उगते देखे—प्रिज़र्व को ग्रो में बदलते देखा और मुझे लगा कि हमारे राष्ट्र के सांस्कृतिक पुनर्जन्म की झाँकी ही मैं अपनी

जागती आँखों देख रहा हूँ।

पंजाब नेशनल बैंक की विशाल बिल्डिंग का भव्य गोष्ठी-भवन, साहू शान्तिप्रसाद जैन की निर्माण-प्रतिभा का प्रतीक-सा। देश के अनेक भागों से आये, अनेक भाषाओं के प्रतिनिधि कोई दो-सौ साहित्यकार अपने-अपने आसन पर, सभापति के आसन पर भारतीय ज्ञानपीठ की व्यवस्था-मूर्ति अध्यक्षा श्री रमा रानी जैन और उनके पास प्रतिभाशाली साहित्यकार और 'धर्मयुग' के सफल सम्पादक श्री धर्मवीर भारती—गोष्ठी के संयोजक।

भवन, एयर कण्डीशण्ड कि गरमी आये या सर्दी, रहे बाहर ही—बाहरी प्रभावों से अछूते योगी के मन-सा, फ़ोटो ग्राफ़र तैयार कि कोई सामने आये, तो उसे सदा को छाप ले, टेपरिकार्डिंग की मशीन सावधान कि कोई कुछ बोले, तो उसे सदा को टीप ले और जागरूक माइक कि हर झीने शब्द को भीने रस में पागकर हरेक के कान तक पहुँचा दे।

यों ऐहिक अमरता के वैज्ञानिक साधनों से समन्वित वातावरण कि माइक के सामने श्री प्रतापराय—टाइम्स ऑव इण्डिया के जनरल मैनेजर—उत्सव की भाषा में आज के स्वागताध्यक्ष। भरा-उभरा व्यक्तित्व, गहराइयों से उभरती-सी आवाज़ और सधे-तुले शब्द कि थोड़े में स्वागत भी और विचार-विषय का परिचय भी।

आकृति में उम्र की तरुणाई, तो प्रकृति में अनुभव की प्रौढ़ता, खादी के कुरते-पाजाते पर बम्बइया जवाहरकट कि नीचे की तरफ़ बस एक बटन और गहरे कलफ़ पर दाबदार हाथ से की गयी इस्तरी के बल, ऊपर को उभरती-खुलती कि जैसे वह बण्डी न हो, नये फ़ैशन का कॉलर ही हो—सब कुछ एकदम बुर्राक, ये आये माइक पर श्री धर्मवीर भारती।

टाइम्स ऑव इण्डिया-प्रकाशन बम्बई ने योजना बनायी है कि हिन्दी की पुस्तकों का (आगे चलकर संविधान-स्वीकृत सभी भाषाओं की पुस्तकों का) अँगरेज़ी में अनुवाद कर उन्हें विदेशी पाठकों के सामने रखा जाये—विश्व में फैलाया जाये। इस योजना को हाथ में लेते ही कुछ प्रश्न सामने उठकर उभर आये हैं। उनका समाधान खोजना ही गोष्ठी का उद्देश्य है।

मुख्य प्रश्न है अनुवाद के लिए पुस्तकों के चुनाव का। भारतीय साहित्यकारों

के लेखन की प्रकृति और विदेशी पाठकों की अभिरुचि में साम्य-वैषम्य का अनुपात देखकर क्या यह उचित है कि हम भारतीय जीवन-दृष्टि को प्रधानता दें ? यदि हाँ, तो वह जीवन-दृष्टि क्या है। या फिर पुस्तकों की कलात्मक श्रेष्ठता को ही प्रधानता दें, जिनसे यह सिद्ध हो सके कि विश्व के सामयिक साहित्य में भारतीय लेखकों का भी एक अपना स्थान है ? इन दोनों को लें, तो समुचित अनुपात क्या हो ?

और यों गोष्ठी आरम्भ हो गयी। जन्म से महाराष्ट्रीय, पर कर्म से गुजराती के साहित्यकार राष्ट्रसाधक काका कालेलकर माइक पर। राष्ट्रीय वेष, राष्ट्रीय भाषा और राष्ट्रीय दृष्टि–भाषण सरस भी, सबल भी, सुझावपूर्ण भी, देखकर मन प्रसन्न हुआ, सुनकर सन्तुष्ट और तब भाषण ही भाषण।

भाषण-कर्ताओं में ज्ञानी भी, अनुभवी भी–ज्ञानी उलझे हुए, अनुभवी सुलझे हुए, ज्ञानी लच्छेदार, अनुभवी सादे। भाषा की दृष्टि से अँगरेज़ी की भरमार, कहूँ बाढ़ कि भारत का किनारा कहीं हाथ ही न आये, जैसे अँगरेज़ अपना राज्य अपने मानस-पुत्रों को सौंपकर गये हों, भारत की जनता को नहीं।

कोई तीन घण्टे यह विचार-चर्चा चली। मेरा चिन्तन यह था–अनुवाद के लिए पुस्तक के चुनाव की कसौटी यह हो कि उससे भारत के सम्बन्ध में विदेशी पाठक की सम्मति ऊँची बने और हर पुस्तक में ऐसी भूमिका रहे, जो भारत की प्रकृति से पाठक को आरम्भ में ही इस तरह परिचित करा दे कि वह पृष्ठभूमि को समझा रहे। उदाहरण के लिए प्रेमचन्द के गोदान का अनुवाद हो, तो भूमिका में ज़मींदारों के समय में भारतीय देहातों की स्थिति का परिचय हो।

भोजन के बाद गोष्ठी की दूसरी बैठक, सभापति के आसन पर श्री राघवन तमिल तथा संस्कृत भाषा के समर्थ विद्वान् और दक्षिण भारत के यशस्वी साधक; शान्त-सौम्य विशिष्ट व्यक्तित्व।

विचारणीय विषय अनुवाद-प्रक्रिया कि :

1. किस प्रकार के ग्रन्थों में मुक्त अनुवाद की गुंजाइश है ?
2. अनुवाद में अँग्ररेज़ी मुहावरों की चुस्ती लाने के लिए क्या किया जाये ?

3. जिन शब्दों का प्रचलित अँगरेज़ी रूप नहीं मिलता, उनके सम्बन्ध में क्या नीति अपनायी जाये ?
4. क्या भारतीय मुहावरों को ज्यों का त्यों उतारें ?
5. जिसे भारतीय अँगरेज़ी कहा जाता है, उसके उपयोग के सम्बन्ध में हमारा दृष्टिकोण क्या हो ?
6. क्या छन्दबद्ध कविताओं का अनुवाद अँगरेज़ी छन्दबद्ध तुकान्त में होना चाहिए या अँगरेज़ी मुक्त छन्द में ?

भाषणों की झड़ियाँ और सुझावों की लड़ियाँ आरम्भ, पर बाप रे, अँगरेज़ी ही अँगरेज़ी, यहाँ तक कि अँगरेज़ों की तरह अँगरेज़ी बोलनेवाले अध्यक्ष को कहना पड़ा कि 'मैं अच्छी तरह हिन्दी समझता हूँ, आप लोग हिन्दी में बोलें !'—पर कोई असर नहीं, अँगरेज़ी ही अँगरेज़ी।

और कह क्या रहे थे ये काले अँगरेज़ ? अपनी-अपनी राय दे रहे थे हिन्दी से अँगरेज़ी में अनुवाद करने की दिक़्क़तों पर, पर एक बात सब समान रूप से कह रहे थे कि अनुवाद करने के लिए या किये हुए अनुवादों का सम्पादन-संशोधन करने के लिए अँगरेज़ विद्वानों का सहयोग ज़रूरी है, अनिवार्य है, इसके बिना प्रामाणिक अनुवाद हो ही नहीं सकता।

मुझे स्वर्गीय व्यायामाचार्य प्रोफ़ेसर राममूर्ति याद आ गये। उन्होंने अपनी यूरॅप यात्रा के बाद 1912-13 में लिखा था कि इंगलैण्ड जानेवाले भारतीयों को सिर पर साफ़ा बाँधना चाहिए, क्योंकि हैट लगानेवाले भारतीयों को आम लोग भारतीय ईसाई मानते हैं और विदेशी पादरी भारत में चाहे जो कहें, इंगलैण्ड में भारतीय ईसाइयों को लोग नफ़रत की निगाह से देखते हैं।

वही हाल अँगरेज़ी के इन भारतीय भक्तों का है। अँगरेज़ी कविता के कारण सरोजिनी नायडू भारत-कोकिला हो गयीं, पर इंगलैण्ड में छपे किसी भी महत्त्वपूर्ण कविता-संकलन में उन्हें किसी अँगरेज़ ने स्थान नहीं दिया।

मन में विचार आया कि डेढ़ सदी तक, डण्डे के ज़ोर से, गला घोंटकर अँगरेज़ तीन फ़ीसदी भारतीयों को ही जिस भाषा का साधारण ज्ञान करा सका और उसके विद्वानों को इस लायक़ भी नहीं बना सका कि वे उसमें अनुवाद करके ही साहित्य के तीसमारख़ाँओं में अपना नाम लिखा लें, उस भाषा की हिस्टीरिया जिन लोगों के सिर इस क़दर सवार है कि वे अपनों में अपनी

देश-भाषा जानते हुए भी उसे बोलना पसन्द न करें, उन्हें देश के दुर्भाग्यकाल की कम्बख़्त पीढ़ी के अतिरिक्त क्या कहा जाये और जब देश का नैतिक और राजनीतिक नेतृत्व भी उसी पीढ़ी के हाथ में हो, तो क्या सोचा जाये ?

यह सच है कि अनुवाद का काम सरल नहीं है। इस सम्बन्ध में बहुत कुछ कहा गया, पर सर्वोत्तम वह था, जो स्वयं डॉ. राघवन ने कहा, "अनुवाद और नारी में एक बड़ी समानता है कि अनुवाद यदि रोचक होते हैं, तो शुद्ध नहीं होते और शुद्ध होते हैं, तो रोचक नहीं होते।"

सुनकर मुझे भारत-सरकार के पूर्व सूचना-मन्त्री डॉ. केसकर याद आ गये। उन्होंने रेडियो के एक साहित्य-समारोह का उद्घाटन करते हुए कहा था, "अनुवाद के द्वारा हम पाठक को कृति का मूल सौन्दर्य नहीं दे सकते, यह सच है, पर उसका प्रतिच्छवित सौन्दर्य (रिफ्लैक्टेड ब्यूटी) दे सकते हैं, यह भी कम महत्त्वपूर्ण नहीं।"

फिर सबसे बड़ी बात यह है कि अभी तक संसार में यही हुआ कि दूसरी भाषा के रत्नों का विद्वानों ने अपनी भाषा में अनुवाद किया है। इस प्रयत्न की महत्ता और नवीनता ही यह है कि यहाँ विद्वान् अपनी भाषा के रत्नों का दूसरों की भाषा में अनुवाद करने के लिए प्रस्तुत-प्रवृत्त हैं।

क्या यह हीनता है ? क्या यह थोपना है ? नहीं, यह परसना है, प्रतिदान है, कहूँ राष्ट्रीय सत्कर्म है। इससे भी बढ़ूँ, तो कहूँ कि यह अतीत में महान् विवेकानन्द के द्वारा आरम्भ किये संस्कृति-व्रत का तप-साध्य उद्यापन है।

"दीवानजी, आज तुम मुझे सड़क के बीच बैठकर सब्ज़ी बेचने पर गालियाँ दे रहे हो, दे लो, कोई बात नहीं, पर गाँधी महाराज का नाम तो सुना होगा तुमने ! वे हमें आज़ादी दिलानेवाले हैं। उस दिन देखना, मैं सड़क के बीच में यहीं झोंपड़ी बनाकर बैठूँगा।"

गुलाम भारत के किसी कुँजड़े भाई ने अँगरेज़ी राज के किसी पुलिस दीवान को यह जवाब दिया था। स्पष्ट है कि जनता विविध बन्धनों से जकड़ी थी और उसकी कल्पना में सब अभावों-इच्छाओं की पूर्ति का समावेश आज़ादी में था। यही कारण है कि गुलामी के हटते ही जन-मन स्वाधीनता की ओर नहीं, स्वतन्त्रता की ओर बढ़ा और बन्धनों की कसमसाहट इतनी व्यग्र थी कि

यह स्वतन्त्रता शीघ्र ही स्वच्छन्दता के तट जा लगी। तब सामने आये भाषा के मोर्चे, जिन पर असमी, बंगाली, मराठे, गुजराती, सिख, हिन्दू, इस तरह लड़ते दिखाई दिये, जैसे वे जन्म-जन्म के वैरी हों और उनमें मतभेद नहीं, जन्मजात शत्रुता हो। बम्बई और पंजाब में इस शत्रुता का जो प्रदर्शन हुआ, उससे देश की एकता ही ख़तरे में पड़ चली; क्योंकि अब देश के लिए भाषा नहीं, भाषा के लिए देश की बलि देने का उपक्रम हो रहा था।

कितनी विचित्र बात है कि भाषा, जो मनुष्य को मनुष्य के पास लाती है, मनुष्य-मनुष्य की एकता का वाहन बनती है, मनुष्य को मनुष्य से खूँख़्वार भेड़ियों की तरह लड़ा रही थी; क्योंकि वह सहयोग की राह भूल, संघर्ष के पथ जा चढ़ी थी। पनपती देश-वल्लरी के लिए यह स्थिति भयावह थी और राष्ट्र की बौद्धिकता चिन्तित थी कि क्या राष्ट्र की पन्द्रह भाषाओं के बीच स्वस्थ सम्पर्क का कोई मंच नहीं हो सकता, जहाँ सब समान अधिकार और समान दायित्व के साथ बैठें, मिलें और देखें कि वास्तविक परिस्थितियाँ भावात्मक हैं, अभावात्मक नहीं, संयोगात्मक हैं, वियोगात्मक नहीं, सम्पर्कात्मक हैं, संघर्षात्मक नहीं; संक्षेप में संगठनात्मक हैं, विघटनात्मक नहीं।

2 अप्रैल 1962 को प्रदेश-प्रदेश से पधारे विविध भाषाओं के समर्थ साहित्यकारों की उपस्थिति में जब भारतीय ज्ञानपीठ की अध्यक्षा श्रीमती रमा रानी जैन ने भारतीय ज्ञानपीठ-पुरस्कार की घोषणा की, तो लगा कि यह उस स्वस्थ सम्पर्क मंच के उद्‌घाटन की ही घोषणा है।

उनकी घोषणा के शब्द थे, "लेखक यद्यपि आभ्यन्तर बाध्यता के कारण लिखता है और कई अन्य कारणों के योग से ही कोई कृति क्लैसिक बन पाती है, तो भी सामाजिक मान्यता तथा उसकी प्रतिभा के फल के प्रति समूचे राष्ट्र का ऋणी-भाव लेखक को आश्वस्त करते हैं कि उसकी कृतियों को व्यापक रूप से पढ़ा जाता और समादृत किया जाता है। राष्ट्रीय पुरस्कार तथा भेंट सब इसी मान्यता के प्रतीक हैं।"

भारत में, जहाँ प्रत्येक भाषा की अलग-अलग सर्वश्रेष्ठ कृति के लिए कितने ही प्रादेशिक एवं राष्ट्रीय पुरस्कार हैं, वहाँ कोई ऐसा पुरस्कार नहीं है, जो इन सब भाषाओं की कृतियों में से चुनी हुई सर्वश्रेष्ठ कृति के लिए हो। ऐसे

पुरस्कार की संस्थापना राष्ट्रीय आवश्यकता है और ऐसा पुरस्कार मूल्य एवं मात्रा में इतना प्रचुर भी होना चाहिए कि राष्ट्रीय गौरव तथा अन्तर्राष्ट्रीय मानदण्डों के अनुरूप हो।

भारतीय ज्ञानपीठ नामक शोध एवं सांस्कृतिक प्रतिष्ठान की स्थापना संस्कृत, प्राकृत, पाली, तमिल आदि भाषाओं के अनुपलब्ध एवं अप्रकाशित प्राचीन भारतीय वाङ्मय के प्रकाशन तथा आधुनिक भारतीय भाषाओं में सर्जनात्मक साहित्य रचना का प्रोत्साहन देने के उद्देश्य से श्री शान्तिप्रसाद जैन द्वारा 1944 में हुई थी। उसकी योजना है कि समस्त भारतीय भाषाओं में सर्वोत्कृष्ट एवं सर्वोपरि साहित्यिक सृजनात्मक कृति पर एक लाख रुपये प्रतिवर्ष पुरस्कार-दान के निमित्त अपेक्षित निधि प्रस्तुत कर, योजना का संचालन करे।

प्रत्यक्ष ही कार्य अत्यन्त कठिन है, पर कठिनाई अलंघ्य नहीं है। राष्ट्रीय महत्त्व का यह कार्य सम्पन्न करना ही है, फिर उसमें जितना भी श्रम पड़े और जो भी व्यय हो !"

और यों विचार-गोष्ठी आरम्भ हो गयी। गोष्ठी के संयोजक हैं श्री लक्ष्मीचन्द्र जैन : सधे-संयत व्यक्ति और स्वर ऐसा कि लगे कहीं दूर से छनकर आ रहा है—एकदम सन्तुलित और स्निग्ध। कहूँ, एक अन्तर्मुख कर्मलीन व्यक्तित्व। उन्हें मैं कोई पचीस वर्षों से देख रहा हूँ निकट से, दूर से। एक गहरी रचनात्मक प्रतिभा के स्वामी हैं वे और यद्यपि उन्होंने कम लिखा है, पर यह कम मात्रा में भले ही कम हो, यात्रा में कम नहीं है—चिरस्थायी है। गंगा वोल्गा के संगम पर, असीम आकाश के बियाबान में और एक डाकू, दो ख़त, तीन दृष्टियाँ जैसे उनके रिपोर्ताज़ अपनी जीवन-दृष्टि और शिल्प-शैली के कारण युग की सर्वश्रेष्ठ कृतियों में निश्चय ही स्थान पायेंगे।

उनके निमन्त्रण पर वय-साधना-अनुभव-वृद्ध काका कालेलकर ने अपनी प्रशस्त शैली में पुरस्कार-योजना का स्वागत और पुरस्कर्ताओं का अभिनन्दन किया। यह स्वागत और अभिनन्दन इतना भाव-भीना, इतना हार्दिक कि गोष्ठी का वातावरण इतना मांगलिक हो उठा कि जैसे किसी कुएँ के पास माँ-बहनों के रसलीन लोक-गीतों की गुंजार में वट का वृक्ष रोपा जा रहा हो।

केन्द्रीय मन्त्री, मुख्यमन्त्री और राज्यपाल के पदों पर सफलतापूर्वक काम

करनेवाले श्री हरेकृष्ण मेहताब—साहित्यिक भी, राजनीतिज्ञ भी; नेता भी, कार्यकर्ता भी। कहूँ, आकाशचारी होकर भी धरती के आदमी। तभी तो उन्होंने एक वाक्य में वह सब कुछ कह दिया, जो आवश्यक था—"यह पुरस्कार राष्ट्रीय एकता का सदनुष्ठान है और मेरा विश्वास है कि यह योजना धीरे-धीरे आत्मविकास करेगी।"

संसार का कोई भी संविधान अपूर्ण है, अयोग्य है, यदि वह संवैधानिक परम्पराओं का सहारा न ले, पर क्या कभी और कहीं ये परम्पराएँ संविधान के साथ जनमी हैं ? ना, ये धीरे-धीरे नयी परिस्थितियों और आवश्यकताओं में जनमी हैं। इसी का अर्थ है "योजना का आत्म-विकास।" इसे भूलने के कारण ही अनेक आशंकाएँ भाषणों में प्रकट हुईं, अनेक सुझाव आये, पर इसका एक शुभ्र पक्ष भी है कि लाख रुपये पुरस्कार के महान् अनुष्ठान की घोषणा से राष्ट्र के साहित्य-साधकों का चिन्तन जागृत हो उठा है। इसका अर्थ है कि घोषणा का उसके जन्म लेते ही राष्ट्रव्यापी प्रभाव पड़ा है। मेरा मन कल्पना के चश्मे से उस ऐतिहासिक समारोह को देखने लगा, जो 1965 में किसी साधक को प्रथम पुरस्कार-प्रदान के लिए होगा। पुरस्कार प्राप्तकर्ता का साफ़ चेहरा तो मुझे दिखाई नहीं दिया, क्योंकि वह पुरस्कार-प्रदाता राष्ट्रपति के सामने झुका हुआ था, पर इतना मैं साफ़ देख पाया कि वह साधक हिन्दीभाषी नहीं हैं। मुझे तो अपना यह कल्पना-दर्शन शुभ-शकुन-सा लगा।

चर्चा रही कि ज्ञानपीठ-पुरस्कार एक लाख का न होकर दस-दस हज़ार के दस रूपों में दस लेखकों को प्रतिवर्ष दिया जाये। बढ़कर यह चर्चा पचीस-पचीस हज़ार के चार भागों तक पहुँची, पर संस्थापक विशाल भारत के इस पुरस्कार को खण्डित करने के लिए तैयार न थे। मन में प्रश्न उठा—इस विचार का मर्म क्या है ? उत्तर मिला—दैन्य ! लम्बी गुलामी ने हमारे अन्तस् को दैन्य से भर दिया है और हम अपनी पात्रता के प्रति अविश्वासी हो गये हैं, अरे, लेखक को एक लाख रुपये !!

चर्चा के बीच में श्री साहू शान्तिप्रसाद जैन गोष्ठी में आये, तो उनसे मंच की कुरसी पर बैठने को कहा गया, पर वे वहाँ नहीं बैठे और लेखकों के बीच ही एक कुरसी पर बैठ गये। ज्ञानपीठ-पुरस्कार की आत्मा हैं वे, तो प्राण-चेतना हैं रमा रानीजी। इस स्थिति में उनका वहाँ बैठना सबको भाता,

पर साहूजी में असाधारणता के आकाश से उतरकर, उतरे रहकर साधारणता में जीने-जागने की एक ऐसी सुकुमार वृत्ति है कि उससे उनकी सरल, सहयोगी मानवीयता सदा प्रदीप्त रहती है।

साधकों की इस गोष्ठी में मक्खियाँ भी थीं। उन्हें इस घोषणा में 'पुरस्कार-दाताओं के दो फेवरेट लेखकों को सम्मानित करने के बाद योजना के ठप्प होने का षड्यन्त्र' दिखाई दिया, पूँजीवाद के प्रचार की गन्ध आयी, लेखकों की दासता दीखी, पर सोचता हूँ मक्खियों की भिनभिनाहट का रिकार्डिंग ही हम क्यों करें ?

पुरस्कार का संविधान नोबुलप्राइज़ और दूसरे विश्व-पुरस्कारों के संविधानों का अध्ययन कर बनाया जा रहा है और वह एक विशाल तन्त्र का रूप लेगा, पर मान्या रमा रानीजी ने जो रूप-रेखा दी और चर्चा के बीच-बीच में श्री लक्ष्मीचन्द्र जैन ने जो स्पष्टीकरण किये, उनसे स्पष्ट है कि पुरस्कार का संविधान शुद्ध प्रजातन्त्री और प्रतिनिध्यात्मक होगा और संस्थापकों का हाथ उसमें स्पर्शमात्र ही रहेगा। संस्थापकों की यह वृत्ति भी मुझे स्पृहणीय लगी कि वे पुरस्कार पर अपना या अपने पूर्वजों का नाम लगाने के लोभ को संवरण कर सके और उनकी घोषणा भी उन्होंने अपनी ओर से न कर एक सार्वजनिक संस्था भारतीय ज्ञानपीठ की ओर से की। निश्चय ही इसके लिए भविष्य उनका अभिनन्दन करेगा।

मैंने कहा कि पुरस्कार-घोषणा से साहित्यकारों में गहरा चिन्तन जागृत हुआ, पर यह चिन्तन कितना चहुँमुखी है, इसका अनुभव मुझे तब हुआ जब श्री जैनेन्द्रकुमार ने कहा, "ऐसी व्यवस्था होनी चाहिए कि पुरस्कार का धन लेखक तक पहुँच सके। ऐसी व्यवस्था न हुई, तो सरकार का इनकम-टैक्स-विभाग आधा धन ले लेगा।" सुनकर सोचा, ब्राह्मणवेषी जैनेन्द्र का अन्तर्वासी वैश्य कितना जागरूक है !

यह आये माइक पर लक्ष्मीचन्द्र जैन कि धन्यवाद दे विसर्जन करें कि अपनी जगह खड़े होकर कविवर श्री सियारामशरण गुप्त ने कहा, "अस्मिन् द्वयं श्रीश्च सरस्वती च।" (इसमें दोनों हैं, लक्ष्मी भी, सरस्वती भी)। लक्ष्मीचन्द्रजी ने उन्हें माइक पर आने को कहा, तो बोले, "बस मुझे इतना ही कहना है।" मैंने सोचा, काकाजी ने इस गोष्ठी का मांगलिक समारम्भ किया था और

सियारामशरणजी ने यह कर दिया मांगलिक समापन, तो मंगलम्, मंगलम्, मंगलम्, इस ज्ञानपीठ-पुरस्कार की सफलता निश्चित है।

और बस मेरा मन फिर गहरे उतर गया और उसमें एक प्रश्न उभरा, यह सब हुआ क्या ?

यह सब वही हुआ, जो आरम्भ में कह चुका हूँ, सर्वनाश का ख़तरा उत्पन्न होने पर सन्तों के द्वारा सुरक्षित, प्रिज़र्व की गयी हमारी संस्कृति में जीवित रहने और फैलने की फ़ौलादी इच्छा एवं शक्ति का साक्षात्कार। स्पष्टता के लिए इतना और, पहली गोष्ठी है संस्कृति-वल्लरी का बाह्य फैलाव कि हम दूसरों से लेते ही न रहें, उन्हें परसें भी। कहें, यह है हमारी पुष्पांजलि, प्राप्त दान की कृतज्ञता में प्रतिदान और दूसरी गोष्ठी है उसी संस्कृति-वल्लरी का अन्तःफैलाव कि जड़ें एक-दूसरी में मिलकर यों पुष्ट हों कि पृथ्वी से रस लेकर पुष्पों की सर्जना में सहायक होती रहें।

वेद ने कहा है, "शतहस्तं समाहर, सहस्रहस्तं संकिर।" अर्थ है, सौ हाथों से शक्ति का संचय कर, हज़ार हाथों से उसे बिखेर, तो दूसरी गोष्ठी का विषय है शक्ति का संचय और पहली गोष्ठी का विषय वितरण। एक है नींव, तो दूसरी है कलश; दोनों मिलकर संस्कृति के भवन को परिपूर्णता देते हैं।

गोष्ठियों की पूर्णता पर मन में आया—श्रीमती रमा रानी जैन के पारिवारिक व्यक्तित्व को दिगम्बर जैन महिला-परिषद् के नेतृत्व ने सामाजिक बनाया, तो भारतीय ज्ञानपीठ के संचालन ने सांस्कृतिक रूप दिया, पर अनुवाद-योजना और पुरस्कार-घोषणा ने निश्चय ही उन्हें स्मरण के योग्य एक राष्ट्रीय व्यक्तित्व बना दिया है।

□

अपने भंगी भाइयों के साथ

होली है हमारे राष्ट्र की मस्ती का त्यौहार !

मस्ती पाबन्दियों को नहीं मानती और पिछली शताब्दियों में हमारे राष्ट्र की आत्मा घोर पाबन्दियों से घिरी रही है। ये पाबन्दियाँ हैं धर्म की, समाज की, आचार-विचार की, विधि-निषेध की, छोटे-बड़े की, स्पृश्य-अस्पृश्य की, और न जाने किस-किसकी !

होली इन सब कड़े और दमघोटू बन्धनों को भूलकर स्वतन्त्रता ही नहीं, स्वच्छन्दता अनुभव करने का त्यौहार है—भले ही केवल एक दिन के लिए।

केवल एक दिन के लिए ? हाँ, केवल एक दिन के लिए, पर इस एक दिन का बहुत महत्त्व है। कितना ? बहुत-बहुत, पर यह बहुत ऊपरी नहीं, सूक्ष्म है और ज़रा गहरे में उतरकर इस सूक्ष्म को अपने में लेना होगा।

मेरे नगर में एक छोटी-सी सड़क है, जो कचहरी की सड़क को रेलवे कॉलोनी की सड़क से जोड़ती है। यह सड़क रेलवे विभाग ने अपने खर्च से बनवायी है, पर है यह म्युनिसिपल बोर्ड की सीमा में और नगर के सभी लोग इसका उपयोग करते रहते हैं।

रेलवे विभाग वर्ष में एक दिन इस सड़क को आम जनता के लिए बन्द कर देता है और इस तरह सड़क पर उसके अधिकार की घोषणा हो जाती है।

यही बात होली की है। वह वर्ष में एक दिन हमारे समाज के बन्धनों को व्यर्थ घोषित कर, सबकी समानता का सन्देश ही नहीं, एक सुन्दर प्रदर्शन हमें दे जाती है। लोक-भाषा में होली शूद्रों का पर्व कहलाता है। उसका अर्थ क्या है ? यही कि आज होली के दिन शूद्र भी, समाज के दबे हुए अंग भी,

अपने को उभरा और दूसरों-जैसा ही स्वतन्त्र अनुभव करते हैं।

यह क्या बीती शताब्दियों की परिस्थितियों में कोई साधारण बात रही कि समाज के सब वर्गों की समानता का बीज इस पर्व ने नष्ट नहीं होने दिया, उसे बचाये रखा।

अब हमारे स्वतन्त्र राष्ट्र के महान् विधान ने अधिकारपूर्वक, वैधानिक रूप में समाज के सब लोगों की समानता घोषित की है। यह वैधानिक समानता जीवन में घुल-मिलकर सामाजिक समानता का रूप ले ले, तो हमारे पुण्यपर्व होली का भी नया रूपान्तर, नया संस्करण प्रस्फुटित होगा, यह स्वाभाविक है।

होली का दिन और मैं अपनी कुटिया में रोग-शय्या पर धूप, धूल और गुलाल, तीनों से अपने को बचाये, पर त्यौहार तो मनहूसों को भी फुरेरी देते हैं। मुझे भी फुरेरी आ रही है कि किसी के साथ होली खेलूँ।

तीसरा पहर आते-न-आते यह फुरेरी ज़रा बिफर चली, तो मैं उठा और पास ही अपने स्टेशन पर आया। थर्ड क्लास का मुसाफ़िरख़ाना, जिसमें स्वराज्य के सन्देशवाहक-से बिजली के पंखे लगे हैं और साफ़-सुथरी बेंचें बिछी हैं। वहीं पास ही थर्ड क्लास के मुसाफ़िरों की टट्टियाँ हैं। मुझे वहीं जाना था, मैं पहुँच गया। दो भंगी भाई वहाँ बैठे थे। मुझे वे जानते हैं, खड़े हो गये, "पण्डितजी, राम-राम।"

"राम-राम चौधरी साहब !" मैंने कहा और साथ ही यह भी कि, "होली की बधाई भैया !"

दोनों ने समझा मैं शौच के लिए ही आया हूँ और उन्होंने एक साफ़-सा तामलोट आगे बढ़ाया।

मैंने कहा, "मैं तो तुमसे होली मिलने आया हूँ भैया !" और आगे बढ़कर मैं दोनों से गले मिला। दोनों के लिए यह नया अनुभव है, यह मुझे उनके भौंचक चेहरों से जान पड़ा।

ओह, बेचारों को रात दिन की कठोर सेवा के बदले समाज ने कभी इतनी ममता भी नहीं दी, यह मेरे मन में आया, तो एक कील-सी कलेजे में चुभ गयी। तभी मैंने सोचा, हम दुनिया-भर के ज्ञान-विज्ञान छौंकते रहते हैं, पर अपने चारों ओर नहीं देख पाते।

दो ग्लास चाय बाहर से लाकर मैंने उन्हें दी और वहीं बैठकर उनसे बातें करने लगा। वे धीरे-धीरे चाय पी रहे थे।

मैंने देखा, इन्हीं कुछ दिनों में आधी टट्टियाँ फ़्लश की बन गयी हैं, जो शीघ्र ही काम में आने लगेंगी और तब ये आधी भी फ़्लश की बन जायेंगी।

फ़्लश-सिस्टम को मैं अपने देश के लिए वरदान मानता हूँ, क्योंकि हरिजनों के नव-जीवन-निर्माण का यह पचास प्रतिशत समाधान है। जो हम ज्ञान से न कर पाये, वह विज्ञान करेगा।

यह देखने को कि फ़्लश का इन लोगों की दृष्टि में क्या रूप है, उनसे पूछा, "फ़्लश हो जाने से तो बहुत आराम हो जायेगा भैया ?"

"हाँ, पण्डितजी, फिर यह नरक नहीं रहेगा।" बड़े ने कहा। इस उत्तर में आज की परिस्थिति से ऊब खुले पत्ते की तरह स्पष्ट थी। तभी छोटे ने कहा, "अजी, एक टट्टी के बनने से क्या हो, यह तो सारी दुनिया में नरक हो रहा है।"

इस उत्तर में उस ऊब की तेज़ी मुझे मिली। इस तेज़ी को पचाते हुए मैंने कहा, "दस बरस में सारे देश की टट्टियाँ फ़्लश की हो जायेंगी।"

मैं अपने उत्तर की प्रतिक्रिया उनके चेहरों पर पढ़ रहा था ! वहाँ कोई चमक मुझे दिखाई नहीं दी। मैंने सोचा, लम्बे वादे, बड़े से बड़े और पक्के से पक्के क्यों न हों, पिसी हुई जनता को आश्वासन नहीं दे सकते।

इस सत्य को अपने में लेना, मेरे लिए तेज़ाब पीना था, क्योंकि इसका अर्थ है—हम वादों के द्वारा आम जनता की आँखों में, उसके यानी विशाल राष्ट्र के उज्ज्वल भविष्य का स्वप्न नहीं उतार सकते।

इस अर्थ का फलितार्थ यह हुआ कि जन-साधारण के जिस अहर्निश स्वेच्छा-श्रम के द्वारा राष्ट्रों का नव-निर्माण सम्भव है और उसकी नींव जिस मानसिक उमंग पर रखी जा सकती है, वह जनता में वादों से उत्पन्न नहीं हो सकती, उसे कुछ प्रत्यक्ष चाहिए, भले ही यह 'कुछ' कम से कम हो।

जो कुछ अभी तक हाथ आया, वह यह था : हमारे राष्ट्र की आम जनता आज जिस दशा में है, उसमें वह अपने शासकों और साधकों से तुरन्त कुछ चाहती है और महान् राष्ट्र के निर्माण में उससे हम जिस प्रतीक्षा और परिश्रम की आशा करते हैं, वह इस चाह की पूर्ति पर ही निर्भर है।

मैं सोच रहा था, वे चाय पी रहे थे। मुझे गाँधीजी की याद आ गयी। हमारे इतिहास में इस देश की आत्मा को ठीक-ठीक पहचाननेवाला कोई दूसरा महापुरुष पैदा नहीं हुआ, जो राष्ट्र के नव-निर्माण की शृंखला में इतनी गहराइयों तक उतरा हो।

इस देश में सामाजिक क्रान्ति के नारे लगानेवाले गली-गली हैं, पर अस्पृश्यता-निवारण को सामाजिक क्रान्ति का प्रतीक मानकर गाँधीजी ने जितनी देर तक देखा, वह तो दूसरों के लिए कल्पनातीत ही है।

आर्थिक-सामाजिक-क्रान्ति का अर्थ है बाहरी समानता और अस्पृश्यता-निवारण का अर्थ है भीतरी यानी मानसिक समानता। पहली क़ानून की शक्ति से, हिंसा के बल से सम्भव है, दूसरी मन के संस्कारों के परिवर्तन से; इसे यों भी कह सकते हैं कि पहली है सामाजिक क्रान्ति और दूसरी है मानसिक क्रान्ति—पहली का चरम विकास दूसरी में है और दूसरी का पहली में। पत्ते और टहनियों का नहीं, मूल का ही यह परिवर्तन है।

तभी आ गया उनमें से एक का पुत्र। होगा कोई सात-आठ साल का। मैंने उसे भी चाय के लिए एक दुअन्नी दी और तब उन दोनों से कहा, "भैया, तुम अपनी ज़िन्दगी में जिस अपमान, ग़रीबी और नरक को भोगते रहे हो, इस बच्चे को वह सब नहीं भोगना पड़ेगा, क्योंकि जब तक यह जवान होगा, तब तक दुनिया ही बदल जायेगी और समाज में सबका दर्जा बराबर हो जायेगा।"

मैं बहुत गहराई से दोनों के चेहरे देख रहा था कि उन पर क्या-क्या झमक आती है। मुझे लगा कि खुशी की एक हलकी-सी लहर आकर उतर गयी।

तभी छोटे ने कहा, "अजी, कहाँ बदली है दुनिया ! हमारी क़िस्मत में नरक ढोना लिखा है, तभी तो भंगी के घर पैदा हुए हैं। हमने ढोया, हमारे बच्चे भी ढोयेंगे, दुनिया कहीं नहीं बदलती।"

क़िस्मत हमारे राष्ट्र का वह मानसिक चक्रव्यूह है, जिसमें फँस-उलझकर परिवर्तन की, क्रान्ति की भावना घुट-मरती है। यह ऐसा डी. डी. टी. है, जो असन्तोष के कीटाणुओं को जन्म ही नहीं लेने देता।

मैं अब निराशा से झकझोर हो ही रहा था कि बड़े ने ठेठ सहारनपुरी

उच्चारण में कहा, "अरै मूरख, बदलैगी क्या, दुनिया तो बदलगी। ऐसे बिद्वान पण्डत तुम्हारे सै होली मिलण आये होर (और) म्हारे पास बैठके बात्ताँ पूछ रे या ममूली बात हैं क्या कुछ ? जहाँ इतना हुआ, वहाँ इन-जैसों के पुन-परताब सै होर भी हो जागा। कधी न कधी तो सबके दिन बहावड़ें, म्हारे क्या हमेसा सोवो ही जांगे।"

बात पूरी हो गयी थी, मैं उस बालक को पुचकारकर उठ खड़ा हुआ। चलते-चलते बड़े ने कहा, "राम-राम पण्डतजी, कधी-कधाक तम आ जाओ, तो हमै सुरग-सा (स्वर्ग-सा) दिख जा।"

राम-राम कर मैं चला, तो बालक अपनी दुअन्नी में उलझा हुआ था। उसके लिए नये समाज की रचना से यह दुअन्नी अधिक क़ीमती थी। वही बात कि कल की कल्पना से अबोध के लिए आज का यथार्थ अधिक महत्त्वपूर्ण है।

चलते-चलते, सब मिलाकर मैंने सोचा, शासक-शक्ति देश के उज्ज्वल भविष्य-निर्माण में लगी रहे और साधक-शक्ति का सेवा-सम्पर्क जनता को मिले, तो राष्ट्र के नव-निर्माण का कार्यक्रम सही रूप में चल सकता है। मैं अपनी कुटिया में लौटकर आया तो थक गया था, पर रोम-रोम में होली की मस्ती थी—आज की होली खूब रही।

□

महान् सांस्कृतिक महोत्सव में

वह एक महान् सांस्कृतिक महोत्सव था, जो भगवान् महावीर के धर्म-प्रवर्तन की ढाई हज़ारवीं वर्षगाँठ के रूप में; प्रसिद्ध नगरी कलकत्ता में मनाया गया।

क्या यह महापुरुष महावीर की वन्दना का महोत्सव था ? नहीं, यह भगवान् महावीर के 'शासन' का संस्मरणोत्सव था। यह व्यक्ति की पूजा न थी, व्यक्ति के लोक-कल्याणकारी सन्देश का अभिनन्दन था और तभी मैं कहता हूँ, यह एक महान् सांस्कृतिक महोत्सव था।

एक बात और; यह उत्सव 'धार्मिकता' के धरातल से ऊँचे, सांस्कृतिकता के आसन पर प्रतिष्ठित था। अभी तक हम विश्व की विभूतियों पर अपने समाज का 'हाल मार्क' लगाकर, उन्हें संकीर्णता के नद में डुबाने का प्रयत्न करते आये हैं। यहाँ इस पाप का प्रक्षालन था।

उत्सव की स्वागत समिति में अँगरेज़, हिन्दू और जैन, दिगम्बर-श्वेताम्बर सभी वर्गों के लोग थे। इन लोगों के चुनाव में भी सरस्वती के चरणों में महालक्ष्मी ही प्रणत मुद्रा में थी।

स्वागत का कार्य श्री साहू शान्तिप्रसाद, सेठ बलदेवदास सरावगी और बाबू छोटेलालजी के हाथों में था और प्रधान सभापति सर सेठ हुकुमचन्दजी थे, तो उद्घाटन श्री श्यामाप्रसाद मुकर्जी ने किया था। परिषदों के अध्यक्षों में सर्वश्री सातकौड़ी मुकर्जी, प्रो. हीरालाल जैन, प्रो. हरिमोहन भट्टाचार्य, टी. एन. रामचन्द्रन और डॉ. कालीदास नाग-जैसे अधिकारी विद्वान् थे, तो संयोजकों में सर्वश्री लक्ष्मीचन्द्र जैन, अशोककुमार भट्टाचार्य, अजितरंजन भट्टाचार्य, शिवेन्द्रनाथ घोषाल और सतीशचन्द्र शील की योजना थी। सर्वश्री सुनीतिकुमार चटर्जी, बी. एम. बडुवा, प्रिन्सिपल के. पी. मित्रा-जैसे लोगों की उपस्थिति और सहयोग

ने इस उत्सव को गम्भीरता दी थी और श्री पं. जुगलकिशोरजी मुख़्तार इस विशाल अनुष्ठान के आचार्य पद पर अधिष्ठित थे।

जैन-झण्डागीत और महावीर-सन्देश के गायकों में जहाँ सुशीला जैन थीं, वहाँ सर्वश्री इक़बाल जहाँ, कुमारी रहीम, बीना बडेर और मीरा सील भी थीं। बहुत-से संकीर्ण उत्सवों में कुढ़ने के बाद मुझे तो इस उत्सव का वातावरण ऐसा लगा कि कारखाने से निकलकर हम कहीं गंगातट पर आ बैठे हों।

"खुले अधिवेशन में खुले दिल बातें करना सम्भव नहीं होता, अतएव यहाँ हम एक सिंहावलोकन कर लें कि हमारे समाज़ में कहाँ क्या हो रहा है और यहाँ हम विचार कर लें कि कहाँ क्या होना चाहिए, जिससे कि हमें नयी स्फूर्ति मिले और हम इस उत्सव के कार्यक्रम का उपयोग भी इस दिशा में कर सकें" इन शब्दों में श्री साहू शान्तिप्रसाद ने प्रतिनिधियों की गोष्ठी का आरम्भ किया। कई सज्जन बोले, पर भाषण के जोश ने उन्हें कहीं से कहीं पहुँचा दिया। गोष्ठियों के सम्बन्ध में मेरा अनुभव है कि उनमें चुने हुए आदमियों को ही बुलाया जाये और भाषण-ब्रह्मचर्य का पूरा ध्यान रखा जाये।

सर्वश्री राजेन्द्रकुमार जैन, बा. लालचन्द एडवोकेट और बैरिस्टर जमनाप्रसाद ने काम की बातें कहीं। लालचन्दजी जीते-जागते प्लेट-फ़ॉर्म हैं और जमनाप्रसादजी—बाँध के निर्झर; दोनों को देखकर हमेशा मेरे मन में यही भाव आया है कि ये दोनों जैन-समाज की भुजाएँ हैं, पर एक अपनी वकालत में व्यस्त है और दूसरा जजी में। भगवान् की जैन-समाज पर बड़ी कृपा हो, यदि कोई ऐसा केस हो जाये कि एक का डिप्लोमा ज़ब्त हो जाये और दूसरा अपनी नौकरी से अलग कर दिया जाये। सम्भव है दोनों बन्धु मुझ पर नाराज़ हों; पर मैं तो इसे उनके प्रति शुभकामना ही मानता हूँ।

सर सेठ हुकुमचन्दजी के पधारने पर जब श्री जैनेन्द्रकुमारजी ने उनके सामने की चौकी पर बैठे-बैठे अपना भाषण आरम्भ किया—"मैं सोच रहा था कि हम बैठे हैं, पर हममें 'सर' नहीं है। अब हममें 'सर' है, जिसके बिना काम नहीं होता।" तो सर साहब ने बड़े लाड़ से उनकी कमर पर हाथ फेरा, पर बहुत-सी आँखों ने एक विशिष्ट भाव से एक-दूसरे की तरफ़ देखा भी।

लम्बा क़द, छरहरा बदन, गौर वर्ण, शान्त मुख-मुद्रा और दीप्त खल्वाट;

गोष्ठी में एक सज्जन पधारे और लोगों के आग्रह करने पर भी बाद में आने के कारण, पीछे ही बैठे रहे, तो मुझपर उनकी सज्जनता की छाप पड़ी पर विज्ञान-परिषद् में जब यही सज्जन 'काल' पर बोले, तो मेरी जिज्ञासा पर उनके अध्ययन की गम्भीरता छा गयी। ये भारत सरकार के रिटायर्ड एकाउण्टेण्ट जनरल (नोटों पर दस्तख़त करनेवाले पहले भारतीय) श्री जगत प्रसाद जैन सी. आई. ई. महोदय हैं। उन्हें देखकर मुझपर तो यही प्रभाव पड़ा कि उनका व्यक्तित्व समाज की एक शक्ति है और उसका पूरा उपयोग लिया जाना चाहिए।

गोष्ठी में पण्डित मक्खनलालजी ने ही पण्डितों का प्रतिनिधित्व किया, पर उनके शास्त्रीय भाषण की ध्वनि थी कि इस वर्ग का समाज की जीवित प्रवृत्तियों के साथ कोई सम्पर्क नहीं है।

इसी दिन रात में बेलगछिया के विशाल मन्दिर में, वीर शासन जयन्ती का खुला अधिवेशन हुआ। डॉ. श्यामा प्रसाद मुकर्जी ने अपने अँगरेज़ी उद्घाटन-भाषण में भारतीय संस्कृति के निर्माण में जैन-संस्कृति के दान पर सुन्दर प्रकाश डाला। श्री साहू शान्तिप्रसाद का स्वागत-भाषण, भाषा और भाव दोनों दृष्टियों से संयत था, दृष्टिकोण में व्यापकता थी और जैन-समाज के उदाहरण से उसमें पाकिस्तान पर जो चोट की गयी थी, वह ऊपर से सूक्ष्म होकर भी बेधक थी। रावराजा सर सेठ हुकुमचन्दजी ने सभापति का आसन ग्रहण किया। श्रीमती रमा रानीजी ने जब सभापति के मस्तक पर तिलक कर उन्हें नारियल भेंट किया, तो राजपूती इतिहास आँखों में सजीव हो उठा। नारी के इस छोटे-से लाल तिलक ने जाने कितने वीरों को उत्सर्ग की प्रेरणा दी है और कितनों को गिरते-गिरते सँभाला है।

महाराष्ट्रीय ढंग की किश्तीनुमा शाही लाल पगड़ी, गले में क़ीमती पन्नों का दोहरा कण्ठा, चमचमाती वायल का अँगरखा, विशाल आकार और गम्भीर, पर हास्यपूर्ण मुखमुद्रा; सचमुच सर साहब जैन समाज की दर्शनीय विभूति हैं। पुरानी भाषा-शैली में हम आसानी से उन्हें 'नरसिंह' कह सकते हैं।

स्वागताध्यक्ष श्री साहूजी ने उन्हें कुरसी पर बैठाया, भाषण खोलकर उनके हाथ में दिया, लाउडस्पीकर ठीक किया और खचाखच भरे विशाल पण्डाल में सर साहब की गम्भीर वाणी गूँज उठी। भाषण विस्तृत था और सर साहब

उसे शास्त्र-वाचन की 'टोन' में पढ़ रहे थे। उम्र अस्सी वर्ष और चश्माविहीन आँखें ! साहूजी ने कान में कहा, "लाइए मैं पढ़ दूँ आपका भाषण" तो मुसकराहट में लिपटी दृढ़ता में उत्तर मिला, "नहीं !" इस नहीं में सर साहब की विशाल सफलता के आधार उनके आत्म-विश्वास की सुन्दर झाँकी थी ! थोड़ी देर में वे और भी धीरे-धीरे पढ़ने लगे, तो साहूजी ने फिर कहा कि भाषण किसी और से पढ़ा दें, पर इस बार और भी सख़्त उत्तर मिला, "नहीं-नहीं !!" तीसरी बार उत्तर मिला, "नहीं भाई !" पर लोग ऊब उठे थे, इसलिए सारी स्थिति आपको समझायी गयी और आप मान गये। घोषणा हुई कि आप थक गये हैं, इसलिए भाषण श्री राजकुमार सिंह पढ़ेंगे। सर साहब ने तुरन्त प्रतिवाद किया, "मैं थका नहीं हूँ, पर ये कहते हैं कि लोग चले जायेंगे।" इस प्रतिवाद की ध्वनि थी कि यह आदमी कभी हार नहीं मान सकता और इस ध्वनि में ही जैसे उनके सारे जीवन-क्रम का इतिहास आ गया था।

सर साहब के सुपुत्र रायबहादुर श्री राजकुमार सिंह—वही लाल पगड़ी, पर सर साहब से छोटी, वैसा ही कण्ठा, पर इकहरा, स्वस्थ गठित शरीर, लम्बा क़द और प्रभावशाली मुख-मुद्रा—एक सपाटे में उन्होंने भाषण पढ़ा। बाद में भी उनसे बातें करने का अवसर मिला। वे प्रभावशाली भी हैं और प्रतिभाशाली भी—उनके व्यक्तित्व की दीप्ति उनकी सरलता में है और सरसता में भी ! हमारा सामाजिक जीवन उनसे कुछ आशाएँ बाँधे, तो अनुचित नहीं है।

एक काग़ज़ हाथ में लिये यह सज्जन लाउडस्पीकर पर आये। लम्बा क़द, भरा शरीर, हँसते होठ, खिले लोचन, गले में दोनों ओर नीचे तक लटकता साफ़ा, ऊँची दुपल्ली सिर पर और ढलकते शरीर को थामे, लपकती-सी चाल, आरा के विख्यात रईस श्री निर्मलकुमार; जीवन के ऐसे अभिनेता, जो रंगभूमि में आते ही, आँखों-आँखों में दर्शकों को मोह लेते हैं। कई बार आपको देखा और कई बार बातें कीं। निर्मलकुमारजी के नेतृत्व की अद्‌भुत प्रतिभा है। वे गुत्थियों को सुलझाना भी जानते हैं और दो विभिन्न तटों पर खड़े आदमियों को एक स्थान में उलझाना भी ! हमारा दुर्भाग्य है कि वे सार्वजनिक जीवन से दूर हैं।

कलकत्ता में, एक विशाल जैन एकेडेमी की स्थापना का प्रस्ताव आपने किया। उसे समर्थन भी मिला और कई लाख के वचन भी। मेरे मन में इस

सम्बन्ध में एक महत्त्वपूर्ण प्रश्न है। कलकत्ता उत्सव की योजना वीर-सेवा-मन्दिर, सरसावा ने की थी और वहाँ जो नयी एकेडेमी बनी, वह एक स्वतन्त्र संस्थान प्रतीत हुई, तो दोनों संस्थाओं में कोई समन्वय स्थापित किया जायेगा या वीर-सेवा मन्दिर को केवल धन्यवाद ही मिलेगा ? कुछ भी हो, आवश्यकता इस बात की है कि पं. जुगलकिशोर मुख़्तार को अब बुढ़ापे में पूर्ण निश्चिन्तता मिले, जिससे अपने जीवन की खोजों को वे काग़ज़ की सुरक्षित गोद में बैठा सकें।

डॉ. कालीदास नाग बृहत्तर भारतीय इतिहास के महापण्डित हैं। उनका अँगरेज़ी भाषण अधिकारपूर्ण भी था और प्रभावपूर्ण भी। काश, वे हिन्दी में बोल पाते। आज के उत्सव की उपस्थिति श्रेणी और संख्या दोनों दृष्टियों से महत्त्वपूर्ण थी और वातावरण प्रभावपूर्ण।

दूसरे दिन प्रातः जैनधर्म-परिषद् हुई। मंगलाचरण को एक पण्डितजी ने भाषण में बदल दिया। बलप्रयोग करने पर वे बैठे भी, तो यह कहते हुए कि "हाँ, मुझे अपनी बात कहने का समय अवश्य मिले।" अब क्या बताऊँ कि उस समय मन में क्या भाव उठे !

लखनऊ के श्री अजितप्रसाद जैन सभापति थे। वे मेज़ पर आये और अपने को सँभाल-सँभालकर उन्होंने सभा से पूछा कि यह परिषद् कितनी देर चले ? तै हुआ कि दो घण्टे। अब वे घण्टे की मिनिटें जोड़ने लगे कि किसे कितना समय मिले ? कहा गया कि सभापति को इस सम्बन्ध में पूरा अधिकार है, तो बड़ी आदर्शवादिता से बोले, "मैं आपके दिये अधिकारों का दुरुपयोग नहीं करना चाहता।" इस पर डॉ. हीरालाल ने ओरियण्टल कान्फ़रेन्स में पेपर पढ़ने के, जो नियम होते हैं, समझाये, पर आप सभा से ही पूछते रहे। जैनेन्द्रजी ने कहा, "मैं तो एक मिनिट लेना भी समय का दुरुपयोग समझता हूँ।" पर आपके लिए यह व्यंग्य भी शक्तिहीन रहा। बड़ी मुश्किल से तै हुआ कि आप जो चाहें करें। इस पर आपने एक नया प्रश्न खड़ा किया कि "मैं कितने मिनिट लूँ ?" चारों तरफ़ से आवाज़ आयी, "पन्द्रह मिनिट।" तब आप बोले, "नहीं, सिर्फ़ एक आदमी कहे।" जमनाप्रसादजी ने खड़े होकर कहा, "पन्द्रह मिनिट !" तब आप मेज़ पर से अपनी गद्दी पर आये। मैंने घड़ी की ओर देखा—इस

व्यवस्था में बड़ी सुई चौबीस मिनिटों को पार कर गयी थी। यानी पूरे समय का लगभग चौथाई अंश !

पण्डित कैलाशचन्द्र शास्त्री ने अपना निबन्ध पढ़ना प्रारम्भ किया। यह 'सचैल मुक्ति' के विरोध में शास्त्रीय अध्ययन था, पर श्वेताम्बरों के विश्वास से यह विरुद्ध था। इस पर साहू शान्तिप्रसादजी ने एक बहुत दूर का निशाना लिया : "यह लेख बहुत गम्भीर है। यह जब विवरण में छपेगा, तो आप पढ़िएगा।" पर इतनी दूर कौन देखता ? एक श्वेताम्बर तरुण ने उठकर उसका विरोध किया, तो दिगम्बरों में उसके पढ़ने का आग्रह और भी बढ़ गया, पर साहूजी की हार्दिक क्षमा-प्रार्थना ने यहीं कटुता की जड़ काट दी। मैं अपने मन में सोच रहा था कि पाँवों से सिर तक वस्त्रों से लदे दो मानव सचैल (सवस्त्र) और अचैल (अवस्त्र) मुक्ति के प्रश्न पर चिन्तित हैं, यह जीवन का कितना अद्भुत चित्र है।

पण्डिता चन्दाबाईजी का भाषण उनके आस्तिक हृदय की अभिव्यक्ति थी। जब सभापतिजी ने उन्हें समय की कमी बतायी तो बोलीं, "हाँ, धर्म के लिए तो समय कम रहता ही है।" बड़ा चुभता हुआ व्यंग्य था। इसे हम आसानी से गाँधीजी के पैने व्यंग्यों के साथ रख सकते हैं।

खादी की वेश-भूषा, आकृति में सरल-साधु की छाया और मस्तिष्क की उभरी रेखाओं में चिन्तन का भार लिये जैनेन्द्रजी मेज़ पर आये, "मैंने बचपन में बहुत धर्म सीखा था। मुझे खुशी है कि वह मैं भूल गया था और अब उस सम्बन्ध में जिज्ञासु हूँ।" बड़ा प्यारा झिलमिल आरम्भ था और अन्त था–"धर्म को जानने का दावा ऐसा ही है, जैसे हवा को मुट्ठी में बाँधना।" वे अपनी भाषा और शैली दोनों में अस्पष्ट हैं, पर यह अज्ञेयता ही बहुत दूर तक जनता के लिए उनके भाषणों की शक्ति है।

सभापतिजी का भाषण जैन धर्म का एक अक्षर भी न जाननेवालों के लिए प्राइमरी किताब थी और वहाँ सब जानकार ही बैठे थे, फलतः लोग आपस में बातें करने लगे। श्री लक्ष्मीचन्द्र जैन ने खड़े होकर कहा, "भाइयो, आप आपस में भी बातें करें, तो सभापतिजी से पूछकर करें।" लक्ष्मीचन्द्रजी का यह बहुत ज़ोरदार 'पार्लमेण्टरी हिट' था, पर सभापतिजी ऋषभब्रह्मचर्याश्रम का इतिहास सुनाते रहे। मैंने लक्ष्मीचन्द्रजी के प्रति अपनी सहानुभूति प्रकट

की—"आप निश्चिन्त रहिए, सभापतिजी का इधर ध्यान नहीं है।"

भाषण पढ़ने का ढंग वाचनात्मक था और बीच-बीच में आये उर्दू शेरों को आप मुशायरे के रंग में पढ़ते थे। भाषण का अन्त जब आपने एक संगीतमय शेर पर किया, तो तालियों से हॉल गूँज उठा और मेरी तबीयत खुश हो गयी जब आपने इन तालियों को 'वन्स मोर' मानकर उस शेर को फिर उसी टोन में दोहरा दिया। अन्त में जब मन्त्री श्री लक्ष्मीचन्द्र जैन ने 'योग्यता-पूर्वक' सभा-संचालन के लिए उन्हें धन्यवाद दिया, तो वे हाथ जोड़कर ऐसी मुद्रा में मुसकराये कि उसे भूलना किसी पत्रकार के लिए सम्भव ही नहीं है।

लम्बे, पतले-दुबले, आकृति और वेश-भूषा दोनों में सामान्य, जन्म-पत्री-सा लिपटा भाषण हाथ में लिये आये, श्री सातकौड़ी मुकर्जी, आज की दर्शन-परिषद् के सभापति। भाषण संक्षिप्त था, पर सुलझा हुआ, अध्ययनपूर्ण और सरस। विश्व के दर्शनों की शृंखला में जैन-दर्शन का स्थान और दान, दोनों का उसमें निरूपण था।

मोटा-ताज़ा शरीर, मुसकराते होठ, घूरती आँखें, कोट और दुपट्टे का समन्वय किये, काशी के श्री महेन्द्रकुमारजी बोले और तब आये प्रो. हीरालाल। पतले, पर दुबले नहीं, गौरवर्ण, आँखों में खोज की तेज़ प्यास, ललाट पर चिन्तन की रेखाएँ, वस्त्रों में अस्त-व्यस्त-से—कम से कम लापरवाह और होठों पर बिखरा हृदय का हास। जाने क्यों वे अँगरेज़ी में बोले, पर बोले कि एक बौछार पड़ी—"हिन्दी-हिन्दी" और वे हिन्दी में बोले। भाषण, भाषणकला की लच्छेदारी से दूर, पर काम की बातों से भरपूर। प्रो. हीरालाल, अध्येता भी हैं और समीक्षक भी। वे निष्कर्षों की नींव पर अध्ययन नहीं करते, अध्ययन के आधार पर निष्कर्षों की स्थापना करते हैं। समीक्षा में वे विश्वासों के चिकित्सक न होकर, तथ्यों के निघण्टुकार हैं। उनकी खोज में भारतीय श्रद्धा है और पश्चिमी विवेचना भी।

बस, यहीं दर्शन-परिषद् समाप्त; दर्शनों की तरह गम्भीर और दार्शनिकों की तरह शान्त।

दर्शन-परिषद् समाप्त हुई। डॉ. कालीदास नाग आये। मैजिक लालटेन से उन्हें जैन स्थापत्य पर भाषण देना है। डॉ. नाग शरीर, स्वभाव और स्वाध्याय, तीनों में पूर्ण विकसित हैं। मुझे उनकी यह बात बहुत पसन्द आयी कि उनकी विद्वत्ता ही गम्भीर है, मुख नहीं—वे बराबर हँसते रहते हैं। इस हँसी का आधार, उनकी अपने विषय के साथ तल्लीनता है। वे जब अजन्ता का ज़िक्र करते हैं, तो स्वयं भी अजन्ता में होते हैं—फलस्वरूप अजन्ता के दर्शन-सुख से उत्फुल्ल ! वृद्ध होकर भी उनके रोम-रोम में स्फुरणा की लहरें हैं और नयी खोज की प्यास।

आज वे बँगला में बोले और श्री लक्ष्मीचन्द्रजी ने उसका अनुवाद किया। वक्ता और अनुवादक, दोनों की अच्छी जोड़ी थी। डॉ. नाग का भाषण, हमारी महान् मातृभूमि की एक झाँकी थी और हमारी कायरता को एक चैलेंज़ भी कि इतनी महान् सम्पत्ति विदेशों में जा रही है।

वैद्यराज श्री कन्हैयालाल जैन कानपुर के सभापतित्व में आयुर्वेद-सम्मेलन हुआ। डॉ. नाग के भाषण के बाद यह उबा देनेवाली योजना थी। फिर इसमें कोई मौलिकता न थी; क्योंकि 'जैन आयुर्वेद' कोई मौलिक सिद्धान्त नहीं है। सभापति का रोगी और स्वस्थ, दोनों के लिए नींद लानेवाला भाषण ही इस सम्मलेन का आदि और अन्त था!

तीसरे दिन प्रातः विज्ञान-परिषद् हुई। सभापति थे कलकत्ता विश्वविद्यालय के प्रो. श्री हरिमोहन भट्टाचार्य। वेश-विन्यास, वार्तालाप और व्यवस्था, सभी में भव्य। हिन्दी में आपने प्रोग्राम आरम्भ किया कि सब वक्ता पन्द्रह-पन्द्रह मिनिट में अपना वक्तव्य समाप्त कर दें।

'भारतीय ज्योतिष में जैन विद्वानों का दान' पर जैन सिद्धान्त भवन आरा के पुस्तकालयाध्यक्ष श्री नेमिचन्द बोले, लिखित निबन्ध हाथ में लिये, पर मौखिक। उनके श्रमशोध का यह परिचय था।

वीर-शासन की तिथि पर श्री पी. सी. सेनगुप्ता का निबन्ध खोजपूर्ण था। काल पर श्री जगतप्रसादजी बहुत ऊँची सतह पर बोले। श्री पी. पी. चटर्जी एडवोकेट ने कहा, "हम इस तरह अपने विषयों को वैज्ञानिक रूप में

लायें, तो संसार चमत्कृत हो जायेगा।" प्रो. हीरालाल ने जैन ग्रन्थ 'भैरव पद्मावती' के आधार पर श्री मोहनलाल भगवानदास जवेरी लिखित–'कम्पैरेटिव स्टडी ऑव मन्त्रशास्त्र' नामक अँगरेज़ी ग्रन्थ का परिचय दिया। इस परिचय की संक्षिप्त-सम्पूर्णता पर प्रिन्सिपल के. पी. मित्रा ने प्रसन्नता प्रकट की।

यहीं श्री गुलाबचन्द हीराचन्द ने एक प्रस्ताव किया कि 'अखण्डता वीर-शासन संघ' की स्थापना कर, उसके लिए पाँच लाख रुपया संग्रह किया जाये और श्री जैनेन्द्रकुमार उसके मैनेजिंग ट्रस्टी हों। यह प्रस्ताव जैनेन्द्रजी का ही था और केवल प्रभावक करने के लिए ही प्रस्तावक को दे दिया गया था। विज्ञान-परिषद् से इसका कोई सम्बन्ध न था–असल में यह विज्ञान पर राजनीति का आक्रमण ही था !

जैनेन्द्रजी ने इसका समर्थन किया, "आज तक जीवन में मैंने पहले ही कम मूर्खताएँ नहीं कीं, पर इस प्रस्ताव को लाकर तो और भी बड़ी मूर्खता कर रहा हूँ। मैं इसका ट्रस्टी इसलिए बना कि और कुछ उपाय ही नहीं है।" यह बताने के बाद कि मैं अकिंचन हूँ और शान्तिजी के किराये से यहाँ तक आया हूँ, बड़े दर्द-भरे स्वर से उन्होंने कहा, "मेरी इच्छा थी कि मैं विपुलाचल पर जाऊँ, पर क्या पैदल जाऊँ ? मेरे पास किराया नहीं है।" आपके भाषण का अन्त था–"मुझे भगवान् की ओर से मालूम हुआ है और धर्म की ओर से मालूम हुआ है कि मेरी यह मूर्खता बुरी नहीं है।" भाषण में चारों ओर कुहरे-सी छायी वक्ता की 'मैं' बहुत ऊँची सतह से बोली। काश, यह भाषण तीन हज़ार वर्ष पहले हुआ होता, तो निश्चय ही दुनिया जैनेन्द्रजी को एक 'इलहामी सन्त' बना डालती !

'दिगम्बर जैन संघ' के मन्त्री पण्डित राजेन्द्रकुमारजी ने इस आयोजन की बहुत प्रशंसा करने के बाद सुझाव रखा कि इस महत्त्वपूर्ण प्रस्ताव पर खुले अधिवेशन में विचार हो, जिससे सब संस्थाओं के प्रतिनिधि इसमें भाग ले सकें। यह एक 'बाउण्डरी हिट' था। सभापति का भी रूलिंग आ पड़ा–"ऐसे प्रस्ताव खुले अधिवेशन में लाइए ! यहाँ विज्ञान की बात कीजिए।" प्रस्ताव स्थगित हो गया और ऐसा स्थगित कि फिर खुले अधिवेशन में भी न उठा।

गठित शरीर और अपने ही प्रयत्नों द्वारा गठित व्यक्तित्व, पण्डित राजेन्द्रकुमार सामाजिक जीवन के हर मोर्चे के लिए फ़िट भी और प्रस्तुत भी।

अपने चिरसंगी नजले के कारण बार-बार खखारते हुए 'बन्ध' पर वे बोले। सरल, संक्षिप्त, सरस और सारपूर्ण—विद्वानों के लिए भी और जनता के लिए भी।

सभापति का भाषण जैन साहित्य के विज्ञान विभाग की महत्त्वपूर्ण 'समरी' थी। लिखित भाषण होने पर भी वे मौखिक बोले और खूब बोले। सामने की ओर खुली आँखें और तल्लीन मुद्रा, जैसे सारा जैन साहित्य उनके सामने बिखरा हो और अपने अध्ययन के अम्बार में से वे अभी चुन-चुनकर ये विचार ला रहे हों !

गले में साफा, सिर पर मद्रासी पगड़ी, लम्बे, छरहरे, मद्रास के श्रीरामचन्द्रन का सभापतित्व ही जैन-कला-परिषद् की विशेषता थी। उनके एक सौ चार पृष्ठ के भाषण का सार ही हमने सुना। यह भाषण जैनकला पर एक अधिकारपूर्ण 'डाकूमेण्ट' है और इसे पूरा पढ़कर कोई भी भारतीय अपने अतीत पर गर्वित हुए बिना न रहेगा। ओह, जैन समाज कितनी महान् सम्पदा का अधीश्वर है !

सर्व श्री सुपार्श्वन, के. पी. मित्रा और डॉ. हीरालाल बोले, जैन पेटिंग पर, साहित्य के उद्‌गम पर और कुछ मूर्तियों के जैनत्व पर; तीनों सरल, संक्षिप्त और उपयोगी।

श्री नेमिचन्द जैन एम. एस-सी. की कविता से इतिहास-परिषद् आरम्भ हुई। बिना सँवरे, बिना सँभले, शिशु-से सरल और उसी तरह मुसकराते सभापति श्री हीरालाल ने अपना अध्ययनपूर्ण भाषण पढ़ा।

श्री मित्रा का निबन्ध अँगरेज़ी में था और पं. नाथूराम प्रेमी का 'यापनीय सम्प्रदाय' पर भाषण हिन्दी में। प्रेमीजी जैसे रहन-सहन में सादे हैं वैसे ही भाषण में और जैसे व्यापार में काइयाँ हैं, वैसे ही तथ्यों के संकलन में। प्रो. शील में अध्ययन भी है और श्रम भी। कवि पुष्पेन्दु की 'अतीत-स्मृति' कविता पर परिषद् समाप्त हुई।

"इस श्वेताम्बर मन्दिर में दिगम्बर और श्वेताम्बर इकट्ठे वीर-शासन महोत्सव मना रहे हैं, यह प्रसन्नता की बात है। वाणी कब खिरी, यह महत्त्वपूर्ण नहीं,

महत्त्वपूर्ण तो वह वाणी ही है। पूज्य पण्डितों से प्रार्थना है कि वे विवादों पर, खीज के भाव से सम्मति तो दें, पर अनुचित बल नहीं। विभिन्न धर्मवालों के साथ हमें सहयोग करना है, तो जिन श्वेताम्बर-दिगम्बरों के एक ही भगवान् हैं, उनमें यदि मतभेद हो भी, तो वह शास्त्रीय ही है, जीवन में उससे विभेद नहीं आना चाहिए। विचारों की विभिन्नता में जीवन की एकता ही तो हमारी संस्कृति की विशेषता है।" इन शब्दों के साथ साहू शान्तिप्रसादजी ने साहित्य-परिषद् का कार्य आरम्भ किया। आज की परिषद् एक श्वेताम्बर मन्दिर में बुलायी गयी थी और सभापति डॉ. नाग थे। मैंने लखनऊ-परिषद् में भी अनुभव किया था कि साहूजी के मन में एक विशाल जैन संघ का राष्ट्रीय स्वप्न है और यहाँ भी विशालता के बाधक विभेदों को जोड़ने में वे एक कड़ी की तरह काम कर रहे थे।

श्वेताम्बर बन्धु श्री अमृतलाल ने कहा कि पचीस वर्षों में मैंने आज पहली बार श्वेताम्बर-दिगम्बर बन्धुओं को मिले देखा है और इसका अर्थ है कि हम भगवान् की वाणी के, जिसका आधार विश्व-बन्धुत्व है, प्रचार की पात्रता ले रहे हैं। सर सेठ हुकुमचन्दजी ने भी एकता की अपील की। इसी भाव की एक कविता पढ़ी गयी और भगवान् महावीर की जय से हॉल गूँज उठा। इतनी सम्पूर्ण जय-ध्वनि मैंने इस उत्सव में पहली बार सुनी।

अब पण्डित जैनेन्द्रकुमार का भाषण होगा" सभापति ने कहा और जैनेन्द्रजी आये—"मुझे पं. जैनेन्द्रकुमार कहा गया, इसमें बहुत कुछ धर्म के अनुसार छोड़ने लायक़ है। पण्डित मैं नहीं, कुमार की सीमा पार कर गया; इन्द्रत्व मुझमें है नहीं, जैन ही मैं हूँ।" इसके बाद उन्हें जो कहना था; वे उसमें लीन हो गये। यहाँ तक कि सभापति का परचा भी असफल रहा और ज़ोर से कुरता खींचने पर ही उनकी लीनता टूटी। भाषण बड़ा सुन्दर था। उसमें सच्चे धर्म को एकता का आधार बताया गया था।

"भले आदमियो, कोई काम की बात करो !" यह जमनाप्रसादजी का पण्डिताऊ बहस के विरुद्ध जिहाद था। आपका प्रस्ताव था कि एक कमेटी बने, जो परस्पर सम्पर्क के लिए प्रयत्नशील हो। भाई कौशलप्रसादजी ने इस खाई को सत्याग्रह द्वारा पाटने के लिए बीस तरुणों का आह्वान किया। इस आह्वान में हृदय की पीड़ा न थी—पीड़ा का अभिनय ही था।

प्रो. बड़ुवा ने बुद्ध से पहले भारत की दशा पर एक भाषण दिया और तब सभापतिजी बोले। दोनों भाषण सुन्दर थे। इस प्रकार साहित्यपरिषद् का अधिकतर समय जीवन-साहित्य पर विचार करने में ही लगा।

रात में खुला अधिवेशन हुआ। आज पण्डाल पर पण्डितों का राज्य था–ख़ूब शास्त्रचर्चा हुई और महोत्सव समाप्त हो गया। उसके संस्मरण भी समाप्त हो गये, पर मेरी आँखों में अब भी यह किसकी तसवीर है ? यह न भाषण देता है, न रिपोर्ट पढ़ता है, न झपटकर चलता है। अपने ही किसी ध्यान में डूबा इधर-उधर होता रहता है। बहुत-से लोग आते हैं, इसके कान में कुछ कहते हैं और यह उनके कान में कुछ कह देता है। जो प्रमुख लोग आते हैं, इसे नमस्कार करते हैं और मुसकराकर यह उन्हें उपयुक्त स्थान पर बैठा देता है। ये स्वागतमन्त्री और इस महोत्सव के संयोजक श्री बाबू छोटेलाल जैन हैं, जो इस उत्सव की सांस्कृतिकता के प्राण हैं; इतने विशेषज्ञों को यहाँ खींच लानेवाली डोर हैं और जिन्होंने प्रस्तावित एकेडेमी को पचास हज़ार रुपयों के साथ अपना जीवन भी दान दिया है। उनकी कार्यपद्धति और जीवनवृत्ति को देखकर मैंने सोचा, ऐसे व्यक्ति ही किसी निर्माण के प्राणपुरुष हो सकते हैं। उन्हें प्रणाम !

□

कुम्भ महान् : 1950

13 अप्रैल 1950 महाकुम्भ का मुख्य स्नान दिवस ! ज्योतिषियों के अनुसार दिन में तीन बजे से रात के दस बजे तक ही पुण्य-पर्व। लगभग सात घण्टे और इन सात घण्टों के लिए देश के कोने-कोने से आ-उमड़े दस लाख से अधिक नर-नारी, क्या किसी राष्ट्र के जीवन की साधारण घटना है ?

पिछले किसी कुम्भ में एक अमेरिकन पत्रकार ने स्वर्गीय महामना मालवीयजी से पूछा, "इतने आदमियों को बुलाने के लिए आपने प्रचार में कितने रुपये ख़र्च किये हैं ?"

अपने सजीव स्वभाव के अनुसार महामना ने कहा, "रुपये के नाम पर एक पाई नहीं और प्रचार के नाम पर सिर्फ़ छपी हुई एक लाइन !"

रल गया बेचारा पत्रकार, तो महामना ने पास बड़ा पंचांग उठाकर दिखाया कि उसमें वैशाख मास के एक पृष्ठ पर एक तिथि के सामने विवरण में लिखा है कुम्भ पर्व ! महामना ने कहा, "बस, जनता ने ये चार अक्षर पढ़े और वह आ जुटी। इसके अतिरिक्त कोई निमन्त्रण, कोई नोटिस, इस काम के लिए नहीं छपा !"

अमेरिकन पत्रकार ने महामना को बताया कि हमारे देश में ऐसा मेला करना हो, तो बीस हज़ार पौण्ड धन कम से कम चाहिए और एक साल का समय; जिसमें लाखों पोस्टरों, नोटिसों, पुस्तिकाओं और पत्रों से हम देश का कोना-कोना छा सकें, फिर भी इतने आदमी कहाँ आयेंगे !"

कुम्भ : भारतीय राष्ट्र की मानसिक सामूहिकता का एक प्रतीक; यह सामूहिकता कितनी गहरी, कितनी महान् और कितनी आन्तरिक कि शताब्दियों के परिस्थिति-चक्रों में पड़कर भी अजेय और आज भी विश्व में अनुपमेय !

भारतीय राष्ट्र की सामूहिकता ! जिस राष्ट्र के उच्च शिक्षितों में भी केला खाकर छिलका सड़क पर फेंक देना साधारण बात है, उसमें सामूहिकता कहाँ ? कितने हैं, जो सार्वजनिक वस्तुओं के प्रति आत्मीयता रखते हैं, फिर जब आत्मीयता ही नहीं, तो सामूहिकता कैसी ?

प्रश्न चुटीला होकर भी अपने में सत्य को समाये है, पर सम्पूर्ण सत्य नहीं है। गंगा क्या है ? हमारे देश की एक नदी। गाय क्या है ? हमारे देश का एक पशु। पीपल क्या है ? हमारे देश का एक वृक्ष। वेद क्या है ? हमारे देश की एक पुस्तक। हिमालय क्या है ? हमारे देश का एक पहाड़। समुद्र क्या है ? हमारे देश का एक जलोच्चय। यह बुद्धि की बात है, पर हमारे हृदय में इन सबके प्रति एक वन्दनीयता व्याप्त है। यह वन्दनीयता क्या है ? नागरिक की राष्ट्र की सम्पूर्णता के प्रति आत्मीयता—राष्ट्र हमारा है, उसकी हर चीज़ हमारी है, हमें प्रिय है। इस आत्मीयता की कोख से ही उस बलिदान की उत्पत्ति है, जो राष्ट्र की रक्षा के लिए हमारे देश में सदा सुलभ रहा है और विश्व के बलिपन्थी इतिहास में जिसकी कोई उपमा नहीं !

यह आत्मीयता, यह सामूहिकता, यह वन्दनीयता, ज्ञान की गोद में जनमी थी, हमारा साहित्य साक्षी है।

यह आत्मीयता, यह सामूहिकता, यह वन्दनीयता, आज अज्ञान की छाया में खेल रही है, इस कुम्भ में हमने देखा।

यह आत्मीयता, यह सामूहिकता, यह वन्दनीयता, नष्ट नहीं, सहेजकर, सँवारकर फिर से यथास्थान प्रतिष्ठित करनी है, यह हमने कुम्भ में सोचा !

पर्वतमाला—दूर-दूर खड़े पर्वतों के मध्य में बहती गंगा की धाराएँ और उनके दाहिने तट की पतली-लम्बी पटरी पर बसा हरद्वार ! हरद्वार से कनखल तक कोई चार मील का लम्बा तट। निर्मल जल, गहरा तल, समतल तट, तेज़ प्रवाह और बर्फ़ीली शीतलता; गंगोत्री से गंगा सागर तक; ऐसी गंगा कहीं नहीं !

कथा है कि भगीरथ के तप से गंगा स्वर्ग से उतरी और शिव की जटा में समा गयी। वहाँ से भगीरथ आगे-आगे मार्ग दिखाते चले और पीछे-पीछे शिव गंगा को छोड़ते हुए। हरद्वार में आकर उन्होंने जटा झाड़ दी और गंगा से कहा, "जा, अब तेरा जिधर जी चाहे चली जा !" पुराणकथा के अनुसार

जिस स्थान पर यह घटना घटी, उसी का नाम है ब्रह्मकुण्ड !

हमारी इन कथाओं में इतिहास और दर्शन का कवित्व सुरक्षित है। अब समय आया है कि इस कवित्व के इतिहास और दर्शन की खोज हो !

आज तो कनखल हरद्वार का एक अंग है, पर दो-ढाई हज़ार वर्ष पहले हरद्वार ही कनखल का अंग था। महाकवि कालिदास ने अपने 'मेघदूत' में मेघ को मार्ग बताते हुए कहा है,

"तस्माद् गच्छेरनुकनखलं शैलराजावतीर्णा
जह्नोः कन्यां सगरतनयस्वर्गसोपानपङ्क्तिम्।।"

हे मेघ, तुम वहाँ से 'कनखल के पास' हिमालय से उतरी गंगा के तट जाना, जिसने सगर की सन्तान को स्वर्ग में भेजने का कार्य किया था !

स्पष्ट है कि कालिदास के समय हरद्वार नहीं, कनखल ही देश में प्रसिद्ध था। 'अनुकनखलम्' में यह इशारा है कि ब्रह्मकुण्ड का धार्मिक महत्त्व उन दिनों भी था ही ! कनखल का राष्ट्रीय महत्त्व तो स्पष्ट ही है। भारत के सबसे पहले राजा हैं दक्ष प्रजापति और कनखल थी उनकी राजधानी ! दक्ष; पार्वती के पिता और शिव के श्वसुर ! इस तरह कनखल–आज का एक मामूली क़स्बा कनखल–हमारे देश की और शायद संसार की सबसे पहली राजधानी है और मेरा विश्वास है कि कनखल आज कितना भी उदास क्यों न हो, कल का भारत एक दिन समारोह के साथ उसे अभिनन्दन देगा।

हरद्वार का मुख्य महत्त्व यह है कि यहीं पहली बार गंगा समतल भूमि पर आती है–ब्रह्मकुण्ड गंगा के समतल आने का पहला मील-पत्थर, यह मस्तिष्क का ज्ञान और ब्रह्मकुण्ड का स्नान स्वर्ग और मुक्ति का एक सरल साधन, यह कोटि-कोटि जनता की भावना का सिंहद्वार। इस ज्ञान और इस भावना का संगम नहीं, समन्वय भारत का एक महत्त्वपूर्ण सांस्कृतिक सूत्र है।

हरद्वार में लोग स्नान करने भी आते हैं और सैर करने भी। स्नान करनेवाले सैर न करते हों और सैर करनेवाले स्नान न करते हों, सो बात नहीं, पर दोनों की मानसिक दिशाएँ अलग-अलग हैं। स्नान करनेवालों का दिशाबिन्दु है–ब्रह्मकुण्ड ! वे हरद्वार कनखल के सौ घाटों पर गंगा-स्नान कर लें, पर ब्रह्मकुण्ड में स्नान न करें, तो उनकी यात्रा उनके लिए व्यर्थ रही।

कुम्भपर्व का एक दिन, ब्रह्मकुण्ड का छोटा-सा स्थान, दस लाख से ऊपर की भीड़ और भीड़ माने अप्रशिक्षित नर-नारी। फिर उस दिन में भी कई घण्टे साधुओं के ही स्नान के लिए सुरक्षित और ब्रह्मकुण्ड तक जाने-आने के मार्ग सँकरे-बेढंगे; एक असम्भव घटना है कि दुर्घटना न हो—हर कुम्भ लाशों की एक प्रदर्शनी देखकर ही समाप्त होता है।

एक चित्र, जिसमें स्थिति के अनुमान की सम्भावना है। ब्रह्मकुण्ड-बिड़ला टावर से रोड़ियों के तट तक, गंगा के लगभग एक फलांग पाट को पाटता किश्तियों का एक पुल और उसे साधता एक लोहे का रस्सा। साधुओं के स्नान का समय होने के कारण ब्रह्मकुण्ड तक जाने के सब मार्ग बन्द। अब कुछ मनुष्य रोड़ियों के तट से, चमगादड़ों की तरह उलटे उस रस्से पर लटके कि झूले-झूले वे गंगा का पूरा पाट पार कर ब्रह्मकुण्ड जा उतरें और एक ग़ोता मार लें। यह मृत्यु का मार्ग था—स्वर्ग का पुराणवर्णित पथ भी इससे कठिन तो क्या होगा ? एक डुबकी के लिए, जीवन ही डुबका देने का यह ख़तरा !

कुम्भ के पर्व का समय और ब्रह्मकुण्ड में स्नान; वाह क्या बात है, पर यह कैसे हो ? तीन आने की एक छोटी-सी टुन-टुन घण्टी और चार आने के पीतल के कृष्ण भाई भवानी गिरि की दूकान से ख़रीदे और प्रातःकाल ही सामने के प्लेटफ़ॉर्म पर जम गये। तीन बजे तक यहाँ आने में कोई पाबन्दी नहीं; पर तीन बजे होने लगा प्लेटफ़ॉर्म साफ़, तो जेब से निकालकर कृष्ण रख लिये और जो देखा कि पुलिसवाला आ रहा है, तो आँखें कर लीं बन्द, टुनका दी घण्टी और इस टुनक में ही मिला दी अपनी गुनगुनाहट ! बस, पूजा का पूर्ण दृश्य सम्पन्न और पुलिस बेकार। सिपाही निकल गया कि घण्टी बन्द, आँखें खुलीं और होठों पर मुसकराहट। असत्य के वाहन पर चढ़ा भक्त सत्य के मन्दिर में उपस्थित !

एक और दृश्य : धिकलता-धकेलता एक पागल कहीं से प्लेटफ़ॉर्म पर आ गया। स्वयंसेवकों ने रोका, न रुका, पुलिसवालों ने टोका, न मुड़ा। नंगे पैर, नंगे सिर, अँगोछा एक शरीर पर और गंगा की ओर गति। सब घबराये कि डूब न जाये, पर वह निर्लिप्त जीवन से भी और मृत्यु से भी। जब उसे कोई हटाये, तो वह तालियाँ बजाये और लो, वह कूद पड़ा ब्रह्मकुण्ड में और बह चला हरकी पैड़ी की ओर। रक्षकदल के स्वयंसेवक बचाने को साथ कूदे।

उसे उन्होंने जा पकड़ा कि वह खड़ा हो गया और गम्भीर मुद्रा में बोला, "अबे पागल हो, हम तो स्नान कर रहे हैं।" ज़रा सरस होकर बोला, "यारो, बारह साल में आता है कुम्भ ! नहाने दो, नहाने दो लोगों को, क्यों रोकते हो ?" और तब वह इतने ज़ोर से हँसा कि रक्षक झेंप-से गये !

यह भक्त भी असत्य के वाहन पर चढ़ा, सत्य के मन्दिर में उपस्थित था ! ये पाप कर रहे थे या पुण्य ? हमारे विद्वान् इस पर एक अच्छा शास्त्रार्थ कर सकते हैं, पर जीवन-शास्त्र के एक नम्र विद्यार्थी के लिए तो एक ही प्रश्न है कि भावना की वह कौन-सी धारा है, जो हज़ारों-लाखों आदमियों को ब्रह्मकुण्ड की ओर बहाये लिये जा रही थी !

वह भावना है श्रद्धा की। श्रद्धा का पिता है विश्वास, विश्वास का प्राण है ज्ञान और ज्ञान की आत्मा है सत्य, पर इन दृश्यों में न सत्य है, न ज्ञान है, न विश्वास है, एक वहम है, एक संस्कार है, फिर यह श्रद्धा कहाँ है ? ठीक है, पर विश्वास सत्यज्ञान पर आश्रित हो या वहम-संस्कार पर, वह श्रद्धा का पिता है। इस श्रद्धा का ही एक रूप है अन्धश्रद्धा और यह कुम्भ इस अन्ध-श्रद्धा का इस युग में सर्वोत्तम प्रदर्शन है।

श्रद्धा सेवनीय है, अन्ध-श्रद्धा वर्जनीय। नवयुग श्रद्धा की अन्धता दूर करने का अंजन निर्माण कर रहा है, पर क्या कोटि-कोटि नर-नारियों के मानस पर छायी यह अन्ध-श्रद्धा इतने ही विचार की पात्र है ? गहरे-गहरे और गहरे से गहरे उतरकर मैंने अपने से कहा कि हमारे विश्वविद्यालय का कोई प्राध्यापक एक शोध-प्रबन्ध (थीसिस) लिखकर आचार्यता (डॉक्टरेट) ले ले, कम से कम हमारे राष्ट्र की अन्ध-श्रद्धा के कोष में इतनी विचार-सामग्री तो है। चीज़ यह इतनी ठोस न होती, तो बुद्ध, महावीर और गाँधी के तीव्र प्रकाश में भी कैसे ठहरती ?

इस राष्ट्र में अन्ध-श्रद्धा के प्रवर्तक हैं राष्ट्र-पुरुष श्रीकृष्ण—गीता के गायक, महान् राजनीतिज्ञ, योगेश्वर कृष्ण !

राम के द्वारा सुव्यवस्थित समाज-मर्यादा युग-युगों के घात-प्रतिघात से बिखर चली थी। महाभारत का युद्ध इसी बिखराहट का प्रदर्शन था—प्रदर्शन

भी और उसे रोकने का प्रयोग भी। इसी के बीच में एक दिन श्रीकृष्ण ने अर्जुन से कहा था, "लोकसंग्रहमेवापि संपश्यन् कर्तुमर्हसि ?" समाज की मान-मर्यादा के, रीति-रिवाज के जो कार्य अर्जुन, तुझे अपने करने योग्य नहीं जँचते, तेरे स्टैण्डर्ड से नीचे हैं, उन्हें भी तू करता चल; क्योंकि तुझे देखकर समाज के दूसरे लोग भी उन्हें करेंगे, नहीं तो वे भी छोड़ देंगे। यह लोकसंग्रह ही रूढ़िवाद, अपरिवर्तनवाद, परम्परावाद का पिता है और इसी की पुत्री है अन्ध-श्रद्धा, जो कार्य के स्वरूप की पूजा करती है, उसके तत्त्व का–कार्याकार्य का–ऊहापोह नहीं !

महाभारत से मुसलमानी राज्य तक यह बिखराहट बढ़ती गयी, पनपती रही और अँगरेजी राज्य ने तो उसे शत-शत प्रयत्नों से पूर्णता तक पहुँचा दिया। इस प्रकार हज़ारों वर्षों के लम्बे समय में हमारा राष्ट्र शस्त्रहीन, शिक्षाहीन, उद्योगहीन ही नहीं हुआ, जीवनहीन हो गया; पर बाहर से भी अधिक शक्तिशाली आक्रमणों और अँगरेज़ों के षड्यन्त्रकारी घोर प्रयत्नों के बाद भी यह राष्ट्र अन्तर्जीवन से हीन नहीं हुआ, इसका रहस्य यही है कि जनता का संस्कृति–जीवन दर्शन के मूल स्रोत–से सम्पर्क बना रहा और यह विश्व के सांस्कृतिक इतिहास का कितना बड़ा चमत्कार है कि इस महान् सम्पर्क का सूत्र है अन्ध-श्रद्धा–तर्कहीन विश्वास; और यों अन्धश्रद्धा ने हमें लम्बी शताब्दियों तक जीवित रखा !

कुम्भ में हमने यह भी देखा कि यह अन्ध-श्रद्धा कितनी गहरी है और यह भी कि यह अब कितनी सड़ गयी है। कुछ नमूने ये हैं :

कन्धे से टखनों तक झूलता चोगा–गहरे काले कपड़े का, सिर पर बने हुए बालों की जटा, माथे पर सिन्दूर का तिलक, आँखों में सुलफ़े की लाली, मुँह में बनावटी लाल, लम्बी, लटकती जीभ, एक हाथ में खप्पर और दूसरा आशीर्वाद की मुद्रा में उठा हुआ; देखने में काली माई, असल में बहुरूपिये की कला।

कोने-कोने में फैली लाखों की भीड़ में एक भी मानव ऐसा नहीं, जो न जानता हो कि यह काली नहीं, पर स्त्री-पुरुष उसके पास से गुज़रते हैं, हाथ जोड़ते हैं, पैसे खप्पर में डालते हैं और बालकों से उसके पैर छुआते हैं। बहुरूपिया चतुर है, वह बालकों के सिर पर हाथ रखता है और इस प्रकार

माता-पिता को कृतार्थ करता है। एक सप्ताह में इस बहुरूपिये के खप्पर में एक हज़ार रुपये से अधिक पड़े। पूजा भी और व्यापार भी !

भरा-ताज़ा विशाल हाथी, ऊपर चाँदी का बहुमूल्य हौदा, उस पर विराजमान महन्तजी और हाथी बाज़ार के बीच में ! आते-जाते नर-नारी पैसा, इकन्नी, दुअन्नी, चवन्नी हाथी को देते हैं, वह अपनी सूँड़ में ले अपने महावत को दे देता है। नर-नारी दोनों हाथों से हाथी को छू, आँखें बन्द कर अपने माथे से लगाते हैं।

मैंने एक बुढ़िया से पूछा, "क्या बात है माँजी ?"

बोली, "गणेशजी हैं बेटा ! तू भी छू ले !"

बीच में विशाल धूनी; जलती-जागती और चारों ओर साधु लोग। इनमें पाँच-सात सुलफ़े की चिलम खींच रहे हैं और होड़ लगी है कि कौन लम्बी लट निकालता है, दो-चार साधु हथेली पर तमाखू में गाँजा मल रहे हैं, यह नयी चिलमों की तैयारी है। जब नयी चिलमों में 'चुगल' पड़ता है, तो एक साधु कहता है:

"चिलम चमेली, फूँक दे ठेकेदार की हवेली !"

चिलम भरकर मण्डली के प्रधान को दी जाती है, तो वह ज़ोर से पुकारता है :

"चाहे दुनिया फुँके पर चिलम ना बुझे, हर-हर महादेव !"

कोई पीने से मना करता है, तो कायर समझा जाता है और उस पर करारे ताने पड़ते हैं :

"जिसकी चिलम ठण्डी, उस भड़वे की माँ रण्डी !"

और तब उसे प्रोत्साहन दिया जाता, उकसाया जाता है :

"जो चलती चिलम पीवे, वो लाखों साल जीवे !"

और इसके बाद मण्डली का प्रधान अपने हाथ से चिलम उसकी ओर बढ़ाते हुए कहता है, "अब ले, पिये जा और जिये जा, क्या रखा है ना-नू में। यह तो भोले भण्डारी का परसाद है। जब मुँह खोलो, तब हाँ बोलो !"

पास से गुज़रते लोगों में कोई मुफ़्त का पिऊ मण्डली के निकट ठिठकता है, तो एक ललकार दी जाती है–"जा बच्चा, जा, अपनी राह लग, सन्तों के

मुंह नहीं लगा करते !" उसके पैरों की ठिठक हरकत में नहीं आती, तो दूसरा साधु कहता है, "अबे, भोले भण्डारी ने दी और सन्तों ने पी; तू क्या पियेगा लण्डी के !"

इस मण्डली में नये आगन्तुकों के लिए यह धिक्कार ही हो, ऐसा नहीं, उपहार का आयोजन भी है। आगन्तुक कोरा नहीं भरा है और आते ही जेब या अण्टी से पुड़िया निकालकर कहता है, "लो महाराज, यह गोली हमारी भी दाग दो !" तो तुरन्त आ-बैठ होती है और चेलाजी पुड़िया लेकर सुलफ़ा निकालते हैं। अब उसमें यदि पूरी खुराक है, तो कोई बात नहीं और मसाला कम है, तो एक हलकी-सी बौछार उस पर पड़ती है, "भगत, लाया है छर्रा और कहता है गोली; अरे, सन्तों से भी गोलमाल करता है !"

भगत यदि नम्र है और अपनी ग़रीबी का इशारा देता है, तो बड़े महाराज प्रसन्नता से कहते हैं, "कोई बात नहीं बच्चा, ग़रीबी-अमीरी सब भगवान् की माया है। फिर सन्तों के लिए तो लाख भी राख है और राख भी लाख है।"

चिलम् भरी जाती है और सन्तों के बाद भगत को दी जाती है। भगत सन्तों की पी हुई चिलम पी सकता है, पर उनकी 'साफ़ी' का उपयोग नहीं कर सकता। साफी : एक पानी में भिंगोकर निचोड़ा हुआ साधारण वस्त्र जिसे चिलम की तली पर लपेट, धुआँ खींचा जाता है। भगत के पास अपनी साफी होनी चाहिए, नहीं तो उसे सूखी चिलम खींचनी पड़ेगी।

इस मण्डली के पास से भी यात्री नर-नारी गुज़ारते हैं, सिर झुकाते हैं, हाँथ जोड़ते हैं और पैसे चढ़ाते हैं। वे देखते हैं ये साधु क्या कर रहे हैं, पर उनका मन जैसे तर्कहीन है और वे मानते हैं कि वे जो कर रहे है, उन्हें वही करना चाहिए।

भँगड़ी साधुओं की एक ऐसी ही मण्डली में यह नारा मैंने सुना था—"साधू पिये, भजन में लीन। घिरस्ती पिये तो दुखिया दीन !" साधु यदि नशा करे, तो भजन में लीन रहे और गृहस्थ करे, तो वह दुःख और हीनता में ग्रस्त रहे। हरद्वार उत्तर प्रदेश सरकार के नशा-निषेध क्षेत्रों में एक है, पर साधु-समाज के अनुरोध पर कुम्भ के दिनों प्रान्तीय सरकार ने इस निषेध-क्षेत्र को प्रवेश-क्षेत्र मान लिया था। पता नहीं भविष्य का विचारक इसके लिए प्रान्तीय सरकार की प्रशंसा करेगा या घोर निन्दा ?

यह हो रही है कथा। पण्डितजी तख़्त पर हैं और जनता भूमि पर। पण्डितजी माला, त्रिपुण्ड आदि से सुसज्जित हैं, पर गला पड़ा हुआ है और वही उनका लाउडस्पीकर है। भीड़ काफ़ी है और कोलाहल तो है ही। पण्डितजी कुछ बोल रहे हैं, बोले जा रहे हैं, यह कानों के बल पर नहीं, आँखों के सहारे ही मैं कह रहा हूँ; क्योंकि होठ हिलते तो दीखते हैं, कानों में कोई शब्द नहीं पड़ता—उनके द्वार पर तो कोलाहल का ही क़ब्ज़ा है। अब दृश्य यह है कि पण्डितजी के होठ फड़क रहे हैं, श्रोता उन्हें देख रहे हैं, कथा है, पर शब्दहीन; जैसे यह मूक सिनेमा का कोई दृश्य हो !

मैं खड़ा-खड़ा यह दृश्य देख रहा हूँ और सोच रहा हूँ कि महात्मा गाँधी और पण्डित नेहरू की सभाओं में ज़रा लाउडस्पीकर के ख़राब होते ही जो लोग हल्ला मचाकर नाक में दम करते रहे हैं, वे यहाँ एक भी अक्षर सुनाई न देने पर शान्त-मौन क्यों बैठे हैं ? बड़ा पैना प्रश्न है, जो झकझोरता है और तब लगता है कि वे बैठे हैं, तो सन्तुष्ट हैं कि सुनाई नहीं देता, तो नहीं देता, पर पुण्य तो है।

देश की आत्मा आज व्याख्यान से कथा के अधिक निकट है, यह एक तथ्य हाथ आया। इसकी व्याख्या मैंने यों की कि हमारा राष्ट्र धर्म के निकट और राजनीति से दूर है और धर्म अपने को खोकर अन्ध-श्रद्धा की छाया में आश्रित है।

अन्ध-श्रद्धा की इस छाया में हमारा राष्ट्र लम्बी शताब्दियों जीवित रहा, यह हमने देखा, पर क्या हम इसी छाया में जीते रहें ? यह मुख्य प्रश्न बना ! ना, ना, ना, यह भीतर का उत्तर है और इस उत्तर की व्याख्या अभीष्ट है।

राष्ट्र की सबसे बड़ी शक्ति है—राष्ट्र-चेतना। इसी का लोकप्रिय नाम है भारतीय संस्कृति। संस्कृति ही मूल जीवन-स्रोत है। राष्ट्र के ह्रासकाल में जब जन-जीवन का सम्पर्क इस मूल-स्रोत से टूट चला और यों जाति के सर्वनाश का भय चारों ओर छाया, तो राष्ट्र के कर्णधारों, सन्तों ने जन-जीवन को उसे मूल-स्रोत के साथ अन्ध-श्रद्धा के सूत्र से बाँध दिया। यह अन्ध-श्रद्धा अन्धी-श्रद्धा भी रही और अन्धों की श्रद्धा भी। यह एक प्रकार की विष-चिकित्सा थी—इसमें ख़तरा था, पर यह अनिवार्य थी, क्योंकि और कोई औषध उस दिन हमारे

पास ही न थी, जो प्रभावशाली हो।

शताब्दियों के मन्थन-संघर्ष के बाद आज एक अमृत-कलश हाथ आया है और वह है राष्ट्रीयता। इस ऊष्मा से आज भारत का भूगर्भ उफन रहा है। इस उफन में अन्ध-श्रद्धा को, जो आज बल न होकर, मल ही है, धीरे-धीरे छँटना है और यों भारतीय जन-जीवन-राष्ट्रीयता को जीवन-दर्शन के मूल स्रोत भारतीय संस्कृति से जीवित रूप में सम्बद्ध होना है। यही आज का युग-दर्शन है !

कुम्भ का मुख्य प्रदर्शन साधुओं का गंगास्नान है। ये साधु अपने-अपने पन्थ का जुलूस बनाकर एक निश्चित क्रम से ब्रह्मकुण्ड में स्नान करने जाते हैं। इन जुलूसों को साही या स्याही कहते हैं। ये स्याहियाँ देखने लायक़ होती हैं। इनमें बाजे होते हैं, हाथी होते हैं, घोड़े होते हैं, पालकियाँ होती हैं, चाँदी के आसे-बल्लम और पंखे होते हैं। हाथियों पर चाँदी की अम्बारियाँ–हौदे–और मख़मल की ज़री-जड़ी झूलें होती हैं। ये पुराने राजाओं की सवारियों से किसी बात में कम नहीं होतीं और इन्हें देखकर नवयुग के पत्रकार को अपने से पूछना पड़ता है : "युग की जिस धारा में हमारे देश के राजा तिनकों से भी सस्ते बह गये, उसमें धर्म के ये राजा कब तक टिके रहेंगे ?"

प्रश्न बड़ा बेधक है, पर इसका उत्तर उस दिन मिला, जिस दिन साधुसम्राट् जगद्गुरु शंकराचार्य का जुलूस निकला। आगे-आगे दो बाजे, इसके बाद चाँदी-सोने के आसे-बल्लम और मख़मली पंखे और तब चाँदी की अम्बारी में विराजमान जगद्गुरु; पीछे हज़ारों संन्यासी !

यह अम्बारी इतनी विशाल और बोझल कि हाथी की कमर पर पड़े, तो वह अपने कन्धे और पुट्ठे साधने को विवश हो, पर आज यह बारह मानवीय कन्धों पर प्रतिष्ठित और ये कन्धे न भक्तों के, न शिष्यों के; कुछ रुपयों पर लाये गये मज़दूर मानवों के; जिनकी देह फटे-मैले वस्त्रों से ढकी हुई–हाँ नंगे नहीं दीखते तो ढकी हुई ही, पैर नंगे और मैं देख रहा हूँ कि ये बारह दीन मानव पिसे जा रहे हैं, भीड़ से भी और बोझ से भी।

मनुष्य कुछ पैसों के बल पर किसी मनुष्य को वाहन बना, उस पर चढ़े यह अहंकार की परिसीमा है !

मनुष्य कुछ पैसों के लिए अपने कन्धों पर किसी मनुष्य को ढो चले, यह विवशता की परिसीमा है !

जहाँ ये दोनों परिसीमाएँ मिलती हैं, वहीं नवयुग के पत्रकार का बेधक प्रश्न अपना समाधान पाता है कि हमारे देश में जब तक दीनता है–मानसिक दीनता, आर्थिक दीनता, सामाजिक दीनता–तभी तक धर्म की यह अम्बारी है और जिस दिन यह दीनता युग का सहारा ले, शक्ति का रूप धारण करेगी, उसी दिन, उसी क्षण ये कन्धे यहाँ न होंगे और यह अम्बारी धड़ाम से धरती पर आ गिरेगी।

इस धड़ाम के साथ सब दिशाओं से एक गूँज उठेगी–'अब यहाँ कोई राजा नहीं रहा !' और हमारे कान सुनेंगे–'सामाजिक समानता की जय !'

प्रश्न के समाधान से मुझमें जो उत्साह उगा, उसने मुझे विचार के एक नये द्वार पर खड़ा कर दिया–इस धार्मिकता के प्रति हमारे आकर्षण का केन्द्र-बिन्दु क्या है ?

यह केन्द्र-बिन्दु है परलोक !

और यह परलोक हमारी किस मानसिक वृत्ति का प्रतीक है ?

अमर जीवन का !

और अमर जीवन का रहस्य क्या है ? स्वरूप क्या है ?

जीवन में निरन्तर कर्म-सत्कर्म और परलोक में पूर्ण सुख-शान्ति ! तो परलोक की भावना इस जीवन को शुद्ध, सत्कर्मरत रखने का प्रेरक प्रकाश है और यों जीवन है यात्रा और परलोक है लक्ष्य–एक है सफ़र दूसरा है मंज़िल !

कितना उल्लास है इस विचार में, पर यह भी तो यहीं है कि हम आज जीवन की शुद्धता को खोकर, बाह्य कर्मकाण्डों के सहारे परलोक का सुख चाहते हैं। ओह, उस यात्री की तरह, जो यात्रा का कष्ट उठाये बिना ही, तीर्थ पर पहुँचने का सुख चाहता है–तीर्थ की तसवीरें और दूसरी चीज़ें अपने घर में रखकर !

मैं सोच रहा हूँ और देख रहा हूँ कि जहाँ जगद्गुरु स्नान कर रहे हैं, उनके सामने ही तट पर खड़ा है एक पण्डा, अपनी मरी-सी बछिया लिये और एक यजमान बैठा है बछिया के पास ! बछिया के गले की रस्सी यजमान के अँगूठे से दबी है, उसी में दबा है सवा रुपया और थोड़ा गंगाजल। पण्डाजी

बोल रहे हैं संकल्प—कुछ शुद्ध, कुछ अशुद्ध और कुछ अण्ड-बण्ड; सब मिलाकर इसका अर्थ है : "मैं यजमान स्वर्ग के मार्ग में स्थित वैतरणी नदी को सुखपूर्वक पार करने के लिए यह गौ अपने पुरोहित को दान करता हूँ।"

पन्द्रहवीं-सोलहवीं शताब्दियों में युरॅप के पादरी नियत मूल्य लेकर ईसा के नाम पर पापमुक्ति का प्रमाण-पत्र बेचा करते थे; यह गोदान क्या उसी की भारतीय प्रतिलिपि नहीं है ? इसी प्रश्न का उप-प्रश्न है यह—तो क्या मानसिक विकास की दृष्टि से हम अभी पन्द्रहवीं शताब्दी में ही जी रहे हैं ?

यह धार्मिकता कुछ भी हो, अब जीवित नहीं रह सकती; पर हाँ, इस घोषणा में एक भ्रम की सम्भावना है—क्या वशिष्ठ, विश्वामित्र, पतंजलि, कृष्ण, रामकृष्ण परमहंस और अरविन्द द्वारा पोषित हमारी अध्यात्मसाधना भी बह जायेगी ? ना, वह शाश्वत सत्य है, धार्मिकता की यह प्राचीर टूटते ही वह सत्य अधिक चमकेगा और जीवन में सुलभ होगा।

यों समझना है कि अध्यात्म है निधि। वह समय के घात-प्रतिघातों में ख़तरे में पड़ चली, तो सन्तों ने धार्मिकता की झाड़ी उस पर रोप दी। यह झाड़ी ख़ूब फली-फूली और निधि पर छा गयी, पर समय के अगले घात-प्रतिघातों में निधि को लोग भूल गये और उससे भी आगे यह कि यह झाड़ी ही वह निधि मानी जाने लगी। नवयुग का माली इस झाड़ी को झाँग रहा है कि वह निधि प्रकाश में आये। यह शुभ है, पर मूर्ख नागरिक नाख़ून काटने को उँगली काटना मानकर चिल्ला उठे, तो नाई क्या करे ?

मूर्ख नागरिक की यह चिल्लाहट भयावह है, इसके साक्षात् अनुभव का अवसर कुम्भ में था। एकत्रित जनता की मानसिक दशा का गम्भीर अध्ययन साक्षी है कि राष्ट्र में सांस्कृतिक जागरण का क्षेत्र तैयार है, पर प्रश्न यह है कि उसे कौन बोये ? क्या यह कार्य स्वतन्त्र राष्ट्र की शासन-संस्था कर सकती है ? ना, वह तो अधिक से अधिक सामाजिक नैतिकता तक ही, जनता को ले जा सकती है।

दुर्भाग्य है कि सांस्कृतिक जागरण का अनुष्ठान करने को आगे आये नेता, विद्वान् और संस्थाएँ, नेतृत्व के मोह में भटककर राजनीतिक परिग्रह में फँस-उलझ जाते हैं। निश्चय ही अध्यात्म से नीचे गिरकर प्रचार में पड़नेवाले ये लोग संस्कृति-रक्षा के लाखों नारे लगाकर भी संस्कृति के शत्रु ही हैं और

यों घोर अभागे, पर यह इनका ही नहीं हमारे राष्ट्र का भी अभाग्य है; क्योंकि पतन की इस परम्परा से यह भय उत्पन्न हो गया है कि हमारे राष्ट्र की महान् विभूति अध्यात्म कहीं एक शास्त्रीय सिद्धान्त होकर ही न रह जाये; जैसे कुछ पुरानी हबेलियों में पूर्वजों का कोष गड़े रहने का विश्वासवहम परिवार के सदस्यों पर छाया रहता है कि है ज़रूर, पर पता नहीं क्या, पता नहीं कहाँ ?

बाहरी रूप में देश के दो मुख्य अंग हैं, जिन पर राष्ट्र का पतन और उत्थान निर्भर है—जनता और शासन। कुम्भ में दोनों का पूरा प्रदर्शन था और यों दोनों के मानसिक विकास के अध्ययन का पूरा अवसर ! तो क्या हमारे राष्ट्र के नवीन अभ्युदय की पुण्य-वेला में राष्ट्र की जनता और शासन-संस्था में जो धीरे-धीरे मानसिक क्रान्ति हो रही है, इस अध्ययन के प्रकाश में हम उसे शब्दों में तोल सकते हैं। हाँ, निश्चित रूप से !

लम्बी शताब्दियों तक जिस शासन की चारदीवारी में यह राष्ट्र रहा वह राजाधिराज का था, बादशाहे-आलम का था या गवर्नर जनरल का, इस बात में समान था कि उसकी दृष्टि में जनता का कोई सम्मान न था—वह उनके उपयोग की वस्तु थी या उपभोग की। इस कुम्भ में हमारे इतिहास ने पहली बार देखा कि शासन हर दिशा में जनता की सेवा के लिए, उसके सम्मान की रक्षा के लिए सतर्क है। जनता ही राष्ट्र की मूल शक्ति है, वन्दनीय है, स्वामिनी है और शासन का कार्य उसकी वन्दना है, यह कुम्भ में पहली बार, पर प्रत्यक्ष रूप में हमने देखा और मैं इसे 1950 के कुम्भ का महान् उपहार मानता हूँ।

ग़लत स्थान में शौच के लिए यात्री बैठने लगा, तो सिपाही ने उसे मना किया। वह सिपाही को गालियाँ देने लगा, पर सिपाही वहाँ से न हटा और गालियाँ खाता रहा। अन्त में उसने कहा, "अरे भाई, मेरे सिर पर यह लाल पट्टी की टोपी है, इसलिए तू चाहे जितनी गालियाँ दे ले। यह सिर पर न होती, तो तुझे हरेक गाली का मोल मिल जाता !"

उत्तर प्रदेश के मुख्य मन्त्री माननीय श्री गोविन्दवल्लभ पन्त ब्रह्मकुण्ड में स्नान करने को पधारे। एक अधिकारी ने चाहा कि उनके लिए स्थान कर दिया जाये, पर उन्होंने मना कर दिया और गंगा में उतर गये। स्नान कर रही जनता उनके चारों ओर हो गयी और कुछ ने तो उन पर लाड़ में पानी के

छींटे भी मारे। हँसते-झुकते वे भीड़ के बीच से ही निकल गये।

इन दो घटनाओं में शासन के नये दृष्टिकोण का धरती-आकाश है, पर इस धरती की पवित्रता और इस आकाश की उच्चता इन घटनाओं में सुरक्षित है—

मेला-अफ़सर श्री च. मो. निगम, पुलिस-अफ़सर श्री ला. बा. बैजल और श्री सतीशचन्द्र आई. सी. एस. (बाद में उत्तर प्रदेश के विकास-आयुक्त) के साथ मैं प्रधान हेल्थ-अफ़सर श्री गुप्ता के घर भोजन कर रहा था कि फ़ोन आया—भारत की विख्यात नारी-सन्त लखनऊ से देहरादून जाते समय हरद्वार में कुछ देर ठहर—स्नान कर—देहरादून जाना चाहती हैं। आप ऐसी व्यवस्था कर दें कि उन्हें टीका न लगवाना पड़े।

मैंने देखा, ये अफ़सर परेशान हो रहे हैं और भोजन से उनका ध्यान उचट गया है। ये सब भी उनके भक्त हैं और उत्सुक हैं कि वे गंगास्नान कर सकें, पर वे टीके से कैसे बचें ? बहुत-से हल सोचे गये, क़ानून का सूक्ष्म अध्ययन हुआ, तो जाना गया कि लखनऊ में स्थित सर्वोच्च अधिकारी ही इसकी आज्ञा दे सकते हैं। उन्हें टेलिफ़ोन की काल बुक करायी गयी। तभी एक सज्जन बोले, "बैजल ! तुम उन्हें स्टेशन से अपनी मोटर में बैठा लाना और स्नान कराकर उसी में छोड़ आना। बस कोई नहीं टोकेगा।" सब लोग हँस पड़े। श्री बैजल ने कहा, "जी, यह तो मैं पहले से ही जानता हूँ कि मेरी मोटर को कोई नहीं रोकेगा, पर हम एक आदमी को इस तरह टीके से बचा दें, तो फिर जनता को कैसे बाध्य कर सकते हैं कि वह टीका अवश्य लगवाये !" मैंने सुना, तो मैं स्तब्ध रह गया—ओह, हमारे शासन-तन्त्र में ऐसे भी लोग हैं, जो जीवन की पवित्रता को तराज़ू के पलड़ों पर नहीं, आँखों की पलकों पर तोलते हैं ?

इस तोल का पूरा प्रदर्शन उस दिन हुआ, जब भारत-सरकार के एक मन्त्री कुम्भ में पधारे ! मेले की सीमा पर उन्हें रोककर कहा गया कि वे टीका लगवायें। वे तैयार न हुए, तो मेला-अफ़सर और पुलिस अफ़सर को फ़ोन किया गया, पर दोनों ने कहा कि हम कुछ नहीं कर सकते, क्षमाप्रार्थी हैं। तब स्वायत्त-शासन मन्त्री माननीय श्री आत्माराम गोविन्द खेर को फ़ोन किया गया, पर उन्होंने साफ़ कह दिया, "ना, ना, मैं कैसे टीकेवालों को रोक सकता हूँ।

में खुद टीका लगवाकर आया हूँ !" और मन्त्री महोदय को कुरते की आस्तीन चढ़ाकर सुई चुभवानी पड़ी !

बहुत-सी भूलों ने एक दुर्घटना को जन्म दिया और कुछ नर-नारी, बालक कुचलकर मर गये। कुम्भ के बाद एक दिन तमाम पुलिस कर्मचारी; प्रान्तीय रक्षादल के सदस्य, गुप्तचर पुलिस के कर्मचारी और स्वयंसेवक, एक मौन जुलूस के रूप में ब्रह्मकुण्ड पर एकत्रित हुए और इस प्रदेश के डिप्टी-इन्सपेक्टर जनरल ऑव पुलिस श्री कटार सिंह ने सबकी ओर से उन मृतकों को श्रद्धांजलि दी ! ब्रह्मकुण्ड ने लाखों श्रद्धांजलियाँ देखी हैं और लाखों ही पितृ-तर्पण, पर उस दिन का दृश्य ब्रह्मकुण्ड ने पहले कभी नहीं देखा था, यह असंशय है। इस दृश्य पर मैं जब-जब विचार करता हूँ, अपने में खो-सा जाता हूँ। कहाँ पुराने कुम्भों के भयंकर लाठी चार्ज और कहाँ वह श्रद्धांजलि ? मेरा विश्वास है इस दृश्य को देखकर आकाश में देवता हँसे, धरती पर नवयुग मुसकराया और गंगा इसे अपने आँचल में समेट कृतार्थ हो गयी !

यह हुआ शासन की मानसिक क्रान्ति का लेखा, पर यह महान् होकर भी अपने में अपूर्ण है, यदि हम हरद्वार के स्टेशन की बात न सुनें !

ढालदार घेरे, पत्थर के फ़र्श, वैशाख की चिलचिलाती धूप और तीन-तीन दिन तक उनमें बन्द भूखे-प्यासे और हाज़ितमन्द मुसाफ़िर, जिनके बालक बिलखते और स्त्रियाँ गश खा जातीं। बादशाही हुक्म से जीते-जी कोल्हू में पीड़ने की नृशंसता को मात करनेवाले दृश्य हरद्वार स्टेशन ने अँगरेज़ी हुकूमत में देखे हैं, पर इस बार तो वह प्रबन्ध-व्यवस्था का एक म्यूज़ियम था ! हर दिशा का अलग घेरा, जिस पर सायबान का साया, पीने का पानी, नहाने का नल, शौचालय और अपना टिकिटघर। हर टिकिट पर वही चित्र, जो उस घेरे पर, जो उस टिकिटघर पर, जो उस ट्रेन पर और जो उस मार्ग पर। पूछने का काम नहीं, भटकने का नाम नहीं—अफ़सरों का यह निर्णय कि किसी यात्री को 45 मिनिट से अधिक घेरे में प्रतीक्षा न करनी पड़े। हरद्वार का स्टेशन कुम्भ का ही नहीं, हमारे नये युग का एक चमत्कार था !

इस चमत्कार की रचना में जाने कितने हाथ और मस्तिष्क लगे थे, पर उन सबका प्रतिनिधित्व था—रेलवे-प्रबन्धक श्री दर में। श्री दर : एक अनथक नवयुवक, सदा हँसते, सदा सावधान, सर्वदा और सर्वथा प्रस्तुत, सूझ से भरे,

बूझ के पण्डित और सरम-सजीव ! पैर उनके लोहे के, दिमाग़ उनका रबड़ का—हमेशा नयी लचक के लिए तैयार और संक्षेप में अपनी जगह बेजोड़ आदमी, जिन पर हम गर्व कर सकते हैं।

और लो; यह है जनता की मानसिक क्रान्ति का एक मुख़्तसर हिसाब भी यहीं !

कुम्भ साधुओं का पर्व है और इसीलिए पर्व-काल का अधिकांश समय साधुओं के स्नान में बीत जाता है; यह पहला अवसर था कि जन-साधारण के मानसिक क्षितिज में विद्रोह की उषा ने झाँककर कहा, "क्या हम अछूत हैं, जो साधुओं के साथ स्नान न करें ?" और यह विद्रोह गरजकर चुप न हुआ, आगे बढ़ा कि हर साही के साथ कुछ न कुछ लोग आ कूदे और नहाये। कुछ शिक्षित लोगों ने अफ़सरों का ध्यान इधर आकर्षित भी किया कि ख़ाली स्थान में जनता को नहाने दिया जाये और उनकी बात को मान दिया गया।

यह भी उसी भावना का एक रूप था कि साधुओं को इस बार खुले मार्ग नहीं मिले और उन्हें अनेक बार भीड़ से झटके लेने पड़े। एक साधु ने मुझसे कहा, "इस बार पब्लिक ने बहुत रास्ता घेरे रखा। पहले यह होता था कि महात्माओं को जिधर जाना होता था; पुलिस डण्डे मार-मारकर रास्ता साफ़ कर देती थी, पर इस बार तो ऐसा लगता है कि पुलिसवाले बीमार हैं !" मैंने कहा, "महात्माजी, यह बीमारी तो अब घटती नज़र नहीं आती, बढ़ ही रही है और ऐसा लगता है कि अगले कुम्भ में आप भीड़ में कहीं खो न जायें !"

इस हिसाब में अब तक मैंने जो कुछ कहा, उसका अर्थ है कि जनता का उद्वेलित मन पूछता है, "जब अपने को ईश्वर का अंश और स्वरूप माननेवाले राजा इस युग-परिवर्तन में अपने को मनुष्य मानने के लिए मजबूर हो चुके, तो ये ईश्वर के भक्त साधु अपने को मनुष्य मानने से क्यों हिरहिरा रहे हैं ?" यह भारत के भूगर्भ में धर्म के प्रति सिन्धड़ रहे विद्रोह का धुआँ था, जो कल प्रज्वलित होगा, तो धर्म के ढोंग की इस छावनी को फूँककर ही शान्त होगा !

इस विद्रोह की एक सर्जनात्मक धारा भी पूरे वेग से कुम्भ में बहती दिखाई दी। वह थी नागरिक भावना की धारा। शासन और स्वयंसेवक संस्था ने आरम्भ से ही प्रबन्ध-व्यवस्था को इस तरह बाँधा कि अपार जनता में व्यवस्था की एक मानसिक लीक बन गयी। लोग इशारे पर अपने हाथ चलते,

क्यू में खड़े होते, खड़े रहते, कण्ट्रोल ऑफ़िस के आदेशों का पालन करते और यों व्यवस्था को चालू रखने में अपना भाग बँटाते ! मैं इसे कुम्भ की सबसे बड़ी उपलब्धि मानता हूँ।

यह मानसिक लीक कितनी गहरी है, इसका एक चित्र यह ! मैं श्रीमती विद्यावती कौशल के साथ जा रहा था कि बातों में उलझे हम सड़क पर आ गये। रात का समय, सड़क शान्त। हमारी बराबरी से एक मज़दूर निकला। बोला, "राधेश्याम राधेश्याम।" मैंने कहा, "राधेश्याम राधेश्याम।" तब वह धीरे से बोला, "बाबूजी, अपने हाथ चलिए और इन बीबीजी को भी इधर कर लीजिए।"

मैंने ज़रा बनकर कहा, "क्यों भाई ?" तो बोला, "साहब, हरेक को अपने हाथ चलना चाहिए और सड़क से नीचे चलना चाहिए।"

विद्यावती ने मुझसे कहा, "आप बार-बार कुम्भ के जिस जन-शिक्षण की प्रशंसा करते हैं, यह मज़दूर उसका पूरा प्रतिनिधि है।"

मेरा मन अपनी भावुकता में डूब गया और मुँह से निकल पड़ा, "राधेश्याम ! राधेश्याम !" यह उस प्रतिनिधित्व को मेरा प्रणाम ही था।

□

धर्म और ईश्वर ने क्या दिया ?

एक प्रगतिशील मित्र से बातें करता हुआ मैं आ रहा था कि रास्ते में हनुमान का मन्दिर पड़ा। मंगल का दिन था, शाम का समय, बड़ी भीड़ थी वहाँ। सजे-बजे पंजाबी-पंजाबिनें, साफ़-सुथरे उत्तर प्रदेशी भाई-बहनें, ग़रीब-अमीर प्रसाद की थैलियाँ लिये आ रहे थे और प्रसाद चढ़ाकर लौट रहे थे।

मन्दिर के द्वार पर दोनों ओर क़तार बाँधे बालक बैठे थे। वे मन्दिर में जानेवालों को झट रास्ता दे देते, पर आनेवालों को एक हंगामे के रूप में ही वे मिलते। बात यह थी कि हर प्रसाद चढ़ानेवाला चाहता कि वह बचा हुआ प्रसाद अपने घर ले जाये और मोहल्ले-पड़ोस में बाँटे। इसलिए 'मुझे-मुझे' चिल्लाते और धक्का-मुक्की कर आगे बढ़ आते, पाँच-सात बालकों को प्रसाद दे, वह खिसक जाता। यही कारण था कि प्रसादवाले के आते ही हर बालक यह कोशिश करता कि वह प्रसाद पानेवाले पाँच-सात में रहे, वंचित रह जाने वाले दस-बीस में नहीं। हंगामे का यही कारण था।

मैं सोच रहा था कि इन बालकों में जो आगे चलकर धर्म के क्षेत्र में जायेंगे, वे कठमुल्ले बनेंगे—धार्मिक कट्टरता का शिकार होंगे और जो राजनीति के क्षेत्र में जायेंगे, वे पदलिप्सा की होड़ में फँसेंगे। समन्वय और सहिष्णुता किसी में न होगी; क्योंकि इस समय हम उन्हें प्रतीक्षा, अपने नम्बर पर चीज़ लेने की संयम-वृत्ति; यानी क्यू में लगने की आदत नहीं सिखा रहे हैं !

मेरी विचार-शृंखला टूट गयी, अपने प्रगतिशील मित्र की बात सुनकर—"क्यों जी, धर्म और ईश्वर ने इस ज़ाहिल को क्या दिया है ?" मैंने देखा, वे एक आदमी की तरफ़ देख रहे थे, जो हाथ में प्रसाद की छोटी-सी पुड़िया लिये मन्दिर में जा रहा था। पैर नंगे कि फटी बिवाइयों से ख़ून झलकाते, पिंडलियों

और घुटने ही नहीं, आधी जाँघें तक नंगी, कटि में मैला-फटा अँगोछा और इधर भरी सर्दी में भी अधिया क़मीज़; मैल से कीचड़ और झीर-झीर—सच यह कि पूरी तरह नंगा नहीं, तो निश्चय ही अधनंगा। वस्त्रों का यह हाल और शरीर ? शरीर पर मैल की परत, तो कहें कपड़ों के अभाव में नहाने के उस सुख से भी वंचित, जो पशुओं तक को सुलभ है।

ओह, मनुष्य होकर भी कितना दीन, कितना हीन ! एक बिजली-सी छू गयी तन-मन-प्राण को, पर यह कितनी उदार कि घोर अकिंचन होकर भी कुछ न कुछ भगवान् को अर्पण करने के लिए उत्सुक। प्रसाद की पुड़िया पर मैंने आँख फेरी कि एक बिजली-सी मेरे तन-मन-प्राण में कौंध गयी। तभी मित्र की बात—"क्यों जी, धर्म और ईश्वर ने इस ज़ाहिल को क्या दिया है ?"

विचार की पहली टंकोर में ही मैंने सोचा—समाज ने इसे जो कुछ दिया, वह इसके बाहरी रूप से ही स्पष्ट है, पर धर्म और ईश्वर ने ही इसे क्या दिया है कि यह प्रसाद, पूजा और स्तोत्र के रूप में उनके प्रति अपनी कृतज्ञता प्रकट करे—उनका गुणगान करे !

मित्र बोले—"पूँजीवादी सभ्यता ने धर्म और ईश्वर की अफ़ीम खिलाकर मनुष्य को ऐसा अन्धा बना दिया है कि वह समाज के निहित स्वार्थों के विरुद्ध—सामन्तों और पूँजीपतियों के ख़िलाफ़—बग़ावत का झण्डा तो दूर, विरोध की आवाज़ भी न उठा सके।" वे गरम हो गये—"सचाई यह है कि मन्दिर, मसजिद, गुरुद्वारे और चर्च इनसानियत के ऐसे क़ब्रिस्तान हैं, जिनमें इनसान के मुर्दे जिस्मों, शरीरों को नहीं, उनकी जीती-जागती आत्माओं को दफ़नाया जाता है कि वे साँस लेते रहें—जीते रहें, पर इनसान के सामाजिक अधिकार माँगने का नाम न लें।"

उनकी गरमी अभी बाक़ी थी; बोले—"ये मन्दिर और इनके त्रिपुण्डधारी पुजारी, ये मसजिदें और इनके मुल्लाटे, ये गुरुद्वारे और इनके दढ़ियल ग्रन्थी और ये चर्च और इनके चोगा-चण्डूल पादरी, पूँजीपतियों के उन ख़ज़ानों के चौकीदार ही तो हैं, जिनमें अवाम को चूसकर धन इकट्ठा किया गया है !"

मित्र की गरमी अब उफनकर उपसंहार ले रही थी—"अब कोई पूछे इस ज़ाहिल से कि तेरा इस मन्दिर से और इस धर्म से क्या मतलब ? क्या दिया है तुझे इन्होंने ? पर नहीं, धर्म और ईश्वर की अफ़ीम इसे इस तरह चटायी

गयी है कि ये सवाल इसके मन में उठ ही नहीं सकते !"

अपनी बात समाप्त करते हुए उन्होंने मुझसे कहा—"कैसा तेज़ है यह नशा कि यह ज़ाहिल, हनुमान की उस लाल भूत-सी मूरत पर चढ़ाने के लिए दो आने की बूँदी तो ख़रीद लाया, पर अपने कीचड़ कपड़ों को धोने के लिए साबुन नहीं ला सका !"

मेरा तन-मन सुन्न हो गया था कि जैसे नसों में दौड़ता ख़ून झटका खाकर ठहर गया हो। तभी मुझे याद आया गये अपने वे आँसू, जो उस दिन श्रीमती रमा रानी जैन का वह संस्मरण सुनकर अनायास ढुलक पड़े थे। संस्मरण क्या है, धर्म और ईश्वर के नशे का राक्षसी ताण्डव है। 1946 के दिन थे। कलकत्ता साम्प्रदायिक उफान में उबल रहा था। एक छोटी कार में रमा रानी जी और श्री साहू शान्ति प्रसाद जैन कहीं जा रहे थे। मुस्लिम मोहल्ले के पास, ज्यों ही कार आयी कि ऐंजिन छुन्न से ठण्डा हो गया। सड़क में ढलानी गड्ढा था, उसमें पानी भरा था और गाड़ी नीची थी। गाड़ी पानी से बाहर आये, तो ऐंजिन चले, पर तभी कुछ मुसलमानों ने गाड़ी को घेर लिया और एक ने छुरा चलाया। छुरा शीशे पर पड़ा, शीशा टूट गया और साहू जी के सचिव को चोट आयी। दूसरे मुसलमान ने हाथ बढ़ाकर सचिव की जेब से सब नोट, निकाल लिये।

बस, अब प्राणों पर मृत्यु का हाथ पड़ने ही वाला था कि चमत्कार हो गया। पीछे से मिलिट्री का एक ट्रक आ गया और उसके संचालक ने परिस्थिति को भाँपकर पीछे ट्रक का धक्का दे, मोटर को पानी से बाहर निकाल दिया। मिलिट्री को देखकर हत्यारे भी ढीले पड़ गये और संकट टल गया। चलते-चलते रेखा खिंची—ये मुसलमान कैसे राक्षस हैं !

इस घटना के कुछ महीने बाद स्वतन्त्रता आ गयी, पर साम्प्रदायिक उफान शान्त न हुआ। साहू जी और रमा रानी जी डालमिया नगर से कलकत्ता लौट रहे थे। बिना स्टेशन गाड़ी रुकी, तो उन्होंने बाहर झाँका। ज़ंजीर खींचकर गाड़ी रोकी गयी थी। पास के डिब्बे से मुसलमानों को खींचा जा रहा था और तलवारनुमा लम्बे लोहे से उन्हें मार कर नीचे फेंका जा रहा था। चलते-चलते मन में रेखा खिंची—ये हिन्दू कैसे राक्षस हैं !

प्रगतिशील मित्र की गरमी में पिघलकर ये दोनों रेखाएँ एक हो गयीं—यह

धर्म और ईश्वर का नशा कितना तेज़ है कि उसमें धुत्त होकर आदमी न हिन्दू रहता है, न मुसलमान, सिर्फ़ राक्षस बन जाता है और मेरी आँखों में समा गया, वही दृश्य कि वह कंगाल अधनंगा प्रसाद की पुड़िया लिये हनुमान के मन्दिर में जा रहा है और गूँज उठा मन में मित्र का वह प्रश्न—"क्यों जी, धर्म और ईश्वर ने इस ज़ाहिल को क्या दिया है ?"

प्रगतिशील मित्र की तपती बातचीत और रमा रानी जी का जलता संस्मरण; दोनों ने मन को झँझोड़ दिया था। मैं अपनी कुटिया में आकर चुपचाप लेट गया। मन में विचार ही विचार थे यह सच है, पर यह भी सच है कि कोई विचार न था। कहूँ, विचारों की आँधी में सूखे पत्ते की तरह मैं उड़ रहा था—एकदम अस्तित्वहीन, व्यक्तित्वहीन। इस आँधी की धूल-धक्कड़ में एक गूँज थी—"क्यों जी, धर्म और ईश्वर ने इस ज़ाहिल को क्या दिया है ?"

आँधी ज़रा रुकी, तो विचार में अंकुर फूटा—भगवान् को दीनबन्धु कहा है। धर्म भगवान् और मनुष्य के बीच की कड़ी है। धर्म और भगवान् दीन-हीन का सहारा रहे हैं—'सूर किशोर-कृपा तें सब बल हारे को हरि नाम'—पर जो चीकट अधनंगा दीन मैंने देखा है, उसे धर्म और ईश्वर ने क्या दिया है ? फिर वह अकेला ही तो नहीं, वैसे तो लाखों-करोड़ों हैं ! तो उन्हें धर्म और ईश्वर ने कुछ नहीं दिया, पर जीवन-शास्त्र का सिद्धान्त है कि जो अनुपयोगी है, वह जीवन में अधिक दिन नहीं टिकता। फिर यह धर्म और ईश्वर का सहारा कैसा है कि जिन्हें कुछ नहीं देता, उन्हीं के जीवन में सबसे अधिक गहरा हो टिका है कि हिलता ही नहीं !

चीकट और झिरका हुआ बुरका, पैरों में फटा-लीथरा चप्पल कि पैरों को वह चलाये नहीं, पैर ही उसे घसीटें, मेरी चिक के बाहर यह कौन खड़ी है ?

"भाई जी हैं ?" उसने पूछा और परिचय दिया—"मैं रियाज की माँ हूँ।"

"आओ बड़ी बहन !" मैंने उन्हें भीतर बुला लिया। वे दूसरी ओर मुँह करके परदे की मर्यादा में बैठ गयीं, बुरका उन्होंने ऊपर कर लिया कि बात कर सकें !

एकलौता बेटा रियाज कुछ महीने पहले टी. बी. में मर गया। अब दुनिया में अकेली है रियाज की माँ ! कौन था रियाज ? वह मेरे क़स्बे का एक नागरिक था। उसके दो रूप मेरी आँखों में घूम गये ? यह है सन् 35; रियाज

अपनी चमकती और चौंकती घोड़ी पर सवार है, बदन में शिकारी कोट, पैरों में ब्रीचेज, नीचे दमकता बूट और हाथ में क़ीमती हण्टर; नवाब सन् पैंतीस के उपनाम से लोक द्वारा अलंकृत। बाबा लाख रुपये नक़द, ज़मीन-जायदाद, मकान-सवारी, सभी कुछ छोड़कर मरे थे, रियाज पूरी जौलानियों पर था !

यह है सन् 54; "चचाजान, मुझे ज़्यादा न दे सकें, तो छह रुपये तो ज़रूर ही दीजिए।" फटेहाल रियाज सामने खड़ा था, इस दर्द-भरी कहानी के साथ–"माँ गिरकर चोट खा गयी थी। और कुछ पास न था, तो रजाई गिरवी रख, छह रुपये ले लिये थे। अब सर्दी पड़ने लगी है और रजाई वापस लेनी है !"

रियाज की माँ मेरे साम्ने बैठी थी, जिसके हर रोम में सौ घाव और हर घाव में सौ टीसें थीं, पर उन्हें भूलकर जिसके सामने सवाल था यह –"मकान-मालिक कोठरी का किराया माँगने हर हफ़्ते आता है और गली में खड़े होकर ज़ोर-ज़ोर से चिल्लाकर सामान बाहर फेंकने की धमकी देता है। मोहल्ले-पड़ोस में सब सुनते हैं, फुसफुसाते हैं, पर हमदर्दी का हाथ कोई नहीं बढ़ाता !"

उपसंहार में उसने कहा–"जिसकी शादी रुकने लगती थी, उसकी शादी करा देते थे, जिसकी पढ़ाई रुकने लगती थी, उसकी पढ़ाई करा देते थे, जिसका कोई और काम अटक जाता था, हाथ लगा देतें थे। वे दिन भी देखे थे और ये दिन भी देख रही हूँ, फिर भी खुदा के नाम पर साबिर (सन्तुष्ट) हूँ कि शायद उसने आख़पत (अन्तिम समय) के लिए कुछ अच्छे ऐमाल (शुभ कर्म) बचाकर रख लिये हों !"

यह मेरे सामने बैठी है रियाज की माँ और यह उसके पास आकर खड़ा हो गया है हनुमान के मन्दिर में प्रसाद चढ़ानेवाला चीकट मज़दूर। मैं कभी एक को देख रहा हूँ, कभी दूसरे को, पर मेरे कानों में गूँज रहे हैं ये बोल–"फिर भी खुदा के नाम पर साबिर हूँ कि शायद उसने आक़बत के लिए कुछ अच्छे ऐमाल बचाकर रख लिये हों।"

मैं भीतर उतरकर उनका अर्थ खोज रहा हूँ, फलितार्थ आँक रहा हूँ। वह है घोर निराशा में भी अमिट आशा की किरण, बिगड़े वर्तमान में भी सुधरे भविष्य का विश्वास, होली के उमड़ते धुएँ में भी दीवाली की रोशनी की चमक और लोक के खण्डित जीवन में परलोक के मण्डित जीवन की गारण्टी !

मेरी व्यथित आत्मा में सुख की एक फुहार-सी बरस पड़ी है और मैं सोच रहा हूँ—घोर निराशा में आशा की किरण, बिगड़े वर्तमान में सुधरे भविष्य का विश्वास, होली के उमड़ते धुएँ में दीवाली की रोशनी की चमक और लोक के खण्डित जीवन में परलोक के मण्डित जीवन की गारण्टी का दान—वह लाख कपोल-कल्पित हो, क्या दीन-हीन के लिए धर्म और ईश्वर का महान् वरदान नहीं है ? साथ ही हमारी बौद्धिकता के लिए क्या यह उचित है कि वह जिस दीन-हीन को कुछ भी नहीं दे पायी, उससे उसका यह एकमात्र सुख छीनने को भी अपना पंजा बढ़ाये ?

यह कुन्द की कली-सी, अपने में छली-सी, बिजली-सी कौन है, जो मेरे पास आकर खड़ी हो गयी है ? कौन हो तुम ?

"मैं वही बौद्धिकता हूँ, जिसे आप अभी याद कर रहे थे और आपसे और आपके द्वारा इस देश के निवासियों से यह कहने आयी हूँ कि आप लोग मिलकर यह भी सोचें कि उस दीन-हीन का सुख छीनना भले ही उचित न हो, पर यह तो उचित है ही कि अब उसे वह कम से कम तो मिले ही, जिसे पाकर वह इस स्थिति में आ जाये कि जिसमें धर्म और ईश्वर केवल प्रलोभन, आश्वासन और भयमात्र ही नहीं रह जाते !"

□

मध्य भारत की श्रद्धा के फूल

"दादा तो 20 तारीख़ को इन्दौर ही आ रहे हैं, फिर क्या करेंगे खण्डवा जाकर ?"

भाई श्रीराम शर्मा 'आगार' ने पूज्य माखनलालजी के दर्शन करने को खण्डवा जाने का मेरा प्रस्ताव सुनकर मुझसे यह पूछा, तो मेरे प्रश्न का यह उत्तर ही हो गया। अस्वस्थता के कारण यात्रा का बोझ उठ न रहा था और भावना की प्रबलता के कारण पैर रुक न रहे थे। कवि 'आगार' के प्रश्न ने गति अवरोध का समन्वय कर दिया।

अब 20 अक्टूबर 1951, मेरी यात्रा भी थी और मंज़िल भी। मालव हिन्दी विद्यापीठ उस दिन इन्दौर में 'माखनलाल अभिनन्दनोत्सव' कर रहा था और दादा ने कृपा कर उसमें आना स्वीकार कर लिया था।

भगवान् की कृपा भी जब बरसती है, तो सावनी समा होकर। श्री रामनारायण विजयवर्गीय को तार मिला कि दादा 19 की रात में महू में विश्राम करेंगे और 20 को प्रातः इन्दौर जायेंगे। मैं भी महू में ही था, यह सोने में सुगन्ध !

20 अक्टूबर 1951 की प्रातः महू में श्री वियोगी हरि का भाषण था। दादा वयस्कों को मान-महिमा और छोटों को प्यार-प्रतिष्ठा देने में सदा खुले हाथ रहे हैं फिर वे वियोगी हरिजी के भाषण में क्यों न आते ? वे आ बैठे गद्दी पर, तकिये के सहारे, तो महू के रामचन्द्र-भवन को एक ऐसा दृश्य देखने का सौभाग्य मिला कि यहाँ की फ़ौजी धरती कृतार्थ हो गयी।

हमारे देश के हर नगर में औसतन नौ संयोजक रहते हैं, पर महू के

धारा से ऊपर उभार, प्रवाह की तरलता को क्षण-भर के लिए भंग कर देता है। निश्चय ही इस दृश्य में भी एक सौन्दर्य होता है।

ऐसे ही कुछ क्षण इस भाषण-प्रवाह में भी तब आये, जब उन्होंने अपने पिछले जीवन की एक खिड़की को ज़रा यों ही खोलते हुए-से कहा, "जीवन में एक दिन देउस्करजी ने काशी के दशाश्वमेध घाट पर खड़े हो, मेरे हाथ में पिस्तौल देने के बाद गीता की पोथी भी थमा दी। विद्रोही की पिस्तौल काम करती है और कभी हाथ काँपते हैं, तो गीता का बल अपना काम करता है। दिल्ली दरबार के बम-काण्ड के बाद इन्हीं हाथों कई काँपते कायर तरुणों को समाप्त किया गया। ऐसा न होता, तो उस काण्ड का इतिहास कुछ और ही दिशा लेता !"

मैंने यह सुना, तो लगा कि हम माखनलालजी के साहित्य की जिस विशालता का आज अभिनन्दन कर रहे हैं, वह तो उनके जीवन की विराट्ता की छाया ही है और क्या महान् लेखक माखनलाल के जीवन की यह विराट्ता अनलिखी ही रह जायेगी ?

पैंतालीस मिनिट वे बोले और तकिये से आ लगे। कई बार देखा है कि उनकी वाणी अपनी ओर से कभी नहीं बोलती। वे भाषण करें या कविता पढ़ें और या फिर किसी से विचार-विमर्श में ही सम्मति दें, उसे हृदय के निरन्तर निर्देशन में चलना पड़ता है। यही कारण है कि उनके स्नायुजाल पर सदैव ज़ोर पड़ता है, जिसे वे भले ही न कहें, सहते तो हैं ही ! और फिर हृदय की यह सतत जागरूकता, जीवन के हर व्यवहार में हृदय का यह संगम ही तो माखनलाल हैं !

धन्यवाद के साथ यह अनुष्ठान पूर्ण कि मालव साहित्यकार-संसद् के सभापति कवि डॉक्टर शिवमंगल सिंह 'सुमन' के अधिपतित्व में कवि-सम्मेलन आरम्भ। बलिहारी 'सुमन' के शालीन-चातुर्य की कि आरम्भ में ही पढ़ीं पूज्य माखनलालजी ने अपनी दो कविताएँ। ओह, उनकी 'माँ !' अजर भी और अमर भी, भावों और चावों-भरी महान् कृति ! सचमुच माखनलालजी का अपनी जगह कोई जोड़ नहीं और वे, वे—जिन्हें यह जा रहा युग नहीं, वह आ रहा युग ही ठीक-ठीक पहचानेगा।

कवि-सम्मेलन का वातावरण यों जमकर उतरा, सो बस उतरा और मैंने सीख लिया कि अनुष्ठान और तमाशा कभी एक साथ न हो, भजनोपदेशकों को भीड़ जोड़ने का काम सौंप, आर्यसमाज के प्रवक्ता कहाँ पहुँचे ?

मेरा अभिनन्दन महान् माखनलाल के श्रीचरणों में और मेरी बधाई उन भावुक तरुणों को, जिनके माध्यम से मध्य भारत ने श्रद्धा के ये फूल चढ़ाये।

□

आपबीती या जगबीती ?

जी हाँ, दुनिया बदल रही है और हमारा देश भी दुनिया में है इसलिए वह भी बदल रहा है।

क्या कहा आपने ? क्या पूछा ? "क्या यह बदलना, बदलते रहना कुछ अच्छी बात है ?"

जी हाँ, बदलना, बदलते रहना अच्छी बात है, बहुत अच्छी बात है और अच्छी बात ही नहीं आवश्यक बात है !

"क्यों ?"

ओह, अभी आपके प्रश्न समाप्त नहीं हुए ? तो लीजिए यह उत्तर कि बदलना इसलिए आवश्यक है कि आप और मैं इस प्यारी दुनिया में रह सकें। और आप यहीं एक नयी क्यों—किस तरह न जड़ दें, इसलिए इतना और कि यह दुनिया न बदलती होती, पुराने लोग अपनी जगह ज्यों के त्यों जमे रहते, तो मैं और आप कहाँ रहते ? हमारे लिए जगह कहाँ होती इस दुनिया में ?

इस बात को यों समझिए कि कली बदलती है फूल का जन्म होता है, फूल बदलता है फल का जन्म होता है, फल बदलता है बीज का जन्म होता है, बीज बदलता है वृक्ष का जन्म होता है और उस पर फिर एक नयी कली फूटती है। तो है न यह अच्छी और आवश्यक बात कि दुनिया बदलती है।

और लो छोड़ो दुनिया की बात, जग में रहते हैं, तो जगबीती चलती ही रहती है, पर आज मैं आपको आपबीती सुनाऊँ कि इस बदलती दुनिया में मैं स्वयं कैसे बदलता रहा हूँ।

"ओह हो ! तो आप भी बदलते रहे हैं ? सच ? पर हमें तो आप बरसों से ज्यों के त्यों दिखाई दे रहे हैं ?"

जी हाँ, बदलता रहा हूँ, पर बदलने को आँकनेवाली आँख शायद आपके पास नहीं है। लीजिए, वह आँख मैं आपको देता हूँ कि आप आँक सकें कि मैं कब-कब और कितना-कितना बदला हूँ। तैयार हैं आप ?

"बिलकुल और बिला शक !"

तो फिर आप बातचीत आगे बढ़ाने से पहले यह जान लीजिए कि 'मैं' का अर्थ है एक लेखक, कोई एक व्यक्ति नहीं और अब यह कि मैं एक लेखक हूँ। हज़ारों साल पहले मेरा जन्म हुआ था और लाखों साल मैं जीता-जागता रहूँगा। जी हाँ, जी हाँ, मैं लेखक हूँ और आज अपने जीवन के एक अध्याय की कहानी आपको सुना रहा हूँ—1919 से 1946 तक का अध्याय।

"मेरी गिरफ़्तारी पर कोई हड़ताल न हो, न हलके-फुलके प्रदर्शन हों और न जुलूस ही निकाले जायें। मैं जेल के सींख़चों के पीछे बैठा हुआ, ख़ुशी के साथ यह देखता रहूँ कि देश का काम पंजाब मेल की रफ़्तार से आगे बढ़ रहा है।"

ये थे गाँधीजी के बोल, जो उन्होंने अप्रैल 1919 में कहे। सुना तो मैं पुलकित हो उठा और मुझे लगा कि मेरी नसों में एक नया ख़ून बह रहा है और उसमें एक नयी बात पैदा हो गयी है। मेरे ख़ून में एक नयी बात पैदा हुई थी तब, जब दादा भाई नौरोजी ने नारा दिया था—भारत स्वराज्य के योग्य है। बात यह थी कि भारत को गुलाम बनानेवाले अँगरेज़ का ऐलान था कि भारत स्वतन्त्र होने के योग्य नहीं है और धीरे-धीरे ज्यों ही वह योग्य होगा कि हम उसे स्वतन्त्रता दे देंगे। इस ऐलान की करारी काट थी दादा भाई का नारा।

इस नारे ने अँगरेज़ के ऐलान को ही नहीं काटा, मेरी क़लम के सब बन्धन भी काट दिये और तब उसने इसे सत्य का स्वरूप देने के लिए तथ्यों, आँकड़ों, विवरणों, विश्लेषणों, दलीलों और अपीलों के अम्बार लगा दिये। मैं इस अम्बार को और ऊँचा करने में जुटा ही हुआ था कि एक गम्भीर गर्जना कानों में पड़ी, "स्वराज्य हमारा जन्म-सिद्ध अधिकार है !"

यह लोकमान्य तिलक की आवाज़ थी। इस गर्जना की घोषणा थी कि स्वराज्य पाने के लिए योग्यता सिद्ध करने की आवश्यकता ही नहीं है, क्योंकि स्वराज्य योग्यता का पुरस्कार नहीं, हमारा मानवीय अधिकार है।

तिलक महाराज की यह घोषणा सुनकर मेरे ख़ून में फिर एक नयी बात पैदा हो गयी थी और मेरी क़लम में एक चमक आ गयी थी। इस चमक में तथ्यों, आँकड़ों की जगह तेज़ी थी, बल था, प्रेरणा थी। कहूँ, ज्ञान की जगह भावना ने ले ली थी। अब क़लम से भावना बरसती और जन-मन में उमड़ उठती, जोश लहरें लेने लगता। इस जोश में तड़प थी गुलामी के बन्धनों की, बेचैनी थी उन्हें तोड़ डालने की और इस तोड़ने में अपने को जुटा देने की और मिटा देने की भी।

मैं सब कुछ करने को तैयार था, पर वह सब कुछ क्या है, यह न जानता था। मैं चलने को तैयार था, अपने में चलने की ताक़त भी महसूस करता था, पर वह राह मेरे सामने न थी, जिस पर चलूँ। गाँधीजी के बोल कानों में पड़े, तो वह राह ही मेरे सामने खुल पड़ी। बात यह हुई थी, आपको याद ही होगा कि रोलेट एक्ट गुलामी की बेड़ियों को और भी मज़बूत करनेवाला क़ानून था। गाँधीजी ने इसका विरोध करने के लिए 30 मार्च 1919 को हड़ताल करने, जुलूस निकालने, जलसे करने और उपवास करने का आदेश दिया था। बाद में यह तारीख़ बदलकर 6 अप्रैल 1919 कर दी गयी, पर ठीक सूचना न मिलने के कारण दिल्ली में 30 मार्च को ही हड़ताल हुई, जुलूस निकला और गोली चल गयी। बाद में लाहौर-अमृतसर में भी झपटें हुईं, तो गाँधीजी को दिल्ली बुलाया गया। तभी गाँधीजी ने ये बोल कहे थे, जिन्हें सुनकर मेरे ख़ून में फिर एक लहर उठी थी और मेरी क़लम में एक नयी दमक पैदा हो गयी थी।

इस दमक में एक आग थी जो चाहती थी कि भले ही उसमें मैं भी जल जाऊँ, पर यह गुलामी का जंगल ज़रूर जल जाये। इस आग के कारण मेरे सिर पर डण्डे पड़े, हाथों में हथकड़ियाँ कसी गयीं, पैरों में बेड़ियाँ ठुकीं और बार-बार जेल के सींख़चों में मुझे बन्द किया गया, पर मेरी क़लम चलती रही, अपना काम करती रही। उसकी दोनों जिह्वाएँ एक हो, देश के काम में जुटी रहीं। मेरी घोषणा थी :

"जुबाँ को बन्द करें या मुझे असीर करें,
मेरे ख़याल को बेड़ी पिन्हाँ नहीं सकते !"

देश में कहावत की तरह यह बात प्रचलित थी कि अँगरेज़ों का समर्थक कोई पत्र जीवित नहीं रह सकता और कोई पुस्तक लोकप्रिय नहीं हो सकती।

क्यों ? क्योंकि मेरी जिह्वाएँ एक हो देश के साथ थीं। यों ही कई साल बीत गये।

ऐं ? यह कैसी आवाज़ है ? ओह, मालूम होता है कहीं ज्वालामुखी फट पड़ा है—खटाखट्ट, धड़ाम, हाय रे, मारो, बचाओ। कैसा शोर कि उसमें हुंकार भी है चीत्कार भी है !!

जी, कहीं ज्वालामुखी नहीं फटा; यह तो कोहाट और सहारनपुर के साम्प्रदायिक दंगों की आवाज़ थी, जो बाद में चारों ओर फैल गयी। और ये दंगे ? ये विदेशी शासक की जादूगरी के चमत्कार थे, जो काँग्रेस और ख़िलाफ़त की एकता से घबरा गया था और अब योजनापूर्वक भेद की डुगडुगी बजा रहा था ! यह डुगडुगी बहुत पुर-असर थी—प्रभावशाली थी—मसजिद और मन्दिर दोनों ही इससे गरम हो उठे थे। उन दिनों की हालत एक व्यंग्य चित्र—कार्टून—में दी गयी थी, जो इस तरह था कि भारतमाता बीच में खड़ी है और उसके बायें हाथ एक मुसलमान और दायें हाथ एक हिन्दू खड़ा है। दोनों की आँख पर पट्टी बँधी है और दोनों लाठी चला रहे हैं। हिन्दू सोचता है, मैं मुसलमान को मार रहा हूँ और मुसलमान सोचता है मैं हिन्दू को मार रहा हूँ, पर असल में दोनों की लाठी पड़ती रहती है भारतमाता के भाल पर, यानी सिर फूटता है भारतमाता का और यह सब उस जादूगर की डुगडुगी का असर था।

ऐं ? यह क्या ? मेरी क़लम की दोनों जिह्वाओं के बीच में एक ख़ाली जगह हो गयी है, जिसने उन्हें अलग-अलग कर दिया है। एक दिन मैंने यह देखा तो भौंचक रह गया। दोनों जिह्वाएँ ही अलग न हुई थीं, उनके शब्द और स्वर भी बदल गये थे और सच कहूँ आपसे, क़लम ही बदल गयी थी और इससे भी बड़ा सच यह कि मेरे फेफड़े अलग-अलग हो गये थे, मेरा हृदय बँट गया था और यह सब जादूगर की उसी डुगडुगी का नतीजा था ! यों ही कई साल बीत गये। ज्वालामुखियाँ फटती रहीं, धड़ाके होते रहे, क़लम की जिह्वाओं के बीच की खाई चौड़ी होती रही।

ओह, क्या सुहावना मौसम है। नयी महक, नयी चहक, खुशबू और ख़ूबसूरती बरस पड़ी है। जानते हैं आप यह अचानक क्या बात हुई ? नहीं जानते ? यह हमारे राष्ट्रीय इतिहास के सर्वोत्तम वसन्त का उदय है। वह

देखिए, गाँधीजी अपने चुने हुए साथियों के साथ नमक सत्याग्रह के लिए डाण्डी की ओर जा रहे हैं। देश में चारों ओर एक नयी सिहरन है, नयी दिलचस्पी है, नयी उमंग है, नये इरादे हैं। मार्च-अप्रैल 1919 लगता है मार्च-अप्रैल 1930 में जाग उठता है। सब कुछ बदल रहा है और लीजिए, इधर भी तो देखिए, मेरी क़लम की जिह्वाओं के बीच की खाई एकदम कम हो गयी है और कमाल यह कि अपने-आप और 4 मार्च 1931 को देश के नेता गाँधीजी और अँगरेज़ी हुकूमत के प्रतिनिधि लॉर्ड इरविन में समझौता हुआ, तो मुझे लगा कि मेरी क़लम फिर ज्यों की त्यों हो गयी, उसकी दोनों जिह्वाएँ मिलकर एक हो गयी हैं।

यह लो, सुना आपने ? जादूगर की डुगडुगी फिर बज उठी और कमाल देखिए जादूगर का कि इस बार डुगडुगी भारत में नहीं बजी, बजी इंग्लैण्ड में; जहाँ भारत के राजा-ज़मींदारों, रायबहादुर-ख़ानबहादुरों और दूसरे सरकार-परस्तों के बीच गाँधीजी भी बैठे थे—गोलमेज़ कान्फ्रेन्स में, वाह रे जादूगर और वाह री डुगडुगी कि औरों की क्या बात, गाँधीजी भी चकरा गये थे—इस अर्थ में कि उसमें उलझने से देश के इन लोगों को न बचा सके और लौट आये। इस दशा में मेरी क़लम की भी दो जिह्वाओं के बीच की खाई फिर चौड़ी हो गयी, तो क्या आश्चर्य ?

उतार-चढ़ाव आते रहे और यों ही बीत गये कई वर्ष। तब आया तूफ़ान, संसार में वेग से, तो देश में महावेग से—एक तरफ़ दूसरा विश्वयुद्ध, तो दूसरी तरफ़ संसार के इतिहास की सबसे बड़ी क्रान्ति—भारत छोड़ो ! दमन का चक्र इतना प्रचण्ड कि मेरे लिए क़लम हिलाना भी मुश्किल, पर मुश्किलों में भी जिसकी क़लम न चले, वह लेखक ही क्या ? क़लम की दोनों जिह्वाओं के बीच की खाई ज्यों की त्यों थी, पर एक जिह्वा कष्ट सहकर भी देश के साथ थी, तो दूसरी अपने साम्प्रदायिक रूप को भूल विदेश के साथ थी, पर तूफ़ान के थमते ही 1945-46 में उसने जो ज़हर बरसाया, वह पुराने सब विषों से तेज़ था।

इस विष में ऐसा दमघोंटू धुआँ था कि उसमें देश की बात कौन सुने, देश को साँस लेना ही दूभर था। मदारी की डुगडुगी अपने पूरे ज़ोर में थी। उसका एक स्वर उठता कि हिंसा लहरा उठती, दूसरा स्वर उभरता कि प्रतिहिंसा।

अखण्ड जीवन की प्यास देश में थी, पर जीवन की राह न थी, गाँधीजी अ-शर्त बलिदान की जो बात कह रहे थे, उसे समर्थन देने की ताक़त मेरी क़लम में न थी। दोनों जिह्वाओं के बीच की खाई बेहद चौड़ी हो गयी थी और ज़हरीली जीभ बेहद तेज़ी से चारों ओर आग बरसा रही थी। इस आग में सब कुछ जल जाने का ख़तरा पैदा हो गया था और देश का जागृत मस्तिष्क उस सब कुछ में से बहुत कुछ को बचाने की बात सोचने लगा था। यह मेरी ही जीत थी, यह मेरी ही हार थी और इन दोनों के बीच मैं ऐसा उलझा था कि निकलना सम्भव न था और बदलती दुनिया में लेखक के जीवन का अध्याय एक ऐसे वातावरण में समाप्त हो रहा था कि न रोना सम्भव था, न मुसकराना। कुछ हालत यों थी–

"अल्लाह रे, उसका हाले-ज़बूँ अल्लाह रे, उसकी ख़ामोशी !
जो दिल में समन्दर रखता हो और आँख में आँसू ला न सके !!"

□

लाल क़िले की ऊँची दीवार से

मसूरी में ऑल इण्डिया रेडियो का उस दिन निमन्त्रण मिला, तो मैं दुविधा में पड़ गया। निमन्त्रण था 15 अगस्त 1951 के स्वतन्त्रता-समारोह की रनिंग कॅमेण्ट्री–आँखों-देखा हाल–प्रसारित करने का।

15 अगस्त को लाल क़िले के सामने खड़े होना ही एक सौभाग्य की बात है, फिर यह तो लाल क़िले पर खड़े होने का अधिकार-पत्र था, पर इधर के महीने रोग में ही गये हैं और रनिंग कॅमेण्ट्री के लिए जिस ताज़गी की ज़रूरत है वह मुझमें न थी।

श्रीमती विद्यावती कौशल ने मेरे मर्म को एक टंकोर दी, "आपकी भावना के अनुसार यह तो राष्ट्र का निमन्त्रण है !" और मैंने उसे स्वीकार कर लिया। ठीक तो है कि यहाँ इनकार की गुंजाइश ही कहाँ है ?

हिन्दी में रनिंग कॅमेण्ट्री का वास्तविक विकास इन्हीं वर्षों में आरम्भ हुआ है। उत्सवों का 'रिपोर्टिंग' हमारे दैनिकों में रोज़ की बात है और बाद में प्रकाशित होनेवाले उनके संस्मरण और रिपोर्ताज भी अब दुर्लभ नहीं, पर रनिंग कॅमेण्ट्री तो क़लम नहीं, वाणी का रिपोर्ताज है। इसका उद्देश्य है : दूर-दूर फैले श्रोताजनों को घर बैठे ही उत्सव की जानकारी और आनन्द देना। सच यह है कि जनता के मानसिक भोजन में रेडियो ने ध्वनि-रूपक और आँखों-देखा हाल, इन दो नये व्यंजनों की सृष्टि की है, जो स्वास्थ्यवर्धक भी है और स्वादिष्ट भी।

15 अगस्त 1951 : भारतीय स्वतन्त्रता की पाँचवीं जन्मतिथि। प्रातः सात बजे मैं दिल्ली के लाल क़िले की ऊँची दीवार पर खड़ा था। ऐसे स्थान पर पहुँच भावुक मन भावनाओं से भर जाता है। लाल क़िले की उम्र इतनी नहीं है, पर

यह अपने में एक हज़ार वर्षों का इतिहास समेटे खड़ा है। क्या नहीं देखा बेचारे ने !

मुझे लगा कि मेरी ही तरह यह लाल क़िला भी आज कुछ सोच रहा है। सहानुभूति से मैंने कहा, "क्या सोच रहे हो दुर्गसम्राट् ?"

"सोचूँ क्या, ख़यालात की भीड़ में खुद खो-सा रहा हूँ भाई ?" लाल क़िले ने कहा।

"हाँ, अपने पुराने वैभव को याद कर रहे होगे तुम !" मैंने उसे टटोलने को उसका मर्म छू दिया।

"ना, ना, तुम ग़लत समझे भाई ! यह ठीक है कि मैंने वैभव के दिन देखे हैं। किसी दिन मैं क़ीमती रत्नों से लक़दक़ था और आज कोरा पत्थर हूँ, पर उस वैभव के पीछे इतना नृशंस रक्तपात था कि वह वैभव मुझे बोझ हो गया था। उसके बाद जो दिन आये, उनकी चर्चा ही फ़िज़ूल है। अपने निर्माताओं का नाश ही मैंने नहीं देखा, अपना सर्वनाश भी मैंने देखा, पर ज़िन्दगी में अब कुछ दिनों से मैं अमन-चैन की साँस ले रहा हूँ।"

"क्या नयी बात है आजकल ?" मैंने उसे फिर खराद पर चढ़ाया, तो वह बोला, "मैं मनुष्यों का निर्माण हूँ और सदा मनुष्यों के ही साथ रहा हूँ, पर मैंने सदा मनुष्य को मनुष्य का ख़ून पीने की तैयारी करते ही देखा है। मेरे द्वार से सदा जो आदेश दिये गये हैं, उनका सार है : 'मारो, काटो और मिटा दो !' इन आदेशों को सुनते-सुनते मैंने मान लिया था कि इनसान भी एक जंगली ख़ूनी जानवर ही है, पर इधर कुछ दिन से मेरे दरवाज़े पर एक नया झण्डा लगा है। उसमें केशरिया, सफ़ेद और हरी, ये तीन पट्टियाँ हैं और बीच की पट्टी पर एक चक्र का निशान है।

इस झण्डे की छाया में अब जो नये सन्देश और आदेश दिये जाते हैं, उनमें प्यार, मुहब्बत और नयी रचनाओं की बातें होती हैं। कहने का ढंग भी हुंकार और खा-फाड़ का नहीं, आ-बैठ का होता है। यह सब सुनकर मैं सोचता हूँ कि एक नयी दुनिया में पहुँच गया हूँ और अब इनसान भी जंगल की झाड़ियों से निकल अपने घर आ गया है। मुझे लगता है, इनसानियत ने अब नयी ज़िन्दगी पायी है।"

"कहिए, सब ठीक है ?"

लाल क़िले की बात पूरी हुई ही थी कि ये बोल मेरे कानों में पड़े। आल इण्डिया रेडियो, नयी दिल्ली के स्टेशन-डायरेक्टर (बाद में डायरेक्टर जनरल) श्री बलवन्त भट्ट मेरे बूथ के सामने खड़े थे। कुछ लोग होते हैं, जिनसे मिलकर प्रसन्नता होती है, कुछ लोग हैं जिनसे विचार-विमर्श करके सन्तोष मिलता है, पर श्री भट्ट का व्यक्तित्व इतना सरस, संयत और समर्थ है कि उन्हें समीप पाकर एक ऐसी सन्तुष्ट प्रसन्नता मिलती है कि सहृदय मनुष्य सब कुछ पाया-सा अनुभव करता है।

भट्टजी की व्यवस्था-नीति संक्षेप में यह है कि वे जिसे जो काम सौंपते हैं, उसका पूरा विश्वास करते हैं, पर अपनी सतर्कता को पल-भर के लिए भी ऊँघने नहीं देते !

पूछ-कह वे दूसरी ओर बढ़े, तो मैंने बूथ की खिड़कियों से बाहर झाँका। आठ बज रहे थे और कॅमेण्ट्री का आरम्भ 8-20 से होना था। लाल क़िले के सामनेवाले मैदान में नीचे दर्शक आ रहे थे, पर कुरसियाँ और लॉन अभी ख़ाली ही थे। मन में एक धक्का-सा लगा—क्या जनता में स्वतन्त्रता समारोह के लिए इतना भी उत्साह नहीं है ?

प्रोग्राम में 8-16 पर अपना स्थान ले लेने की सूचना थी, पर 8 तो अब बज ही रहे थे। कॅमेण्ट्री का आरम्भ मेरे साथ श्री देवकीनन्दन पाण्डे को करना था, इसलिए मैं बूथ से बाहर आ गया। लाल क़िले के द्वार पर एक सबल स्तम्भ के ऊपर राष्ट्रीय झण्डा बँधा था। उसके दायीं ओर विदेशी राजदूतों के लिए स्थान था और बायीं ओर हमारे मन्त्रियों एवं दूसरे प्रमुख अतिथियों के लिए।

दूसरे घेरे में पास-पास दो सुन्दर स्त्रियाँ बैठी थीं। मैं उन्हें देख आनन्द-विभोर हो गया। एक थीं श्रीमती कृष्णा हाथी सिंह और दूसरी सुश्री पद्मजा नायडू। पहली अपने महान् पिता का एक संस्मरण, तो दूसरी अपनी महीयसी माता का। स्वर्गीय पण्डित मोतीलाल नेहरू और श्रीमती सरोजिनी नायडू हमारे राष्ट्र के गौरव-स्तम्भ ही तो हैं !

अगली पंक्ति में ये लव-कुश-से दो बालक कौन हैं ? ये हैं पण्डित जवाहरलाल नेहरू के धेवते, जो राष्ट्र की ज़िम्मेदारियों के बोझ से दबे अपने

महान् नाना को कुछ पलों के लिए अपने में उलझा, प्रतिदिन देश की मूक सेवा करते रहते हैं।

और ये राजदूत ! गत चार वर्षों में भारत ने जो अन्तर्राष्ट्रीय प्रतिष्ठा प्राप्त की है, उसके जीवित प्रमाणपत्र-से और इन्हीं के बीच सुरक्षा परिषद् के निर्वाचित, पर भारत द्वारा अमान्य कश्मीर-निर्णय के प्रतिनिधि श्री ग्राहम; शालीनता के बुरके में छिपी धूर्तता के अग्रदूत, ऊपर से प्रसन्न, पर नेहरू और शेख़ के अकम्प निर्णयों से भीतर ही भीतर प्रकम्पमान !

और इन सबके बीच स्थिर तिरंगा झण्डा; मैं सम्मान की भावना में भींगा-भींगा-सा उसे देख रहा हूँ और मुझे लगता है वह भी मुझे देख रहा है। भाव-विभोर हो मैंने कहा, "क्या सोच रहे हो हमारे महान् राष्ट्रध्वज ?"

अपनी इन्द्रधनुषी मुसकान में उसने कहा, "विश्व में दूर-दूर फैले भारत के राजदूत-भवनों पर लगे उन तिरंगों को देख रहा हूँ, जो मेरे साथ ही फहराने वाले हैं और सोच रहा हूँ कि यदि उन सबका एक मानचित्र बनाया जाये, तो वह पारिभाषिक रूप में ही नहीं, यथार्थ में भारत के आत्मगौरव का अद्भुत मान-चित्र होगा।"

बैण्ड की मधुर ध्वनि कानों में पड़ी, तो मैं भावना के उपवन से यथार्थ के चौराहे पर आ टिका। ओह ! इन्हीं कुछ मिनिटों में सारा दृश्य बदल गया था।

सिंहद्वार के सामने जल, स्थल और नभसेना की टुकड़ियों के साथ पुलिस की भी एक टुकड़ी अपना स्थान लिये सावधान खड़ी थी। उनके पीछे के चार लॉन राष्ट्र के नर-नारियों से भरे थे। उनके पास पाँच भागों में बट-बिछी कुरसियों पर पार्लामेण्ट के सदस्य, सैनिक अधिकारी, राजकर्मचारी और प्रमुख राजनीतिज्ञ विराजमान थे। कुरसियों के पीछे का बड़ा लॉन भी जनता से भरा था। कुरसियों के पास का बड़ा लॉन स्त्रियों के लिए सुरक्षित था, पर उसमें भी स्थान ख़ाली देख पुरुष घुस आये थे। इसके पास के बड़े-बड़े लॉन भी खचाखच जनता से भरे थे। इस विशाल महा-प्रांगण के अतिरिक्त आस-पास के सब मकान, छज्जे, छतें और वृक्ष भी मनुष्यों से भरे हुए थे।

मैंने पिछले किसी स्वतन्त्रता-समारोह में इतनी भीड़ नहीं देखी थी ! हमारे दश में भीड़ का साथी है—भभ्भड़, पर आज की भीड़, अपने पुराने साथी भभ्भड़ को कहीं राह में ही छोड़ आयी थी। सब अपने-अपने स्थान पर घुचे-मिचे बैठे थे, पर न हल्ला था, न धक्कम-धक्का।

हम इस शान्ति और स्वेच्छा-व्यवस्था का पूरा मूल्यांकन नहीं कर सकते, यदि यह न जान लें कि 14 अगस्त को जमकर पानी पड़ चुका था। इस समय आकाश खुला था, कड़ी धूप और घोर ऊमस से वातावरण इतना गरम था कि लोग पिघले जा रहे थे। झण्डों की बन्दनवारें लटकी हुई थीं, पर हवा का कहीं नाम न था और किसी झण्डे का कोना तक न हिल रहा था। वृक्ष कुछ ऐसे खड़े थे कि वे जैसे वृक्षों के स्टैच्यू हों।

यह स्तब्ध जन-सागर अचानक क्यों लहरा उठा ? ये दस-बारह लाख आँखें; एक आँख की तरह किसे ताक रही हैं ? शान्त बैठे नर-नारी उचक क्यों चले ? और यह सारा आकाश तालियों की गड़गड़ाहट से गूँज क्यों उठा ?

वे चले आ रहे हैं भारत के राष्ट्रीय कर्णधार पण्डित जवाहरलाल नेहरू—हमारे सितारे भी, सहारे भी ! उनके साथ रक्षामन्त्री श्री सरदार बलदेव सिंह और पीछे जल, स्थल, नभ-सेनाओं के प्रधान सेनापति और दो अंग-रक्षक !

वे सैनिक टुकड़ियों के सामने बने लाल मंच पर आ खड़े हुए। यह साढ़े आठ बजे हैं। सैनिकों ने उनका सम्मिलित अभिनन्दन किया कि बैण्ड के जड़ कण्ठ में 'जन-गण-मन' के जीवित स्वर फूट पड़े और मैं देख रहा हूँ कि वे लाखों नर-नारी एक झटके के साथ खड़े हो गये हैं। सधे स्वर उभर रहे हैं और प्रधानमन्त्री उस अभिनन्दन को अपने प्रतिवन्दन से ग्रहण कर रहे हैं।

यह क्षात्रतेज का ब्रह्मतेज के प्रति आत्मसमर्पण है या आज की भाषा में राष्ट्र की देहशक्ति द्वारा नैतिक शक्ति का अभिनन्दन !

मैं अब 'बूथ' में हूँ और माइक मेरे सामने है। तीन ओर के शीशों से सारा मैदान मुझे साफ़ दिखाई दे रहा है।

परेड तैयार है, प्रधानमन्त्री उसका निरीक्षण कर रहे हैं। मेरी आँखों में दर्शन है, मानस में चिन्तन : इन दोनों को भाषा में समेटकर मैंने अपनी

कॅमेण्ट्री में कहा, "एक अद्भुत दृश्य है यहाँ इस समय। इस दृश्य में एक ओर हैं हमारे प्रधानमन्त्री–1857 से 1947 तक के वर्चस्वी अतीत में स्वतन्त्रता की स्थापना के लिए किये गये महान् बलिदानों के प्रतिनिधि और दूसरी ओर हैं हमारे सैनिक–1947 से आरम्भ कर जाने कब तक फैले भविष्य में उस स्थापित स्वतन्त्रता की रक्षा के लिए होनेवाले बलिदानों के प्रतिनिधि। इस तरह यह अतीत से भविष्य तक की एक ऐसी सजीव शृंखला, जिसे आँखों देखना और कानों सुनना स्वयं अपने में जीवन का एक पवित्र त्योहार है !"

परेड का निरीक्षण कर प्रधानमन्त्री लाल क़िले के द्वार पर चढ़ आये, जैसे अतीत की सीढ़ियों से चढ़कर वर्तमान ऊपर आ जाता है।

प्यार और मान की आँखों से प्रधानमन्त्री ने एक बार झण्डे की ओर देखा और उसे फहरा दिया। तभी एक दैवी घटना हुई कि एकदम हवा सरसरा उठी और झण्डा फहराने लगा। मुझे पिछले साल की वह घटना याद हो आयी कि अपने भाषण में प्रधानमन्त्री ने ज्यों ही शरणार्थी बन्धुओं के दुखों का वर्णन किया, बहती हवा एकदम रुक गयी थी और लहराता झण्डा लटककर दुखिया-सा अपनी बल्ली को लिपट गया था।

तभी प्रधानमन्त्री नयी दिशा में आ गये थे, "पर इन दुखों का यह मतलब नहीं कि हम इनसे हार मान लें ! नहीं, हम इनसे लड़ेंगे और इन्हें ख़त्म करके ही चैन लेंगे !"

बस फिर क्या था, प्रधानमन्त्री का उत्साह जैसे सारी प्रकृति में भर गया, हवा पूरी तेज़ी से बह चली और झण्डा बल्ली से उतर अपने-आप पूरे वेग में फहरा उठा था।

प्रकृति का यह प्रत्यक्ष सन्देश देश-विदेश में दूर-दूर बैठे रेडियो-श्रोताओं को भेज मेरी कॅमेण्ट्री धन्य हो गयी।

अब फिर एक अद्भुत दृश्य है। ऊपर झण्डा फहरा रहा है। लाल क़िले की लालिमा सारे वातावरण में छायी हुई है और उसके द्वार पर खड़े हैं धवल वेषधारी, गौरवर्ण श्री जवाहरलाल नेहरू; जैसे ख़ूनी दुनिया में फहराती शान्तिपताका !

हमारे प्रधानमन्त्री तन, मन और वेष; तीनों में धवल, पर उनके हृदय-देश पर लगी गुलाब की कली लाल; जैसे सोते सिंह की आँखों में हुंकार का एक डोरा !

यह दृश्य भी रेडियो के माध्यम से देश की जनता को भेंट कर दिया गया। प्रधानमन्त्री तैंतीस मिनिट बोले। यह हिटलर-स्तालिन का नहीं; राजर्षि जनक का भाषण था। मुक्के के जवाब में दोस्ती का हाथ बढ़ाने के लिए जिस महान् मानसिक सन्तुलन की आवश्यकता होती है, उसका यह भाषण सम्पूर्ण प्रतिनिधि था ! मेरा विश्वास है कि इस भाषण का अभिनन्दन हमारा भावी इतिहास करेगा।

हम इसका पूरा मूल्यांकन कर ही नहीं सकते, यदि यह न जान लें कि इस सन्तुलन को ख़राब करने के लिए पाकिस्तान का प्रधान मन्त्री 14 अगस्त को डेढ़ घण्टे तक अपने रेडियो पर भारत के विरुद्ध पागल कुत्ते की तरह भौंका था ! मैंने सोचा, राजनीतिज्ञ जवाहरलाल के भीतर पिछले वर्षों में जो सन्त निरन्तर पनपता रहा है, वही आज बोल रहा है !

अब मेरे पास केवल दो मिनिट थे। पिछले चार वर्षों का मानसिक अध्ययन थोड़े शब्दों में उँड़ेलकर मैंने अपनी कॅमेण्ट्री यों समाप्त की :

पहली बार जब हम यहाँ स्वतन्त्रता-समारोह मनाने को इकट्ठे हुए थे, लोगों की आँखों में गहरी उदासी छायी हुई थी, दूसरी बार उन आँखों में गहरी बेचैनी थी, तीसरी बार अनन्त प्रश्न थे और चौथी बार सान्त्वना थी, पर इस बार अखण्ड विश्वास है।

आज इस महापर्व के वातावरण में जीवन के जो स्वर गूँज रहे हैं, उन्हें हम शब्दों में कहना चाहें, तो यों कह सकेंगे–

"महत् देश की पुण्य पताका !
हम सब तुझको अपनायेंगे, तजकर सुख वसुधा का !!
जिसने तुझको एक बार भी दुष्ट दृष्टि से ताका !
हम उसका सुख भस्म करेंगे, बनकर दीप-शलाका !!"

जवाहरलालजी आज शरीर से ढीले थे–उनका सदा का चुस्त अचकन ढीला हो रहा था। देखकर चोट लगी कि काम के बोझों और मन की चोटों से हम उन्हें थकाये दे रहे हैं।

वे राजदूतों से मिले और भीड़ की ओर भाव-भरी आँखों से देखते रहे। अचानक वे झपटे-से चल पड़े और तेज़ी से सीढ़ियाँ लाँघकर बच्चों की तरह काफ़ी ऊँचाई से कूद पड़े। रक्षामन्त्री इस तेज़ी में पिछड़ गये और तब उन्हें भी दूसरी ओर से रस्सी के सहारे उचककर उन तक पहुँचना पड़ा। पण्डित नेहरू इस उचक पर खिलखिलाकर हँस पड़े और यों आज का गम्भीर स्वतन्त्रता-समारोह हास की सरसता में स्नान कर पूर्ण हुआ।

मैंने अपने से कहा, देश निश्चित रूप से आगे बढ़ रहा है और उसका भविष्य उज्ज्वल है।

□

ऊपर की बर्थ पर

दिल्ली से इलाहाबाद तक का सफ़र, हवा से बातें करती तूफ़ान मेल, बाहर अँधेरी रात और भीतर बिजली घुप्प ! मैं सेकेण्ड क्लास में ऊपर की बर्थ पर, मेरे सामने की बर्थ पर सामान और नीचे दो बर्थों पर दो छैल-छबीले तरुण। उनकी निगाह में मैं सो गया हूँ, पर मैं हूँ कि जाग रहा हूँ। वे दोनों रस-भरी बातों में निमग्न; जिनमें कभी मेरा ध्यान चला जाता है और कभी उखड़ जाता है। सहसा बात एक खास मसले पर आ टिकी और मेरी पत्रकार-कला जागकर सतर्क हो उठी।

"रमेश ! चमेली पहले तो बड़ी भगतनी बनती थी, पर अब तो एकदम परी बनी फिरती है। अब भी वह 'पूजा-बरत' कुछ करती है या नहीं ?"

उत्तर मिला, "पूजा तो अब भी करती है, मगर ठाकुरजी की नहीं, इंजानिब की। सच यह है शर्मा ! बड़ी ग़ज़ब की औरत है !"

"रमेश ! तू भी है क़िस्मत का सिकन्दर; खूब काँटा डाला है यार तूने !"

"काँटा-वाँटा क्या, बस तीर बैठ ही गया ? पूरा एक साल लगा मेरा। बात यह है, जब रो चमेली विधवा हुई, एक समय यह खाना खाती और दिन-रात राधे-गोविन्द में लीन रहा करती थी। सच कहता हूँ शर्मा ! इसे रास्ते पर लाना मेरा ही काम था !"

ऊपर की बर्थ पर मन ही मन मैंने कहा, ख़ूब रास्ते पर लाये हैं आप इसे, पर मैं साँस रोके सुनता रहा; क्योंकि मैं चाहता था कि इनके रास्ते पर लाने का उपाय भी सुन सकूँ, तो ठीक रहे। मेरे भाग्य से शर्मा के लिए भी वह जानना अभी शेष था। तभी उसने पूछा, "आख़िर तूने ऐसा क्या मन्त्र मारा कि तू ही उसका राधे-गोविन्द हो गया ?"

रमेश अब खुला पड़ा। बोला, "शर्मा, छह महीने तो मैं उसके पीछे य ही लगा रहा, पर उसकी ज़िन्दगी में कहीं हाथ रखने को जगह ही न मिली कई बार इशारे दिये, चटख़ारे भरे, पर उसके लिए जैसे उनका कोई मतल ही न था। मैं मस्ती में भरा उसके घर जाता और निराशा में डूबा लौटता एक दिन अचानक उम्मीद की किरन फूट पड़ी। चमेली ने शाम को चैतन्‍ महाप्रभु का जीवन-चरित्र पढ़ना शुरू किया कि उसकी आँखें दुखनी आ गयीं उसने मुझसे कहा कि थोड़ी देर उसकी पुस्तक मैं सुना दिया करूँ। मैं सुना लगा। पहले ही दिन एक बात मैंने देखी कि चमेली बड़ी भावुक है और कथ में आये प्रसंग उसके मन पर अपने रस के अनुसार प्रभाव डालते हैं। बस कुंजी मेरे हाथ लग गयी।"

मेरे पढ़ने का ढंग इतना अच्छा था कि आँखें ठीक होने पर भी व चलता ही रहा और मैं धीरे-धीरे उसे कथा से कहानी पर ले आया। पहले त मैंने उसे छाँट-छाँटकर शिक्षाप्रद कहानियाँ ही सुनायीं और तब उसे धीरे एक पैड़ी और उतारकर प्रेम की कहानियों पर ले आया। मैं बराबर भाँपत रहता था कि कहानियों में जब उत्तेजक प्रसंग आते थे, तो चमेली विह्वल ह जाती थी।

अब मेरी सफलता निश्चित थी और सिर्फ़ मौक़े की तलाश में था। एव दिन मैं उसे ग़ज़ब की कहानी सुना रहा था। उसमें ज्यों ही यह प्रसंग आय कि प्रेमिका प्रेमी की गोद में लुढ़क गयी, क़िस्मत की बात बिजली बुझ गयी मौक़े को चूकना बेवकूफ़ी है। मैंने फ़ौरन हाथ बढ़ाया और शर्मा, सच कहत हूँ स्वर्ग मेरी मुट्ठी में था। मैं चमेली की भावुकता को जानता था, इसलि पहले ही झटके में मैंने उसे वहाँ तक पहुँचा दिया, जहाँ से लौटना औरत व लिए मुमकिन नहीं है।

शर्मा जैसे उछल पड़ा, "शाबाश ! पत्थर पर जोंक लगा दी है यार तूने ?"

रमेश ने कहा, शर्मा, "इस मामले में कहानी से बढ़कर कोई हथिया ईजाद ही नहीं हुआ ! ये कहानी लिखनेवाले कम्बख़्त ऐसी तसवीरें खींचते है कि पढ़कर कलेजा बे-क़ाबू हो जाता है। मैं तो दोस्त, अब उन्हें अपना पी मानने लगा हूँ।"

हमारे लेखक और सम्पादक मिलकर हमारी तरुण पीढ़ी की जड़ों में जो मट्ठा सींच रहे हैं, उसका तीखापन पूर्ण रूप में मैंने आज अनुभव किया। ये जो बुकस्टालों पर रंगीन और नंगे सौन्दर्य के पत्र बिखरे पड़े हैं और जो आज हमारे नवयुवकों और नवयुवतियों के जीवन-प्राण बने हुए हैं; असल में साहित्य न होकर साहित्य-सर्प हैं, यह आज जितना साफ़ मैं देख पाया, उतना साफ़ पहले कभी न देख पाया था।

पल-भर में मैं यह सब सोच गया और अपने विचारों में दूर तक बहने को ही था कि मेरे कानों में शर्मा की आवाज़ पड़ी, "रमेश, कहानी काम की चीज़ है, यह तो तुम्हारे तज़र्बे से ही ज़ाहिर है, पर यार, यह ग़लत है कि कहानी से बढ़कर कोई काँटा ईजाद ही नहीं हुआ !"

"तुम्हारा मतलब शायद रुपये से है, पर शर्मा, हिन्दुस्तान में अब भी लाखों औरतें ऐसी हैं, जो ज़िन्दगी-भर सोने की बारिश करने पर भी चरखे पर नहीं चढ़तीं।" यह रमेश की बोली थी।

"रुपये पर लानत भेजो जी ! मेरा मतलब सिनेमा से है। मेरा दस साल का तजर्बा है रमेश, कि सिनेमा से 'इज़ी एप्रोच' और कुछ नहीं है। दस दिन देखाभाली और ग्यारहवें दिन सिनेमा--बस चट रोटी, पट दाल ! अचूक नुसख़ा है रमेश !"

रमेश की आवाज़ नहीं निकली। वह या तो झपकी ले रहा था और या फिर कुछ सोच रहा था। तब शर्मा ने पूरी दृढ़ता से कहा, "तुम्हें मेरी बात का यक़ीन नहीं आया रमेश ? मैं सच कहता हूँ सिनेमा वह देवता है, जो कभी वरदान देने में नहीं चूकता। लो आओ, तुम्हें इसकी गहराई में उतारूँ और गहराई क्या है, तुरुप का खुला पत्ता है। सिनेमा में और है ही क्या, सिवाय उसके जो हमारे दिल में चल रहा होता है। परदे की तसवीरें बताती हैं कि शुरू में यों चलता है और बाद में उसका अन्त यह होता है। बस, रास्ता साफ़ हो जाता है और झिझक खुल जाती है और एक ही झटके में गाड़ी गंगा के पार ! यह दवा इतनी रामबाण है रमेश, कि मैं सिनेमा हॉल से एक बार भी मायूस होकर नहीं लौटा !"

रमेश अब भी चुप था। वह शायद सो गया था। शर्मा के करवट लेने

की मसमसाहट मैंने सुनी और तब यह आवाज़–"हे मेरे अल्लाह, अब कोई नयी मुर्ग़ी मिला" यही शायद उसकी ईश्वर-प्रार्थना थी।

नीचे की बर्थों पर वे दोनों सो रहे थे और ऊपर मैं सोच रहा था कि जो सिनेमा दूसरे देशों में जीवन-निर्माण का एक मज़बूत साधन है, वही हमारे यहाँ जीवन के मन्दिरों पर विस्फोट बनकर गिर रहा है।

आज भी जब उस रात का ध्यान करता हूँ, तो मेरी आँखों में आ जाते हैं वे कुछ घण्टों के साथी–रमेश और शर्मा; दोनों एक-दूसरे से बढ़कर हरामज़ादे ! फिर भी मुझपर उनका ऋण है और मानता हूँ कि मैंने उनसे दो क़ीमती सबक़ लिये !

□

लाल मन्दिर की छाया में

बीसवीं शताब्दी का पूर्वार्द्ध जिन दिनों बीत रहा था भारत की राजधानी में मैंने एक दृश्य देखा और वह दृश्य मेरे लिए प्रश्न-चिह्न बन गया। काग़ज़ पर बने प्रश्न-चिह्नों की उपेक्षा करना सरल है, पर जो प्रश्न-चिह्न काग़ज़ पर नहीं, कलेजे पर लिखे जाते हैं, वे रात और दिन पुकार-पुकारकर अपना समाधान माँगते रहते हैं। यह माँग इतनी प्रबल और प्रचण्ड होती है कि उसे सुनना ही पड़ता है। भारत की राजधानी में बना यह प्रश्न-चिह्न भी काग़ज़ पर नहीं, कलेजे पर है और मैं विवश हूँ कि उसका समाधान खोजूँ। यह खोज; जो मुझे पूरी तृप्ति दे और दूसरों को भी शायद विचार का निमन्त्रण !

"साहू श्रेयांसप्रसादजी के सभापतित्व में अखिल भारतीय दिगम्बर जैन-परिषद् का वार्षिक अधिवेशन दिल्ली में हो रहा है।" यह समाचार पढ़ा, तो मुझे एक ताज़गी-सी मिली और बाक़ायदा निमन्त्रण आने से पहले ही मैंने उसमें जाने की मन्त्रणा अपने मन में कर ली ! श्रेयांसप्रसादजी इस सूखे और सौदेबाज़ी के युग में भी इतने सहृदय हैं कि उनका साथ एक सुन्दर देश की यात्रा की तरह सुखद है। साहू शान्तिप्रसादजी की मनुष्यता के तो मैं इतने रूपों में स्पर्श पा चुका हूँ कि उनकी याद आते ही मैं भीतर तक मीठ-मीठा हो जाता हूँ। अयोध्याप्रसादजी गोयलीय की वाणी का निर्माण काँटे की अगली नोंक से हुआ है, तो हृदय का धान की पहली कोंपल से। व्यवस्था और शिष्टाचार के आचार्य श्री राजेन्द्रकुमार जैन, उद्योगमूर्ति श्री तनसुखरायजी और यह, वह, ये; वे सब साथी मिलेंगे वहाँ !

ठीक है, पुराने और सहृदय-विचार-बन्धुओं का मिलन जीवन का बड़ा सुख है, पर क्या परिषद् में जाने का आकर्षण मेरे लिए इतना ही है कि वहाँ

कुछ मित्रों से मिलने का अवसर मिलेगा ? मैं भला कैसे इस पर हाँ कह सकता हूँ ?

परिषद् के प्रति मेरे आकर्षण की नींव बहुत गहरी है। मैंने अपने देश के इतिहास को एक नये ढंग पर पढ़ा है। पढ़ा तो वैसे ही है, पर उसकी व्याख्या मेरे मन में एक नये रूप में प्रस्फुटित हुई है। मुझे लगता है कि आर्य और अनार्य जातियों की संस्कृति का जो संघर्ष वेद-काल से भी पहले से चल रहा था, उसमें आर्य जाति की अन्तिम विजय का श्रेय राम को मिला और उसने ही इस देश में समाज-व्यवस्था की पहली बार पूर्ण स्थापना की। यों समझिए कि इस समाज-व्यवस्था के शास्त्रीय निर्माता थे मनु और सामाजिक निर्माता राम; बिलकुल उसी तरह, जैसे समाजवादी समाज-व्यवस्था के शास्त्रीय निर्माता थे मार्क्स और सामाजिक निर्माता लेनिन ! इस समाज-व्यवस्था में हमारे देश का पूर्ण विकास हुआ और वह विश्व का सिरमौर बन गया। जाने कितने वर्षों तक यह व्यवस्था यों ही चलती रही, पर जिस दिन तप-तेज-हीन ब्राह्मण ने भी अपने को पूजा का अधिकारी, रक्षक-शक्तिहीन क्षत्रिय ने भी अपने को अधिकार का पात्र, कृषि-वाणिज्य-शक्तिहीन वैश्य ने भी अपने को अर्थपति होने के लिए प्रमाणित और इन तीनों ने सेवा-शक्ति-सम्पन्न कर्मकार को एक सहयोगी के स्थान में अधिकारहीन दीन वर्ग मानने की घोषणा की, उसी दिन यह समाज-व्यवस्था खण्डित हो गयी।

यह समाज-व्यवस्था खण्डित हो गयी, पर उखड़ी नहीं—उसमें जीवन के कुछ ऐसे ही संजीवन गुण थे—हाँ, उसकी दरारों में जहाँ जीवन-जल का प्रवाह रुक गया था, दुर्गन्ध बढ़ती रही। इसी दुर्गन्ध का फल वह महामारी थी, जिसे हम महाभारत कहते हैं। कृष्ण ने इस बिखरन को अपने कार्य की शक्ति से नहीं, अपने व्यक्तित्व की महाशक्ति से एक बार समेट दिया। इस समेट से जीवन की नयी कोपलें नहीं फूटीं, हाँ, पुराने पत्तों का झड़ना धीमा पड़ गया; पर यह कोई स्थायी काम तो न था ! फिर भी कोई ढाई हज़ार वर्षों तक इसका प्रभाव रहा और तब फिर दरारों की दुर्गन्ध भयानक हो उठी।

भारत-भूमि की उर्वरा शक्ति की शतशत जय ! उसने एक साथ दो

महापुरुषों को जन्म दिया। इसमें पहला बुद्ध, दूसरा महावीर ! दोनों ने इस दुर्गन्ध के विरुद्ध विद्रोह की घोषणा की, पर दोनों की दिशा एक होकर भी शैली भिन्न—बुद्ध घोर क्रान्तिकारी, महावीर समन्वयवादी !

बुद्ध ने कहा, "हिंसा वर्जनीय है।"

कहा गया कि हिंसा तो यज्ञों का एक आवश्यक अंग है।

बुद्ध ने कहा, "मैं यज्ञों को नहीं मानता !"

कहा गया कि यज्ञों का विधान तो वेदों में है।

बुद्ध ने कहा, "मैं वेदों को नहीं मानता !"

कहा गया कि वेद तो ईश्वर की वाणी है।

बुद्ध ने कहा, "मैं तुम्हारे ईश्वर को भी नहीं मानता !"

यह एक क्रान्तिकारी का दृष्टिकोण है, जिसका स्वरूप यह है कि तुम यहाँ से हटो, यहाँ अब मैं ही रहूँगा—उठो, भागो !

महावीर यहाँ तक नहीं गये। उन्होंने शायद कृष्ण की विचार-दिशा को समझ लिया और अनेकान्तवाद के रूप में एक समन्वय की धारा बहायी उनकी कार्य-दिशा का स्वरूप यह है : "हाँ हाँ, जहाँ खड़े होकर तुम देख रहे हो, जीवन का वही रूप दिखाई देता है, जो तुम कह रहे हो, पर देखने की एकमात्र जगह वही तो नहीं है जहाँ तुम खड़े हो। लो, आओ मेरे पास और यहाँ से देखो कि तुम जो वहाँ से देख रहे हो जीवन का वही सत्य नहीं है, एक दूसरा सत्य भी है !"

दोनों महापुरुषों में मतभेद नहीं है, दोनों के कार्यों ने एक-दूसरे को बल ही दिया। हाँ, यह ठीक है कि बुद्ध को बहुत सफलता मिली—क्रान्ति हमेशा तीव्रगामी होती है और सुधार मन्दगामी, पर यह भी तो सत्य है कि बुद्ध का कार्य भारत से उनके पीछे-पीछे ही इस तरह चला गया, जैसे हिटलर और मुसोलिनी का कार्य उनके पीछे-पीछे चला गया और महावीर का कार्य उनके पीछे भी कार्य करता रहा, जैसे कमालपाशा का कार्य उनके बाद भी !

संक्षेप में बुद्ध और महावीर, हमारी समाज-व्यवस्था के प्रथम विद्रोही और 26 जनवरी 1950 को जिस नयी समाज-व्यवस्था की वैधानिक घोषणा हुई उसके आदि प्रवर्तक। नवीन समाज-व्यवस्था; जिसके महान् शिल्पी हैं महात्मा

गाँधी, सही अर्थों में राष्ट्रपिता, जो क्रान्तिकारी दृष्टिकोण में बुद्ध के और कार्य-दिशा में महावीर के निकट हैं।

आज का जैन धर्म महावीर की वसीयत है और जैन समाज इस वसीयत का मूढ़ संरक्षक–मूढ़; क्योंकि समाज की जिन कुरूपताओं के विरुद्ध महावीर ने युद्ध-घोषणा की थी, उनसे पूरी तरह घिरा हुआ। संक्षेप में ये कुरूपताएँ हैं कट्टरता और विषमता ! दिगम्बर जैन-परिषद् की घोषणा इन दोनों के विरुद्ध लड़ने की है और नवीन समाज-व्यवस्था के एक मामूली स्वयंसेवक के रूप में यहीं परिषद् से मेरा रिश्ता है।

एक आकर्षण और भी–युग ने महावीर की वसीयत के मूढ़ संरक्षक इस समाज को आज एक तेज़ कसौटी पर रख दिया है और वह इस तरह कि भारत के नये विधान ने जाति, लिंग, स्थिति और वर्ण से ऊपर उठ मनुष्यमात्र की समानता–समान सामाजिक अधिकारों–की घोषणा की है। महावीर स्वामी की उन्मुक्त आत्मा इस घोषणा को अनुभव कर सन्तुष्ट हुई होगी और उसने सोचा होगा कि ओह, मेरी भावना ढाई हज़ार वर्षों बाद आज फलवती हुई। जैन समाज महावीर को भगवान् कहकर पूजता है। उसके लिए शोभा तो यह होती कि यह घोषणा उसके ही प्रयत्नों के फल से प्रस्तुत हो, पर यह नहीं तो यह तो होना ही चाहिए कि उसे इससे एक नये गौरव का अनुभव हो।

क्या यह हो रहा है ? जड़-क़लम को भी हिरहिराहट है, यह कहते कि ना ! जैन समाज के प्रमुख मुनि चारित्र-चक्रवर्ती आचार्यश्री पूज्य शान्ति-सागरजी महाराज दो वर्षों से अन्न का त्याग किये हुए हैं कि हरिजनों को जैन मन्दिरों के भीतर प्रवेश का अधिकार न मिले। जैन समाज में उनके प्रति श्रद्धा है और उनके अन्न-त्याग से पीड़ा भी। फलस्वरूप जगह-जगह हरिजन मन्दिर-प्रवेश-विधि का विरोध हुआ है। जैन समाज के सर्वोत्तम सन्त पूज्य-प्रवर श्री गणेशप्रसाद जी वर्णी ने, गौरव की बात है कि मन्दिर-प्रवेश-विधि का समर्थन किया है और दूसरे अनेक विद्वानों ने भी, फिर भी विरोध अभी तक उग्र है और परिषद् को इस पर अपना मत देना था। परिषद् के मुज़फ़्फ़रनगर अधिवेशन में गत वर्ष इस सम्बन्ध में जो प्रस्ताव पास हुआ था, वह छायावादी

है। उसमें कहा गया है कि सरकार इस सम्बन्ध में जो कार्यवाही करे, उसमें जैन समाज के नेताओं से भी सलाह ले, क्योंकि जैन मन्दिरों की पूजाविधि अपने ढंग की है।

मेरी जिज्ञासा थी कि परिषद् का प्रस्ताव इस वर्ष किस सीमा तक आगे जाता है; क्योंकि यह प्रस्ताव मेरी सम्मति में जैन समाज के जागृत मानस का मापदण्ड होगा ! इस दृष्टि से जब मैं दिल्ली के परिषद्-अधिवेशन में गया, तो मैं एक उत्सव में ही नहीं गया, जहाँ मेरे पुराने विचारबन्धु मुझे मिलेंगे, सामाजिक प्रगति की एक अध्ययन-शाला में भी गया, जहाँ मैं देख सकूँ कि हम किधर-कितना बढ़ रहे हैं।

मण्डप शानदार था, बैठने-बैठाने की व्यवस्था सुन्दर थी। स्वागताध्यक्ष और अध्यक्ष दोनों के भाषण सधे हुए थे। उनमें अवलोकन खुला हुआ था, निर्देशन बचा-बचा—यानी वे सशक्त न थे, पर स्वस्थ थे। उपस्थिति अच्छी थी। माननीय श्री श्रीप्रकाश जी ने अधिवेशन का उद्घाटन किया था और अपने भाषण में व्यापार-वाणिज्य के साथ नैतिकता के समन्वय की सुन्दर बात कही थी। भाषण में सरसता थी, स्पष्टता थी, शक्ति न थी, जो मानस को हिला देती है। श्रीप्रकाश जी महान् विचारक पिता के साधु पुत्र हैं। वे उन पवित्र पुरुषों में हैं, जो कभी-कभी ही राजनीति में दिखाई देते हैं। आजकल जिन कलाओं से मनुष्य पद पाते हैं, वे उनसे सर्वथा शून्य होकर भी आज जो केन्द्रीय मन्त्रि-गण्डल के सदस्य हैं, वह उनकी विश्वसनीयता का ही फल है। परिषद् ने उन्हें उद्घाटक चुनकर अपनी मानसिक स्वस्थता का जो प्रमाण-पत्र लिया, उसके लिए वह बधाई की पात्र है।

वहीं दिखाई दिये मध्य भारत के उद्योग-प्राप्ति-मन्त्री माननीय श्री श्यामलाल जी पाण्डवीय। आकृति में सीधे, तो प्रकृति में सादे। बातचीत हुई तो जाना कि सरस भी, सहृदय भी। मैंने पत्रकार की पैनी आँखों से उन्हें देखा—दूर-दूर भी कहीं राज्य के मन्त्री होने का दर्प या दम्भ मुझे दिखाई न दिया। वे सबके बीच में इस तरह थे, जैसे वे जो कुछ, जितने कुछ यहाँ हैं; उससे बाहर और कुछ नहीं। उनसे मिलना भले ही मुश्किल हो, पर मिलकर उन्हें पा लेना मुझे आसान लगा। सचाई यह है कि वे श्रेष्ठ मनुष्य हैं और उनसे मिलना मानवता के एक नम्र सेवक को उत्साह देता है।

ऋषभदास राँका का नाम बहुत बार सुना था, पर सुनने में जो बीज था, वह मिलने में वट-वृक्ष हो गया, जिसकी छाया में शीतलता और विश्राम दोनों मिलते हैं। जीवन में सात्त्विकता, विचारों में स्पष्टता और कार्यों में कर्मठता यह त्रिवेणी ही श्री राँका हैं। राँका जी में एक ऐसा बाँकपन है कि उनसे मिलकर मनुष्य अपनी यात्रा-कम्पनी के शेयर्स का डिविडेण्ड तुरन्त पा जाता है।

एक और आदमी का मुझ पर असर पड़ा। वे बोलते कम थे, देखते ज़्यादा थे। मैंने अनुभव किया कि व्यवस्था के हर कोने पर उनकी आँख थी। ये स्वागत-मन्त्री श्री नन्हेदास थे। स्वागत-समिति की व्यवस्था सुन्दर थी, सुसंगठित थी, पर यह कोई ख़ास बात न थी; क्योंकि स्वागताध्यक्ष श्री राजेन्द्रकुमार 'डायरेक्शन' मे़ं ही नहीं, 'ऐक्शन' में भी पटु हैं। वे काम करना भी जानते हैं, काम कराना भी !

पहले दिन का अधिवेशन बहुत सफल रहा !

दूसरे दिन विषय-निर्वाचनी में जो प्रश्न लोगों को तंग कर रहा था वह यह कि कुछ लोग जैन धर्म को स्वतन्त्र धर्म मानते हुए भी जैन समाज और हिन्दू समाज की एकता का समर्थन करना चाहते थे, पर कुछ लोगों को इससे यह भय था कि इस दशा में हिन्दू कोड बिल और हरिजन-मन्दिर-प्रवेश आदि के सुधारक क़ानून हम पर लागू होंगे। संक्षेप में उनके भय का रूप यह था कि आगे चलकर जैनियों का कोई अस्तित्व ही न रहेगा। श्री अयोध्याप्रसाद गोयलीय ने इस भय पर आक्रमण किया और लोग उनकी भाषण-कला के प्रचण्ड प्रवाह में बह गये, पर धीरे-धीरे भय ने फिर सिर उठाया। श्री ऋषभदास जी राँका के भाषण ने दोनों समाजों की एकता के प्रश्न पर ग़ज़ब का प्रकाश डाला। उन्होंने कहा था कि बम्बई के हरिजन-मन्दिर-प्रवेश क़ानून से जैनियों के मुक्त होने का फल यह हुआ है कि उधर जैनी एक बहिष्कृत जाति हो चली है, जिससे जैनियों के लिए सम्मानपर्वूक रहना दूभर हो गया है।

इस भाषण का प्रभाव पड़ा और एकता का प्रस्ताव नये रूप में बन सका। हरिजनों के मन्दिर-प्रवेश पर जो प्रस्ताव बना वह स्पष्ट था, निर्देशात्मक था, क्रान्तिकारी था।

इधर ये प्रस्ताव पास हो रहे थे, उधर दिगम्बर मुनि श्रद्धेय श्री नेमिसागर जी के तपोवन में जैन समाज को, इस 'महापाप' से बचाने की तैयारियाँ हो रही थीं। दिन भर वहाँ चर्चा रही, जोड़-तोड़ जमते रहे। शाम तक सूचना मिली कि वहाँ यह तय पाया है कि आज परिषद् का अधिवेशन न होने दिया जाये। परिषद् का अधिवेशन आरम्भ हुआ, तो खचाखच उपस्थिति थी। मुझसे गोयलीय जी ने कहा, "आज झमेले की तैयारी है।" मैंने भी दो-चार से बात की, इधर-उधर सूँघा, तो ख़तरा दिखाई दिया।

मैंने सभापति श्री साहू श्रेयांसप्रसादजी से कहा, "हरिजन-प्रस्ताव जिस रूप में है, उस पर आज भयंकर झमेला होगा यह निश्चित है, इसलिए उस प्रस्ताव को आज या अभी न लायें तो कैसा है ?"

साहू श्री श्रेयांसप्रसाद जी ने जो उत्तर दिया, वह हमारे राष्ट्र के सुधारकों के लिए डायरी में नहीं, कलेजे पर लिखने लायक़ है। अपनी शान्त मुद्रा में वे बोले, "प्रभाकरजी ! हम यह प्रस्ताव पास न करा सकें, तो फिर परिषद् के जीने से ही क्या लाभ है ?"

उत्तर सुनते ही मेरा मन आनन्द से भर गया और साहूजी के सामने मेरा सिर झुक गया। लखनऊ के परिषद्-अधिवेश में मैंने अनुभव किया था कि साहू शान्तिप्रसाद जी के रोम-रोम में विशाल जैन संघ का राष्ट्रीय स्वप्न छाया हुआ है और आज उनके बड़े भाई के मन में छाया हुआ मैंने उसका स्वरूप देखा। मुझे लगा कि मैं इस समय कश्मीर की किसी घाटी में विचर रहा हूँ।

श्री परमेष्ठीदास जैन ने प्रस्ताव पेश किया। प्रस्ताव पढ़कर उन्होंने जैन धर्म की विशालता पर भाषण आरम्भ किया ही था कि आवाज़ें आने लगीं और कुछ ही पलों में ये आवाज़ें एक सम्मिलित कोलाहल में बदल गयीं। भाषण देना इस दशा में किसी के लिए भी असम्भव था। अब एक नवयुवक स्टेज पर आये और बोलने लगे। कोलाहल नाटकीय ढंग से शान्त हो गया। उन्होंने अपने लच्छेदार और जोशीले भाषण में प्रस्ताव का विरोध किया और समाज की इच्छा यह बतायी कि यह प्रस्ताव ठीक नहीं है।

लोग शान्त हो गये, पर फिर हल्ला मचा कि प्रस्ताव वापस लो, परमेष्ठीदास

को निकाल दो और जाने क्या-क्या ! इसके बाद तो लोग खड़े हो गये और भाषण-वेदी के चारों ओर कुछ 'ट्रेण्ड' मनुष्य आ जुटे। अब कोलाहल अपशब्दों के सागर में डूब गया। कुछ ही क्षण में ये अपशब्द उग्र हो गये और ये लोग वेदी के ऊपर चढ़ आये !

सबके चेहरों पर भयंकर क्रोध था, सबकी मुद्राओं में हिंसा थी, सबकी वाणी क्रूर थी और सबके हृदय ही नहीं, हाथ भी मसमसा रहे थे। मैंने सोचा, जाने आज क्या होनेवाला है !

सभापति ने सलाह कर प्रस्ताव को स्थगित कर दिया। अब एक नया रूप आया और गरमी बेहद बढ़ गयी। 'प्रस्ताव को स्थगित नहीं, वापस लो !' यह उन लोगों का नारा था और वे अब और भी ऊपर चढ़ आये। साहू श्रेयांसप्रसाद अब इन लोगों से घिरे हुए थे। एक गाय यदि सैकड़ों भेड़ियों के झुण्ड में घिर जाये, तो आप जानते हैं, कैसा दृश्य होता है ? यदि हाँ, तो वहाँ वही दृश्य था ! सचमुच एक अद्‌भुत दृश्य था कि एक तरफ़ सैकड़ों ख़ूँख़्वार चेहरे और दूसरी तरफ़ एक शान्त आकृति !

मैंने अपने-आपसे कहा, "अक़्ल का कितना बड़ा बदहाज़मा है कि ये ख़ूँख़्वार चेहरे भगवान् महावीर के धर्म की रक्षा का दावा करते हैं और इस शान्त मनुष्य को उस धर्म का विरोधी बताते हैं।" तभी मेरे मन में एक भयंकर कल्पना जागी कि कौन कहता है गोडसे गाँधी को मारकर फाँसी चढ़ गया—ये सब गोडसे ही तो हैं !

बहुतों को मेरी कल्पना कड़वी लगेगी, पर जहाँ हम अपना मत विचार से नहीं, ताक़त से मनवाने की कोशिश करते हैं, वहीं तो गोडसे होता है ! ये लोग थोड़ी देर प्रतीक्षा करके प्रस्ताव के विरोध में राय देते और उसे फ़ेल कर देते, यह सीधा मार्ग था, पर इन्हें मत पर नहीं, ताक़त पर भरोसा था और यहीं ये सब गोडसे थे !"

मीटिंग स्थगित कर दी गयी। यह अच्छा ही हुआ, नहीं तो जो कुछ होने वाला था, वह सारे जैन समाज को चुल्लू-भर पानी में डुबा देता ! मुझे सार्वजनिक जीवन में काम करते वर्षों हो गये, पर मैंने ऐसा कुरूप दृश्य पहले कभी देखा था, यह मुझे याद नहीं पड़ता।

रात में परिषद् के नेता मिले। मुझे ख़ुशी हुई कि वे स्थिर थे, दृढ़ थे। दूसरे दिन दिन में दो बजे परिषद् का अधिवेशन हुआ। आज लाला तनसुखराय की व्यवस्था थी। हर बल्ली और रस्से पर स्वयंसेवक था। तनसुखराय एक कार्यकर्ता है और सचमुच कार्यकर्ता बहुत बड़ी चीज़ होती है, यह आज स्पष्ट देखा।

प्रस्ताव पास हो गया और इस तरह परिषद् ने घोषणा की : प्रतिक्रियावादी कितने ही स्यापे लें, कितने ही पैर पीटें, युग की प्रगति अमर है और निश्चित रूप से युग अपना कार्य करेगा।

□

मसूरी की माल रोड पर एक शाम

मसूरी की माल रोड पर एक शाम, जैसे एक प्रदर्शनी। मसूरी की माल रोड पर हर शाम, जैसे एक प्रदर्शनी।

चतुर दुकानदार अपने प्रदर्शन कक्ष—शो-रूम—को रोज़ बदलता रहता है, जिससे ग्राहक आकर्षित हों और जब भी वे आयें, पुरानी होकर भी दुकान उन्हें नयी दिखाई दे—नूतनता के प्रति मन का आकर्षण सहज है।

तो मसूरी की माल रोड पर एक शाम, जैसे एक प्रदर्शनी। मसूरी की माल रोड पर हर शाम, जैसे एक प्रदर्शनी।

हाँ, प्रदर्शनी, जो अपनी रूप-सज्जा बदलती रहती है—मई-जून में एक रूप, जुलाई-अगस्त-सितम्बर में दूसरा रूप, अक्तूबर-नवम्बर-दिसम्बर में तीसरा रूप, जनवरी-फ़रवरी में चौथा रूप, मार्च-अप्रैल में पाँचवाँ रूप और मई-जून में फिर वही रूप—यों नित-नवेली है अलबेली मसूरी की एक शाम, जैसे एक प्रदर्शनी।

मई-जून में मेले-जैसी रेलपेल, जुलाई-अगस्त-सितम्बर में वर्षा की झड़ियों में भीगी, जैसे सद्यःस्नाता एकाकिनी रूपसी, अक्तूबर-नवम्बर-दिसम्बर में शान्त, सौम्य, सुसज्जिता वधू-सी, जनवरी-फ़रवरी में हिमोज्ज्वला महारानी और मार्च-अप्रैल में नव-यौवन की ऊष्मा से पुलकिता—यों नितनूतन मसूरी की एक शाम !

यह है मई, 1965 की एक शाम। कोई डिपो और तोप टिब्बे की ऊँचाइयों पर ठहरा है या हैपीवेली और कैमिल्सबैक रोड की तराइयों में और या फिर कहीं गहराइयों में, शाम होते ही पक्षियों की तरह उतरकर या बिल-वासियों की तरह उभरकर सब माल रोड पर आ जाते हैं और पिक्चर पैलेस से लाइब्रेरी

तक की मील-सवा मील लम्बी सड़क पर घूमने लगते हैं।

मैं भी उस सड़क पर घूम रहा हूँ। चारों ओर अनजाने-अनपहचाने चेहरे हैं, पर बीच-बीच में जाने-पहचाने भी मिल जाते हैं और पता चल जाता है कि कौन-कौन परिचित इस वर्ष आये हैं और कहाँ ठहरे हैं ? तो शाम की यह प्रदर्शनी परिचय गोष्ठी भी है और सुहावनी सैर भी।

हाँ, सुहावनी सैर और लुभावनी सैर भी। लुभावनी इस अर्थ में कि यहाँ घूमता हर चेहरा चिकना है। मैं देख रहा हूँ उन चेहरों को और सोच रहा हूँ कि यदि इस बात पर सर्वेक्षण किया जाये कि यहाँ आने से पहले किसी नारी ने कम से कम कितनी देर दर्पण-व्यायाम किया है, तो सम्भवतः पचीस मिनट का आँकड़ा तैयार हो—यों अपवाद तो सवा घण्टे यानी पचहत्तर मिनट के भी होंगे। तभी तो जूड़ों, लिपस्टिकों, काजलों, पाउडरों, ब्लाउजकटों और साड़ी-परिधानों की प्रदर्शनी है मसूरी के माल रोड की शाम।

शृंगार-सज्जा और नारी-जैसे पर्यायवाचक हैं—एक को दूसरे से अलग करना सम्भव नहीं। शृंगार-साधना जैसे नारी की विशेष योग्यता हो गयी है, पर क्यों ? मन में चिन्तन की चाँदनी छिटक आयी है—नारी में शृंगार की भावना क्यों है ? मैं घूम रहा हूँ, मुझसे ज़्यादा घूम रहा है मेरा मन और मैं तो अभी मसूरी की सड़क पर ही हूँ, पर वह पहुँच गया है समाज-व्यवस्था के आदिकाल में। समाज अभी नहीं बना, परिवार भी नहीं बना; नर-नारी जंगल में उन्मुक्त। देह की माँग नर को नारी के निकट लाती है। माँग की पूर्ति पर भी नर उन्मुक्त है, पर नारी बन्धनयुक्त है—तब उसका मातृत्व; सन्तान उसकी गोद में है। कृषि का अभी आविष्कार नहीं हुआ। फल, कन्दमूल और मांस ही भोजन। भूखी नारी गोद में बालक लिये एक फल-वृक्ष के नीचे। बालक को पत्तों की शय्या पर सुला, वह मीठे फल तोड़ने वृक्ष पर चढ़ती है और फल तोड़ने-खाने लगती है। तभी बालक की चीख़ कानों में जाती है। वह नीचे झाँकती है, देखती है, भेड़िया उसके बालक को पंजों ये उथल-पुथल रहा है। वह लुढ़कती-पुढ़कती-सी नीचे आती है और पाती है मृत, रक्त-लथपथ, अधखाया शव। वह तड़पती है, बिलखती है, पर कर कुछ नहीं पाती।

समय बीत जाता है। फिर एक नर देह की माँग से अभिभूत हो, उसके

पास आता है। माँग की पूर्ति का परिणाम नारी जानती है और चाहती है कि यह नर सदा उसके ही पास रहे, उसकी सन्तान का संरक्षण करे। नारी नर के भोजन-निवास का प्रबन्ध अपने सिर लेती है और निश्चिन्त हो जाती है। इस निश्चिन्तता में एक दिन चिन्ता की चिनगारी आ बैठती है कि वह देखती है कि नर, जो अब उसकी दृष्टि में उसका अपना है, एक-दूसरी नारी के साथ प्रणय-क्रीड़ा में अनुरक्त है। वह उस नयी नारी से अपने को श्रेष्ठ-सुन्दर सिद्ध करना चाहती है और भोजन की व्यवस्था कर जंगल से लौटते समय वह अपने बालों में फूल लगा आती है कि नर उसी से आकर्षित हो, उसी में अनुरक्त रहे। मैं सोच रहा हूँ, स्वयं अपने से पूछ रहा हूँ—क्या नारी में शृंगार की भावना और ईर्ष्या की वृत्ति उसी जंगली जीवन का संस्कार नहीं है ? प्रश्न की गूँज अभी हलकी नहीं होती कि जीवन के एक अत्यन्त सूक्ष्म बिन्दु पर मेरा ध्यान जा टिकता है—नर-नारी का सहवास प्रकृति के द्वारा एक विशेष समय के लिए नियत था; क्योंकि वह सन्तानोत्पत्ति का निमित्त है, पर सम्भवतः उस ईर्ष्या से उद्वेलित हो नारी ने पहली बार प्रकृति के उस नियम को लाँघा होगा और सहवास को सन्तानोत्पत्ति के निमित्त की जगह नर के मनोरंजन का निमित्त बनाया होगा, जिससे वह नर को निरन्तर उससे ही प्राप्त होता रहे और देह की माँग उसके नर को दूसरी नारी के निकट जाने के लिए उद्वेलित न करे।

विचार का बिन्दु और भी सूक्ष्म हो चला—उसका गर्भ उसकी सफलता में बाधक हुआ होगा और तब आगे चलकर उसने एक और नारी का अपने साथ निवास और सहवास एक समझौते के रूप में स्वीकार कर लिया होगा, जो और आगे चलकर बहुपत्नी प्रथा का कारण बना होगा। चिन्तन भाव-विभोर हो उठा, इस विचार से कि नारी ने अपनी सन्तान की रक्षा के लिए कितने प्रयत्न किये हैं, कितना सहा है।

चिन्तन का चक्र घूमकर अपनी जगह टिका, तो नयन जागे। मैं मसूरी की माल रोड पर घूम रहा हूँ और मेरे आसपास हैं सुसज्जिता सुअलंकृता नारियों के अनेक चेहरे, नर-चेहरों के साथ। नयनों के साथ बुद्धि सहयोग करने लगती है, देखने की क्रिया में विचार का भी समावेश हो जाता है कि वर्गीकरण कर सके—

सामने ही है एक रीछ-नर। रीछ-नर ? हाँ, है तो नर, पर नज़र पड़ते ही रीछ का बोध होता है अंगों का बेडौल विन्यास देखकर। उसके साथ है एक राजहंसिनी ? राजहंसिनी ? हाँ, है तो नारी ही, पर नज़र पड़ते ही राजहंसिनी का बोध होता है अंगों का सुडौल विन्यास देखकर।

ज़रा चले कि सामने ही है एक सींकिया सिंह। सींकिया सिंह ? हाँ, है तो नर, पर नज़र पड़ते ही बोध होता है सींकिया पहलवान का कि कहीं मांस नहीं और बस हड्डियों के ढाँचे पर ख़ाल का बुर्क़ा-सा चढ़ा। उसके साथ है एक हस्तिनी। हस्तिनी ? हाँ, है तो नारी ही, पर नज़र पड़ते ही हस्तिनी का बोध होता है कि कहीं ग़दर की लूट में मांस के थुवे लाद लायी हो।

नमूने इतने कि लेख लेखमाला बन जाये, पर छोड़िए विस्तार को और समझिए यों कि ऐसे जोड़े, जिन्हें देखकर याद आ जायें मसखरे शायर की लाइनें—

काग की चोंच में अँगूर, खुदा की कुदरत।
हूर की गोद में लँगूर, खुदा की कुदरत॥

और ऐसे जोड़े भी, जिन्हें देखकर याद आ जाये राष्ट्रकवि कालिदास का 'श्रद्धा-विश्वासरूपिणौ' कि जैसे जीवित श्रद्धा और विश्वास साथ जा रहे हों, एक-दूसरे के अनुरूप एक-दूसरे में रचे-पचे।

मैं घूम रहा हूँ मसूरी की माल रोड पर और देख रहा हूँ आसपास घूमते जोड़ों को, अब तन पर नहीं, ध्यान उनके मन पर केन्द्रित है मेरा। जाने कितने विचार हैं, कहूँ विचार ही विचार हैं, जिनमें सुख-दुःख भरे नर-नारियों के जीवन चालू फ़िल्म की तरह आ-जा रहे हैं। टिकना मुश्किल हो रहा है, पर टिकना तो है ही, लो टिक गये पाँव इस सूत्र को थामे—मानव की इस प्रदर्शनी में सुख के इन्द्रधनुषी स्वप्नों में डूबे नवयुवा भी हैं और अनुभवों के दुःस्वप्नों में डूबे वयस्क भी। मिलावट का ज़ोर है आज; बाज़ार की चीज़ों में ही नहीं, जीवन के बीजों में भी मिलावट है। तभी तो रंगीन स्वप्नों में आरम्भ होने वाले जीवन कितनी जल्दी बेरंग हो जाते हैं आजकल ?

चिन्तन जागृत है, पर अवलोकन भी तो सुप्त नहीं। मैं देख रहा हूँ नये जोड़ों में कुछ हैं, जो चलते-चलते धीरे से एक-दूसरे का हाथ छू लेते हैं, जैसे महाकवि अकबर के शब्दों में—"इससे अगर बढ़ो, तो शरारत की

बात है।" पर वे भी हैं, जो बिना कहे ही कहते हैं–'अरे, यह तो कोई शरारत नहीं' और हाथ में हाथ लिये चलते हैं, जैसे जीवन में कहीं भी पृथक्ता इन्हें असह्य हो। इन्हीं के साथ यह दृश्य भी–तरुण-तरुणी बातों में डूबे जा रहे हैं। तरुण का हाथ तरुणी के कन्धे पर है, पर दोनों में किसी को चिन्ता नहीं, जैसे वे इस ठेलम-ठेल भीड़ में भी अकेले हों। क्या यह भी एक तरह की समाधि नहीं है ? है, पर क्या यह अन्त तक निभ जायेगी, भंग न होगी ?

बड़ा मर्मस्पर्शी प्रश्न है और मैं उसके पीछे वैसे ही दौड़ चला हूँ, जैसे कभी स्वर्णमृग के पीछे राम दौड़े थे। दीखता है, पर निशाने पर नहीं टिकता। इस दौड़ में हाथ आता है एक सूत्र–हमारे राष्ट्र के प्यार में पूजा का तत्त्व अद्‌भुत रूप में समन्वित था, जैसे मिष्टान्न में केवड़ा। नारी कामिनी और भामिनी दोनों रूपों में घर में आयी थी, पर पश्चिम के प्रवाह में बहकर, देश के इस वर्ग में, जो मसूरी की माल रोड पर मेरे आसपास गतिशील है, पूजा का तत्त्व क्षीण हो चला है और नारी भामिनी कम और कामिनी अधिक हो गयी है। महक उसकी घटी है, चहक उसमें बढ़ी है। कहूँ, वह नर के विकास का शक्ति-स्रोत थी, अब उसके विलास का अनुरक्ति-स्रोत हो चली है। हमने क्या पाया, क्या खोया ? शायद हम उस व्यापारी की तरह जी रहे हैं, जो कभी अपने कारोबार का चिट्ठा नहीं बाँधता और उस दिन तक अपने मुनीमों पर काम छोड़े निश्चिन्त रहता है, जिस दिन तक वे उसे दिवालिया होने की घोषणा पर दस्तख़त करने को नहीं कहते।

मसूरी की माल रोड पर मैं घूम रहा हूँ और यह सब देख-सोच रहा हूँ। सपनों में हम कहीं से कहीं जा जुड़ते हैं और यही बात मन की है। कई साल पहले इसी सड़क पर घूमने के बाद एक चिन्तन क़लम ने काग़ज़ पर उतारा था। मन उस पर जा टिका। उसके अक्षर यों थे–

सृष्टि के विकासक्रम में नारी एक दिन अपनी नग्नता से सकुचायी, वह अपने उन्मुक्त अंगों को ढकने की ओर प्रवृत्त हुई और कटि प्रदेश में केले का पत्ता या लताजाल लपेटने से आरम्भ कर धीरे-धीरे सिर से पैर तक पूरम्पूर ढकनेवाले बुर्क़े तक जा पहुँची।

यहाँ तक बढ़ उसे लगा कि और आगे जाने का पथ नहीं है। वह

ठहरी, पर ठहरना विश्राम भले ही हो, ठहरे ही रहना मनुष्य के स्वभाव के विरुद्ध है। वह सदा ठहरा नहीं रह सकता, चलना उसकी प्रकृति है। हाँ, आगे चलना सम्भव न हो, आगे का पथ न सूझे, तो वह पीछे चलेगा, पर चलेगा अवश्य।

नारी भी ठहर न सकी, पीछे मुड़ चली। उसने ख़लीफ़ाये-आज़म की गद्दी के ठीक सामने तुर्किस्तान में अपना बुर्क़ा फाड़ फेंका, तो जौहर की ज्वाला से प्रदीप्त दुर्गों के देश भारत में अपना घूँघट उलट दिया। भुजाओं को ढकनेवाली आस्तीनों पर ही क़ैंची न चली, कन्धे भी खुल गये। बोझ सहने से इनकार कर सिर ने साड़ी-ओढ़नी को नीचे सरका दिया, तो कण्ठ ही बन्धन क्यों सहता ?

गरमियों में पहाड़ों पर, राजधानी में विदेशी अतिथियों के स्वागत भोजों में और क्लब-पार्टियों में देखता हूँ कि नारी अब वक्षस्थल की उन्मुक्तता के लिए अकुलाहट अनुभव कर रही है। वह कभी बग़ल की ओर से इस अकुलाहट का संकेत करती है, तो कभी कण्ठ की ओर से और कहीं पेट की ओर से। जम्फर-ब्लाउजों के कट जो काम नहीं कर पाते, उसे वह नये रूप-रंग की बाडियों के निर्माण से पूरा कर लेती है। ये नवीन निर्माण अपनी ऊँची उठान में जैसे घोषित करते हैं कि यह पावन प्रदेश गोपनीय नहीं, दर्शनीय ही है।

वस्त्रों की सूक्ष्मता समझदार है। वह कहती है—मैं इस दर्शनीयता की भी रक्षा करूँगी और नग्नता का लांछन भी न लगने दूँगी। यह सब देखकर मन पूछता है—इस दिशा में नारी का यही अन्तिम क़दम है या वह अभी और आगे बढ़ेगी ?

नग्नता का अर्थ है मर्यादा का अनुभव। इस अभाव को पुष्ट कर रही है सजावट की वृत्ति। यह वृत्ति विदेश के असन्तुलित प्रभाव और सिनेमा नटी के असंस्कृत अनुकरण से ओत-प्रोत है। इस तरह कुरुचि ही हमारी अभिरुचि बनती जा रही है।

मसूरी में फ़ैशन, चंचलता और उच्छृंखलता का इतना ज़ोर दिखाई दिया कि सोचना पड़ा—कोई वारांगना यदि यहाँ आये और सात दिन तक निरन्तर घूमती रहे, तो अपने प्रति जिज्ञासा की उस सृष्टि में उसे शत-प्रतिशत निराशा

मिलेगी, क्योंकि वह बेचारी कितनी ही सजे, भड़कीले वस्त्र पहने, क्रीम, पाउडर-लिपस्टिक के तूफ़ान उठाये, केश-कलाप में विदेशी सूचीपत्रों में छपे सब चित्रों को मात कर दे, मुसकराती चले, इतराती फिरे, पर यहाँ भीड़ की भीड़ घूमती बहू-बेटियों में वह अपना पृथक् अस्तित्व सिद्ध कर ही नहीं सकती। विचार का यह दूसरा कोना है कि पवित्र बहू-बेटियों के सम्बन्ध में मेरा यह सोचना कितना निन्दनीय है !

इसी चिन्तन के कोई दस वर्ष बाद मैं मसूरी की उसी माल रोड पर सन्ध्या के समय घूमते-घूमते अपनी दृष्टि को सूक्ष्मता की अन्तिम सीमा तक ले जा, सोच रहा हूँ—नारी नग्नता की उस लालसा में क्या इन वर्षों में और आगे बढ़ी है ? मेरा अवलोकन और तुलनात्मक चिन्तन इस प्रश्न पर 'हाँ' नहीं कहता; हाँ, प्रयत्न करने पर भी 'हाँ' नहीं कहता और तब मैं अपने को अपने ही एक नये प्रश्न के सामने खड़ा पाता हूँ—क्या भारत की नारी कुरुचि के प्रवाह में बहते-बहते सुरुचि के तट जा टिकी है ?

मेरा ही प्रश्न मुझमें गूँज रहा है और मैं देख रहा हूँ अपने आसपास आती-जाती तरुणाइयों को, जिनके वस्त्र उनकी देह से चिपके हुए हैं। इन तरुणाइयों में युवक हैं, युवतियाँ हैं। वस्त्रों की चुस्ती इस सीमा तक है कि कभी-कभी सोचना पड़े कि वस्त्र ख़ाल के ऊपर हैं या भीतर ? जानता हूँ कि ऊपर ही हैं, पर इतने सटे कि कटि के पूर्व-पश्चिम के उभार-उतार एकदम साफ़ दिखाई दें। कहूँ, ऊँचे वर्ग की रुचि ने मोड़ लिया है, पर वह स्वस्थ नहीं है और उसका रोग है प्रदर्शन की सस्ती वृत्ति।

देख रहा हूँ क्या और दीख रहा है क्या ? देख रहा हूँ मसूरी की माल रोड पर घूमते नर-नारियों को, पर दिखाई दे रहे हैं मुझे भारत के लगभग छह लाख ग्राम, जिनमें भारत के कोई तिरासी प्रतिशत नागरिक रहते हैं। गाँधीजी ने कहा था—"असली भारत गाँवों में बसता है।" कवि ने उसी भाव को छन्द में गाया था—'भारत माता ग्रामवासिनी।'

मैं देख रहा हूँ उन गाँवों को और सोच रहा हूँ यह कि मसूरी की माल रोड पर घूमते इन लोगों को, वैभव के इस प्रदर्शन ने—वेशविन्यास की इस समृद्धि ने, क्या असली भारत के, ग्रामवासिनी भारतमाता के समीप पहुँचाया है ? मेरा ध्यान भंग हो रहा है, मेरे अन्तःकरण में काँटे-से चुभ रहे हैं यह

सोचकर कि स्वतन्त्रता के इन वर्षों में नगरों और ग्रामों का भेद बढ़ा है, नागरिकों और ग्रामवासियों के बीच की दूरी बढ़ी है और यह दूरी दो देशों में व्यापार करनेवाले साझीदारों की नहीं है, युगसन्त विनोबा के शब्दों में—नगर भारतीय जीवन के कैन्सर हैं—कैन्सर जो भोजन का रस देह को सीधे न देकर अपने में खींच लेता है और फिर उस रस का विष बनाकर पूरी देह में बिखेरता है। काँटे और गहरे चुभ गये हैं, चुभन भी और तीखी हो गयी है और मैं अधमरा-सा हुआ जा रहा हूँ, क्योंकि 15 अगस्त, 1947 का बँटवारा मैंने देखा है और उसकी तेज़ आग झेली है, पर मैं देख रहा हूँ कि उससे भी बड़ा यह बँटवारा मेरे देश को घेर रहा है।

इस घेरे को कौन तोड़े ? इससे उसे कौन बचाये ? यह कौन है, जो मेरे साथ लग लिया है ? इसकी देह की पावन गन्ध मेरी जानी-पहचानी है, यह कौन है ? ओह, गाँधीजी हैं ये ! कह रहे हैं—"मैंने अमीरों को ग़रीबों की तरह रहना सिखाया था, पर मेरे बाद जवाहरलाल ने ग़रीबों को अमीरों की तरह रहना सिखा दिया। यह वृत्ति अब शहरों से आगे बढ़ गाँवों में भी जा पहुँची है। श्रम की श्रद्धा को यह चूसती है और पलक मारते धनवान् बनने की सटोरिया वृत्ति को यह पोसती है, जिससे आचरण दूषित होता है। इसका जीवन सूत्र है—जो हम नहीं हैं, वह हम दिखाई दें। यानी हम चाहे लाख कुरूप हों, पर हमारा फ़ोटो सुन्दर बने।"

बापू, मैंने कहा—इसका अर्थ तो यह हुआ कि आपकी राय में हमारे देश का सर्वोत्तम वर्ग, जो समाज के स्वरूप का मुखर प्रतिनिधि और प्रखर प्रदर्शक है, बनावटी जीवन जी रहा है ?

"और क्या ?" पूरी दृढ़ता से उन्होंने कहा—"यह बनावटी जीवन ही उन सारी कुरूपताओं और विशृंखलताओं की जन्म-स्थली है, जिनसे समाज आज त्रस्त है।"

लेकिन बापू, मैंने जिज्ञासा से कहा—यह क्यों न मानें कि यह समाज के ऊँचे रहन-सहन का, उभरते जीवन-स्तर का प्रतीक है ?

मैंने देखा, वह उदास हो गये। डूबे-से स्वर में बोले—"इस स्तर के लोग हैं कितने ? मुश्किल से दस-बारह प्रतिशत होंगे, तो लगभग दो दशकों में जो जीवन-स्तर दस-बारह प्रतिशत को ही प्राप्त हो सका है, उसे प्राप्त करने के

लिए क्या देश के पूरे नागरिकों को एक शताब्दी की प्रतीक्षा करनी पड़ेगी ? यदि हाँ, तो क्या जनता में इतनी लम्बी बरदाश्त होगी ?"

देश के नागरिकों में समाज-पद्धति के विरुद्ध सहिष्णुता हो या नहीं, पर मुझे लगा कि मेरी देह में बहते रक्तकण विद्रोह की ऊष्मा से उफन उठे हैं। मैं गाँधीजी की ओर मुड़ा, पर वहाँ कोई न था, तो क्या मैं अपने अन्तर्यामी से ही बात कर रहा था ?

मैं फिर घूमने लगा था मसूरी की माल रोड पर, यों ही अन्यमनस्क-सा बोर्डों को पढ़ते-देखते। यह सामने लिखा है—पद्मिनी-निवास। आँखों ने पढ़ा कि दिल चौंका और मेरी स्मृतियों में नाच गयी एक हसीना और बाँकी मनमोहिनी। 1958 में वह इसी भवन में रहती थी। अँगरेज़ी जीवन के दिलदादा लोगों का रंगमहल था हैकमैन होटल और उसकी नूरजहाँ थी वह नारी। कपूरथला के बूढ़े राजा के साथ जब वह नाचती, तब लगता कि दो युग साथ थिरक रहे हैं। किसी राजा की रानी थी वह, पर लोग कहते थे कि राजा साहब किसी दूसरे के साथ विदेश में रम रहे हैं और यह यहाँ अपने अभाव को भाव की चाप दे रही हैं। राजा साहब के साथ मैं भी एक बार इस भवन में कुछ देर बैठा था; बड़ी शानदार सजावट थी इसकी। इस बार भी उस मकान में जाने का अवसर मिला था मुझे। अब यह रंगमहल नहीं, किराये का मकान हो गया है। कमरे वे ही हैं, पर तुलनात्मक दृष्टि से वातावरण उखड़ा-उखड़ा-सा, जैसे उजड़े हुए सामन्ती युग का उखड़ा हुआ ख़ेमा हो ! मैं पढ़ता रहा पद्मिनी-निवास और तुलना करता रहा इस भवन के दोनों रूपों की। सहसा बिजली-सी कौंध गयी मेरे मन में—युग के प्रवाह में भूमि पर क़ब्ज़ा रखनेवाले सामन्त—राजा ज़मींदार—बह गये, पर भूमा—धनबाहुल्या—पर क़ब्ज़ा रखनेवाले श्रीमन्त क्यों रह गये ? अतीत वर्तमान में झलक आया—सामन्तों के पास अधिकार थे, उपहार न थे। उनमें ग्रहण था, अर्पण नहीं, शोषण था, पोषण नहीं। वे जीवन के किसी भी अंश में रचनात्मक न थे और पूरे तौर पर युग-क्रान्ति के विरोधी थे। फिर वे स्वतः पोषित व्यक्तित्व न थे, अँगरेज़ी सत्ता के व्यक्तित्व की छाया थे कि उसके हटते ही गिर गये। इसके विरुद्ध श्रीमन्तों के पास अधिकार थे तो उपहार भी थे। उनमें ग्रहण था, तो अर्पण भी था, शोषण था, तो पोषण

भी। वे जीवन के अनेक अंशों में रचनात्मक थे और छिपे तौर पर ही सही, युग-क्रान्ति के पोषक थे। फिर वे स्वतः पोषित व्यक्तित्व थे, अँगरेज़ी सत्ता की छाया न थे कि हटते ही गिर जाते। सबसे बढ़कर यह कि युग की उथल-पुथल में ज़िनके हाथों सत्ता आयी वे उनके द्वारा पोषित थे। यों सामन्तों के बहते भी श्रीमन्त युग के प्रवाह में टिक गये और उस प्रवाह की एक विशेषता बन गये। इस विशेषता का नाम पड़ा—मिश्रित अर्थव्यवस्था कि समाजवादी शासन भी और निजी उद्योग भी। विश्व के राजनीतिक इतिहास में एक नया प्रयोग। बहुत बड़ी बात हुई यह, पर इस बात का अर्थ क्या था ? इस बात का अर्थ था यह कि व्यक्ति की स्वतन्त्रता सुरक्षित है प्रजातन्त्री ढंग पर और उसकी यह स्वच्छन्दता कि अपनी साधन-शक्ति के सहारे वह समष्टि का शोषण कर सके, नियन्त्रित है समाजवादी ढंग पर। सचमुच यह बहुत बड़ी बात थी, पर अनुभव कहता है कि श्रीमन्त वर्ग ने प्रजातन्त्र का उपहार तो हाथ बढ़ाकर ग्रहण किया, पर समाजवाद का विचार क़ानून की जड़-भाषा में ही स्वीकार किया।

मैंने आगे बढ़ने के लिए पद्मिनी-निवास का बोर्ड एक बार फिर पढ़ा ही था कि सुना—नमस्कार ! देखा कि…के राजा साहब सामने खड़े हैं। साधारण पतलून-बुश्शर्ट और हाथ में छड़ी। कभी इसी मसूरी में अपनी रिक्शा में चला करते थे, जिसके रिक्शाकुली राज्य-चिह्न की वर्दी में होते थे और एक बावर्दी कर्मचारी आगे-आगे दौड़ता था—हटे, हटे !! एक राजसी कड़क होती थी उसकी आवाज़ में, पर आज राजा साहब अकेले ही खड़े थे मेरे सामने।

बातों में जाना—एक होटल में ठहरे हैं।—कोई आदमी साथ नहीं लिया ? बोले—"राज्य न रहे और फिर भी कोई राज-भवन पर झण्डा फहराये, तो एक मज़ाक ही है।" वह फिर भीड़ की नदी में बह चले। उनका अर्थगर्भ वाक्य मेरे भीतर गूँजता रहा—"राज्य न रहे और फिर भी कोई राजभवन पर झण्डा फहराये, तो एक मज़ाक ही है।" पहले इसी सड़क पर उन्हें सितारों में चाँद की तरह असाधारण बन घूमते देखा था; आज सितारों में सितारे की तरह साधारण बन घूमते देखा और मन में आया, यह सूत्र—मुझे जन-जन की विशिष्टता सदा मान्य है, पर जन की विशिष्टता केवल तभी, जब वह ज़न-जन

द्वारा अनुमोदित हो। चलते-चलते मन में आया—पैदायशी पदों की प्रतिष्ठा को पलक मारते पद-लुण्ठित देखकर भी जो लोग क्षण-भंगुर पदों की प्रतिष्ठा के दर्प में फूले फिरते हैं, वे कितने अबोध हैं ?

मैं भी अब माल रोड की भीड़ में था। भीड़, जिसमें हरेक का अपना परिपूर्ण व्यक्तित्व है, पर जिसमें हरेक भीड़ के विराट् व्यक्तित्व का एक अंश मात्र भी है। कहें, दोनों में भिन्नता भी है, अभिन्नता भी। वेदान्त की भाषा में यही नर-नारायण का अद्वैत है और उपनिषद् की भाषा में यही है—'पूर्णमदः पूर्णमिदं' कि यह भी पूर्ण है, वह भी पूर्ण है। पूर्ण से पूर्ण का प्रसार है और पूर्ण से पूर्ण लेकर जो बचता है, वह भी पूर्ण है।

मैं मसूरी की माल रोड पर और आगे बढ़ा ही था कि आवाज़ आयी—"रिकसा चाहिए बाबू।" यह रिक्शावाले की आवाज़ थी, जिसे सुनते बरसों बीत गये, पर आज कानों को यह आवाज़ सहज न लगी, वह कुछ चौंके-से इसे सुनकर। क्यों ? क्या बात है ? आप ही पूछा अपने से यह प्रश्न, पर कोई उत्तर न मिला—क्यों, क्या बात है ? कान स्मृतियों का टेप रिकार्डिंग सुनने लगे। तब मिला उत्तर—1945 तक मसूरी अँगरेज़ों की सैरगाह थी और अँगरेज़ों के मानस-पुत्र राजा-ज़मींदार, हिन्दुस्तानी अफ़सर और दूसरे काले साहब जो आते थे, मानसिक रूप से वे भी अँगरेज़ ही होते थे, तो रिक्शावालों का सम्बोधन था—साहब, साहब बहादुर, पर 1965 में न साहब सुनाई दिया, न साहब बहादुर, सुनाई दिया—बाबू, बाबू साहब !

बाबू और बाबूसाहब ! चिन्ता की चाँदनी छिटक आयी है मन में—तिलक के वातावरण में अँगरेज़ और अँगरेज़ियत से गहरी घृणा पैदा हुई थी, जिसे सावरकर-जैसे क्रान्तिकारियों ने पुष्ट किया था। बाद में गाँधीजी ने इस घृणा की भूमि में अहिंसा की खाद देकर उसमें भारतीयता की पौध रोप दी थी, पर स्वतन्त्रता का उदय होते ही भारत से अँगरेज़ की विदाई के बाद अँगरेज़ियत का जो तूमार उठा, उसने एक बवण्डर की तरह हमारे राष्ट्रीय जीवन को घेर लिया। भारत में अँगरेज़ियत के पहले ख़लीफ़ा सर सैयद थे। उनकी आत्मा अपनी क़ब्र में सचमुच अपनी सफ़लता के गीत गुनगुना रही होगी कि जीवन में नहीं, तो मरने के बाद ही सही मेरा मिशन रहा तो कामयाब ही !

पर यह रिक्शावाला ? यह जन-साधारण का, भारत के देहात का प्रतीक है और इसका सम्बोधन कहता है कि भारत का शिक्षित और शहरी नागरिक लाख 'ऐंग्लो इण्डियन' हो गया हो, भारत का देहाती नागरिक अभी 'इण्डियन' ही है। मन में खुशी की एक किरण फूट पड़ी, पर ? तभी एक पर, एक लेकिन ने सिर उठाया—पर ये रिक्शावाले तो अँगरेज़ी समय से मसूरी का अंग हैं ? प्रश्न में गहराई है और गहराई अपने में उतारती है, तो कहाँ पहुँचा निरीक्षण ? कहाँ पहुँची पूछताछ ?

उत्तर प्रदेश के सीमावर्ती जिले हैं टिहरी, उत्तर काशी, चमोली, इन्हीं से आते हैं ये रिक्शा चलानेवाले। यातायात के साधन नहीं थे, उद्योग-धन्धों का नाम नहीं था, एक समय भी भोजन मिल जाये तो ग़नीमत—सचमुच बुरी हालत थी। राजा का राज था, पटवारी ही पुलिस मिनिस्टर था कि जब जिसे चाहता, पकड़कर बेगार में धाँग देता। 1965 में तो महँगाई शब्द भारत के हरेक नागरिक का शब्द है, पर युगों तक यह शब्द इन स्थलों की जनता का ही अपना शब्द था। नीचे के लोग जब रुपये के बाईस सेर गेहूँ ख़रीदते थे, इन स्थानों में—ढुलाई की कठिनाई के कारण—रुपये में दो सेर आटा बिकता था और जिस शीरे को नीचे कोई चार आने मन भी न पूछता था, वही यहाँ चार रुपये मन भी दुर्लभ था।

जीना मुश्किल था। इस मुश्किल में जीने के लिए गर्मी आते ही इन स्थानों के किशोर-नवयुवक पहाड़ों से उतर आते थे और शहरों में बरतन माँजने की नौकरी घर-घर करते थे। युवक-प्रौढ़ मसूरी में रिक्शा चलाते थे। सर्दी आने पर जब कोई किशोर और युवक अपने अँगरेज़ी बालों में तेल लगाये, साफ़ कपड़े पहने और अण्टी में डेढ़-सौ से चार सौ रुपये तक बाँधे घर लौटता था, तब वह पड़ोसियों की नज़र में होता था ग्वालियर का राजकुमार और इन्दौर का सर सेठ हुकुमचन्द !

अब वे बरतन माँजनेवाले शहरों में दुर्लभ होते जा रहे हैं, यह मैं जानता था अपने अनुभव से, पर जाना मसूरी में कि रिक्शा चलानेवाले भी दुर्लभ होते जा रहे हैं। रिक्शाओं की संख्या काफ़ी कम हो गयी है और रिक्शा चलाने के लिए भी वे पुराने ट्रेंड लोग नहीं, घटिया क़िस्म के ही आदमी नीचे उतरे हैं। यह क्यों ?

इस क्यों के चिन्तन में हमारे खिलते राष्ट्र की एक आनन्द और उत्साह को सींचनेवाली तसवीर उभरती है। पहाड़ी ज़िलों का यह ग़रीब और असहाय डिवीज़न नौ हज़ार तीन सौ बत्तीस मील का है और इसके दो हज़ार तीन सौ वर्गमील में वन हैं। 1960 से पहले इस क्षेत्र के अभिशप्त गाँवों का जीवन निराश, अन्धकार और दुर्गति का जीवन था। अन्धकार इसलिए इस रूप में कि न 'आज' में कुछ था न 'कल' की सम्भावना में। उफ़ जीवन का यह कैसा चित्र है कि उसमें अच्छी सम्भावनाओं की कोंपलों का उगना ही बन्द हो जाये। भाग्य के नाम पर जाने कब से लोग यों ही जी रहे थे और वे मानते थे कि उन्हें सदा यों ही जीना है। हाय रे, यहाँ जीने का अर्थ था न मरना। हर की पैड़ी जैसे छोटे-छोटे खेतों को गोदकर जो कुछ मिल जाता, बस उससे ही साँस चलती रहती। साँस, जिसमें कोई ख़ुशबू नहीं, ज़िन्दगी जिसमें कोई अहल-बहल नहीं, उथल-पुथल नहीं, हेर-फेर नहीं और इन सबका विचार भी नहीं।

एक दिन अनहोनी बात हुई। नीचे से कुछ सरकारी आदमी ऊपर चढ़ आये और छोटी-छोटी तम्बोटियों में अपना सामान रख इधर-उधर घूमने लगे। वनों का सर्वेक्षण होने लगा और उस काम में इस क्षेत्र के लोगों को भी साथ में लगाया गया। पुराने राजा के समय की तरह इन्होंने इसे अपनी उदास ज़िन्दगी की मज़बूरी समझी, पर शाम को जब काफ़ी पैसे हाथ में लिये ये घर लौटे, तब वह मज़बूरी मज़दूरी हो गयी। ये पैसे पत्र, तार और रेडियो-सन्देश बनकर घर-घर पहुँचे और थके साँसों में ताज़गी की पहली खनकी आयी। इस ताज़गी ने फेफड़ों को चौंकाया कलेजे को थपथपाया, हृदय को गुदगुदाया और आशा को सरसाया।

जिस क्षेत्र का जीवन ही अन्धकार था, उसी में अठारह स्थानों पर बिजली योजनाएँ आरम्भ हो गयीं। 1965 में 50 नयी योजनाओं पर विचार हो रहा है। गृह-उद्योग के रूप में ऊनी ग़लीचे, चमड़े के सामान, मिट्टी के बरतन, लोहे की चीज़ें, सिलाई, हौजरी आदि आरम्भ हो गये और इन्हें लोकप्रिय बनाने के लिए 11 केन्द्र चल पड़े।

बद्रीनाथ जाने के लिए बननेवाली सड़क जोशी मठ तक पहुँच गयी, जिससे यात्रियों और घुमक्कड़ों की संख्या में बढ़ोतरी हुई, इस क्षेत्र को

नयी रौनक़ मिली और सड़कों का जाल सैकड़ों मील में फैल गया। कहूँ, चारों ओर गति ही गति आ गयी, रोज़गार बरस पड़ा, भाग्य का भूत भाग चला, कर्म में श्रद्धा जागी और अनास्था में आस्था जागी कि हमारा जीवन भी शीघ्र ही सुविधा, उपयोगिता और आनन्द से भर उठेगा। "बाबूजी, घर में ही मनचाहा काम मिल जाये तो बाहर कौन जाये ?" एक रिक्शावाले ने प्रश्न में जैसे सारी स्थिति खोलकर रख दी। दूसरे ने व्याख्या की–"अजी, उस काम में बादशाहत है। बन्धा काम, बन्धी तनखा, यहाँ तो गुलामी है।"

टटोला मैंने–फिर तुम यहाँ आये ही क्यों भैया ? उत्तर था–"पुराने लोग आ नहीं रहे थे, हमने सोचा चलो, हम ही शहर की सैर कर आयें, पर बाबूजी, तजर्बा अच्छा नहीं रहा।" एक ने कहा–"मौसम में यहाँ आने की चाट पड़ गयी है, जैसे अफ़ीम खाने की आदत हो जाती है कि समय पर न खाओ, तो गात टूटने लगता है, पर बाबूजी, बिना मज़े की चाट ज़्यादा दिन नहीं चल सकती।" मैंने दो-टूक बात कही–फिर ये रिक्शाएँ कौन चलायेगा, भैया ? उत्तर भी दो-टूक था–"अजी, कौन चलाता इन रिक्शाओं को, पड़ी-पड़ी रोयेंगी अपनी क़िस्मत पर।"

मेरा मन चमत्कृत हो उठा और मुझे याद आ गया 1948 में लिखा अपना रिपोर्ताज--पहाड़ी रिक्शा। उसका अन्तिम अंश इस प्रकार है–

"अनेक वर्षों से मैं रिक्शा चलानेवालों को दया का पात्र समझता रहा हूँ, पर सत्य यह है कि रिक्शा में बैठनेवाले ही दयनीय हैं। मन नयी दिशा में मुड़ चला है–अहिंसा की छाया में। एक रोगी भी हमारी दया का पात्र है और एक डाकू भी। दवा और दण्ड समाज की दया ही तो हैं ! तब पेट के लिए बोझ ढोने को विवश मज़दूर और पैसे के गर्व में मनुष्य से एक बोझ बननेवाला यात्री, दोनों ही दया के पात्र हैं और हमारी दया का अनुरोध है कि यह प्रथा बन्द हो।"

मैं सोच रहा हूँ, ग्रहों की गति का अध्ययन कर ज्योतिषी भी भविष्यवाणी करते हैं और राष्ट्रीय घटनाओं का रुख़ देखकर पत्रकार भी, पर ग्रहों के ज्ञान और घटनाओं के रुख़ से अपरिचित यह मज़दूर, जो भविष्यवाणी कर रहा है कि समता का सूर्योदय होनेवाला है और मनुष्य पर

से मनुष्य का बोझ उतरनेवाला है, क्या उसमें युग की वाणी ही प्रतिध्वनित नहीं है ?

"यस डार्लिंग, आई थिंक सो !"

स्वर इतना मीठा कि कानों में मिश्री घुले। सुना, तो शब्दभेदी बाण की तरह आँखों ने उसका पीछा किया। स्वरूप इतना सलोना कि हर बाप उसका जन्म अपने घर चाहे। पति भी स्वस्थ-सुन्दर, ऐसा युगल कि देखकर मन में आप ही आप आशीष उपजे—दोनों हिन्दीभाषी, पर दोनों अँगरेज़ी में बतियाते जा रहे थे।

अँगरेज़ी बोलना इनकी मज़बूरी नहीं है, अँगरेज़ी बोलना इनकी ज़रूरत नहीं है, अँगरेज़ी बोलना इनकी आदत नहीं है, क्योंकि मैं देख रहा हूँ कि अँगरेज़ी का टप्पा देकर वे शीघ्र ही हिन्दी पर आ जाते हैं। फिर यह अँगरेज़ी है क्या ?

सर्दियों का मौसम, मिटपरियों का बाड़ा, रात का समय; जिनके पास फटी-पुरानी गुदड़ी, वे सबकी निगाह में शानदार।

1930 से 1945 तक का समय, देश की जेलों में गाँधी के क़ैदियों की भरमार; उनमें जिनकी पत्नियाँ भी जेल में, वे दूसरे कैदियों में शानदार।

1948-49 का काल, लीडरों की कृपा से प्राप्त लाइसेंसों द्वारा खरीदे पिस्तौल का पट्टा समय-असमय जिनके कन्धों पर, वे अपने गाँव में शानदार।

आजकल का समय, रिक्शा में बैठे स्टेशन जा रहे हों या पैदल सब्ज़ी मण्डी, बजता ट्रांज़िस्टर जिनके पास, वे सारी भीड़ में शानदार !

और मसूरी की मालरोड पर जो जोड़े बेहद मामूली अँगरेज़ी में गिटपिटायें, वे अपनी निगाहों में दूसरों से शानदार !

इन शान का जड़ कहाँ है ? बादशाही हुकूमत के दिनों शाही खानदान के लोगों की एक श्रेणी थी और जनता की एक श्रेणी, जिसकी न कोई आवाज़ न रुतबा। बादशाहों को ऐसे लोगों की ज़रूरत थी, जो जनता के दिलों में उनका रौब़ ग़ालिब रखें और राजकाज़ में भी मददगार हों। तब दरबारियों, अमीर-उमराओं की एक श्रेणी बनी। उसका मुँह बादशाहों के कान तक पहुँचता

था और बादशाहों की आँख उन तक, इसलिए ये बादशाहों की भाषा बोलते थे और बादशाहों का ही वेश पहनते थे कि नगण्य जनता में नहीं अग्रगण्य शाही वर्ग में दिखाई दें, शुमार हों !

बादशाहों के बाद अँगरेज़ आये। अँगरेज़ शासक श्रेणी, जनता शासित श्रेणी। अँगरेज़ों को भी ऐसे आदमियों की ज़रूरत थी, जो जनता के दिलों में उनका रौब ग़ालिब रखें और राजकाज में भी मददगार हों। तब अफ़सरों, रावों-खानों-सरों और बाबुओं की एक श्रेणी बनी। ये भी अँगरेज़ी की भाषा बोलते थे और अँगरेज़ी वेश पहनते थे कि नगण्य जनता में नहीं, अग्रगण्य साहबों में दिखाई दें, शुमार हों।

गाँधीजी ने अँगरेज़ों की हुकूमत के विरुद्ध विद्रोह किया, तो उनकी नक़ल को भी नहीं बख़्शा और भारतीय भूषा-भाषा को महत्त्व देने की प्रवृत्ति पैदा की। अँगरेज़ चले गये, गाँधीजी की हत्या हो गयी और उनके उत्तराधिकारी जवाहरलाल नेहरू देश के सर्वे-सर्वा हुए। उन्होंने अँगरेज़ी को संरक्षण दिया, पर अँगरेज़ियत पर चोट की कि बन्द गले का कोट और चूड़ीदार पाजामे को गाँधी कैप के साथ राष्ट्रीय वेश घोषित किया।

15 अगस्त से पहले जवाहरलाल दूर से देखते थे भीड़ को, आकर्षित करते थे भीड़ को, पर मानसिक सन्निधि में रहते थे गाँधीजी की, इसलिए प्रभावित होते थे गाँधीजी से, पर 15 अगस्त के बाद जवाहरलाल दूर से देखते थे भीड़ को, आकर्षित करते थे भीड़ को, पर मानसिक सन्निधि में रहते थे पूर्णतया अँगरेज़ी वातावरण में पले-पुसे इसलिए प्रभावित होते थे उनसे ही। इन अफ़सरों ने कहा—"यह वेश कष्टदायक है, विदेशों के लायक नहीं।" सहज था कि नेहरू प्रभावित हों। वह प्रभावित हुए और उन्होंने निर्णय दिया कि अँगरेज़ी कोट का संस्कारित रूप बन्द गले का ऊँचा कोट और शुद्ध अँगरेज़ी पतलून राष्ट्रीय वेश माना जाये।

यह है 1956 ! हरद्वार में गंगा नहर की शताब्दी मनायी जा रही है। स्मृति भी कहाँ से कहाँ जा कूदती है। बड़ा ही भव्य, विशाल और शानदार मण्डप, गंगा की दो धाराओं के बीच मैदान में बना। वातावरण मनोरम और मुख्य अतिथि गंगाजल की तरह ही पवित्र और सात्त्विक हमारे राष्ट्रपति श्री राजेन्द्रप्रसाद।

उत्सव के बाद नौका जलूस का कार्यक्रम था। उत्सव के स्थान से नौकास्थान कोई तीन-चार सौ गज़ था। राष्ट्रपति मंच से वहाँ जाने को उठे, तो देखा कि वह बन्द गले का कोट और पैण्ट पहने हुए हैं। मैं प्रणाम कर साथ हो गया। पुराने कार्य-कर्ताओं से राजेन्द्र बाबू राष्ट्रपति होने के बाद भी घरेलू ढंग से मिला करते थे। इधर-उधर की बात के बाद मैंने कहा—"बाबूजी, आज तो आप पूरे साहब हो रहे हैं।" बात में विरोधी का व्यंग्य न था बालक का कौतुक ही था, फिर भी बाबूजी संकुचित हो उठे—सादगी उनकी आदत नहीं, जीवन का धर्म थी। बोले—"जवाहरलाल कहते हैं यही ठीक है।" स्वर में विवशता थी, सफ़ाई का भाव था। मैं प्रणाम कर अलग हुआ, वह नाव में चढ़े।

और यह कौन है जो मेरे पास आ खड़ा हुआ ? यह लाण्ड्री मैन मिस्टर अरोड़ा, कहते हैं—"पहले दो आदमी कपड़े धोते थे और दो प्रेस करते थे, पर अब प्रेस के लिए तीन भी कम हैं; अकसर खुद खड़ा होना पड़ता है।"

क्यों ? क्या प्रेसवाले पूरा काम नहीं करते ? उनका उत्तर है—जी, यह बात नहीं, बात असल यह है कि अब पतलूनें बहुत आने लगी हैं और उनकी 'क्रीज' ठीक रखने के लिए ज़्यादा मेहनत करनी पड़ती है।

क्या ? पतलूनें ज़्यादा क्यों आने लगी हैं अब अरोड़ाजी ? उनका उत्तर है—"बाबूजी, अँगरेज़ों के बाद तो हिन्दुस्तान में हरेक ही अँगरेज़ हो गये हैं !" ठीक है, जब सत्यमूर्ति बाबू राजेन्द्रप्रसाद भी प्रभावित हो गये, तो दूसरों को अँगरेज़ी रहन-सहन से अपनी श्रेष्ठता का बोध क्यों न हो ? वैभव और शान की प्रदर्शनी मसूरी की माल रोड पर पति-पत्नी अँगरेज़ी में बतियाना क्यों न बड़ी बात मानें ?

लो, यह आ गया लाइब्रेरी चौक, जिसे नयी दिल्ली का कॅनॉटप्लेस या पुरानी दिल्ली का चाँदनी चौक माना जाता है। 'सर्वदेव नमस्कारं केशवं प्रति गच्छति'—आप किसी भी देवता को नमस्कार करें, वह पहुँचता है कृष्ण को ही, तो मसूरी में कोई कहीं ठहरे, पर शाम को एक बार लाइब्रेरी चौक ज़रूर पहुँचता है।

लाइब्रेरी चौक ? हाँ यहाँ, एक विशाल लाइब्रेरी है। नीचे पाँच-छह दुकानें,

ऊपर एक हॉल में लाइब्रेरी, जिसमें हज़ारों पुस्तकें, लम्बे बरामदे में बैठक और वाचनालाय, ट्रस्ट कमेटी की बैठक का एक कमरा। 19वीं शताब्दी के ढलाव में स्थापित हुई थी यह लाइब्रेरी। संस्थापक अँगरेज़ बन्धु का प्रभावशाली फ़ोटो भीतर के कमरे में लगा है। दुकानों से कई हज़ार रुपये साल किराया आता है, तो जीवित है लाइब्रेरी, पर चलती नहीं। जीवन नहीं—एकदम क़ब्रिस्तान का-सा सन्नाटा, एकदम स्यापे के बाद का उदास वातावरण। यही बात है कि सब कुछ है, पर जीवन नहीं; जैसे किसी मुर्दा लाइब्रेरी का यह ममी-मन्दिर हो।

मुर्दा लाइब्रेरी ? जिसके पास आय के स्थायी साधन हैं, उत्तम भवन हैं, शानदार फ़र्नीचर हैं, हज़ारों पुस्तकें हैं, वह मुर्दा लाइब्रेरी क्यों है ? सचमुच कुतूहलवर्द्धक प्रश्न है, पर इतिहास का मजाक़ भी तो कोई चीज़ है ? लाइब्रेरी जब स्थापित हुई अँगरेज़ों और अँगरेज़-परस्तों के मजे मीर का रंग-महल था मसूरी, तो अँगरेज़ द्वारा स्थापित लाइब्रेरी में पुस्तकें आयीं अँगरेज़ी की। उस समय के लोग लाइब्रेरी में आते, बैठकर पढ़ते या सदस्य बनकर पुस्तकें घर भी ले जाते। प्रति सीज़न आठ-दस हज़ार पुस्तकें पढ़ी जाती थीं। हरेक यात्री लाइब्रेरी और हैकमैन होटल में कुछ देर बैठना मान-मर्यादा की बात समझता था; जैसे यह अभिरुचि का एक मापदण्ड हो, पर अब वे अँगरेज़ नहीं हैं, वे अँगरेज़-परस्त भी कुछ मर गये, कुछ बिखर गये और उनके विरह में लाइब्रेरी सूख रही है, जैसे यह उनकी विधवा हो।

मैं लाइब्रेरी के सामने खड़ा हूँ और देख रहा हूँ एक चलती-जाती सूरत को। पैरों में चूड़ीदार पाजामा, देह में नीची शेरवानी, सिर पर गाँधी कैप, आँखों पर चश्मा, हाथ में छड़ी और कश्मीरी कलर; ये चले जा रहे हैं श्री पुष्करनाथ तनखा। ओह, यह जा रहे हैं तिलक पुस्तकालय, जो इनकी निष्ठा और लगन का प्रतीक है। जन-शासन की सहायता से बना सुन्दर हॉल, चिन्तनशील पाठकों के लिए एकान्त कमरा, छोटा-सा ऑफ़िस और साथ के स्वच्छ बाथरूम। हिन्दी, उर्दू, अँगरेज़ी की हज़ारों पुस्तकें और अनेक सामयिक पत्र सब कुछ स्वस्थ, व्यवस्थित और प्रेरणाप्रद।

एक किनारे पर लारी, दूसरे पर तिलक पुस्तकालय; एक मुरझाती

बेल—भारत से अँगरेज़ों और जाती अँगरेज़ी की प्रतीक, दूसरा लहलहाता वृक्ष, उभरती राष्ट्रभाषाओं का—राष्ट्रीयता का प्रतीक। मन में आया—राष्ट्र अपने ही साँसों जीवित रहता और अपने ही हृदय की धड़कनों से स्पन्दित होता है। मानता हूँ आक्सीजन का भी उपयोग है, पर मरते हुए मनुष्य के लिए, उभरते हुए मनुष्य के लिए नहीं।

मसूरी की माल रोड की शाम अब अपनी गुलाबी चुनरी उतारकर काली चादर ओढ़ रही थी सलमे-सितारे जड़ी और मैं अपने निवास की ओर लौट रहा था यह सोचते हुए कि यहाँ की शाम राष्ट्रीय जीवन की एक उत्तम प्रदर्शनी है, जिसमें हम राष्ट्रीय जीवन के उभरते और बिखरते तत्त्वों को एक साथ देख रहे हैं।

□

दिल्ली-यात्रा की स्मृतियाँ

"आपका देहली चलना निहायत ज़रूरी है पण्डितजी !"

देवबन्द के प्रतिष्ठित राष्ट्र-कर्मी मास्टर काशीरामजी का अनुरोध सुनते ही मैं दिल्ली चलने को तैयार हो गया। वे देवबन्द तहसील की राजनीतिक कान्फ़्रेन्स के लिए नेताओं को निमन्त्रण देने दिल्ली जा रहे थे। महात्माजी के शुभ-आगमन और केन्द्रीय असेम्बली की बैठक के कारण दिल्ली इस समय राष्ट्र का पवित्र तीर्थ हो रहा है; मैं इस तीर्थ के अवगाहन से क्यों वंचित रहूँ ?

यमुना पुल पार करते ही लाल क़िले पर दृष्टि पड़ी। यह आज भी खड़ा-खड़ा चौराहे के सिपाही की तरह मुग़ल साम्राज्य के उस महान् वैभव की ओर संकेत करता रहता है। कितना वैभवशाली था वह साम्राज्य और कितना शक्ति-सम्पन्न, पर विलासिता और जनता की उपेक्षा से वह मिट्टी में मिल गया और उसके उत्तराधिकारी, जाकर ख़्वाजा हसन निज़ामी से पूछो, ठेले चला-चलाकर पेट पाल रहे हैं !

आगे बढ़कर स्टेशन आया। उतरे, बाहर आये। सामान के लिए एक कुली किया, पर तीन-चार कुली झगड़ पड़े। सभी अपना नम्बर बता रहे थे ! बात यहाँ तक बढ़ी कि मध्यस्थ बनना पड़ा। मास्टरजी ने कहा, "हमने यह कुली किया है, अगर इसका नम्बर नहीं है, तो तुम इसकी शिकायत कर देना, पर हमारा वक़्त क्यों ख़राब कर रहे हो भाई !" कुली उनसे भी झगड़ने को. यहाँ तक कि हाथा-पाई करने को तैयार हो गये। मैंने इधर-उधर देखा, कोई सिपाही वहाँ नहीं था।

सामने साइनबोर्ड पर नज़र गयी, जिसमें 'मुसाफरों के वासते' न जाने

क्या-क्या लिखा था। अँगरेज़ी ठीक और उर्दू सही, पर हिन्दी ही एक अनाथ भाषा है, जिस पर होनेवाले अत्याचारों का प्रतिवाद शायद निषिद्ध है।

ख़ैर, सामान लेकर आगे चले। थोड़ी दूर जाकर देखा, एक वृक्ष की आड़ में सिपाही महाशय अपने एक मित्र के कन्धे पर हाथ रख गप-शप कर रहे हैं। कर्तव्यपालन का यह कितना सुन्दर उदाहरण था। मैंने कहा, "मास्टरजी, ऐसे पब्लिक सर्वेण्ट भारत के अलावा और किस देश में मिल सकते हैं ?"

दूसरे दिन विविध नेताओं के दर्शन किये। केनिंग स्ट्रीट की सरकारी कोठियाँ आजकल 'काँग्रेस-हाउस' हो रही हैं। सेठ गोविन्ददासजी की बाहर खड़ी मोटर पर तिरंगा झण्डा फहरा रहा था। 25 न. कोठी में पालीवालजी के दर्शन किये। वे बाहर से जितने ऊबड़-खाबड़ हैं, भीतर से उतने ही सुन्दर। जितने रूखे हैं, उतने ही सरस। एक शब्द में युक्तप्रान्त का यह सपूत सिपाही है।

सभी लोग असेम्बली-हाउस जाने की तैयारी कर रहे थे। सभापति के चुनाव की व्यवस्था सभी के चेहरों पर थी, पर श्री पं. गोविन्दवल्लभ जी पन्त इस समय बेफ़िक्री से बैठे हजामत बना रहे थे, जैसे उन्हें कोई फ़िक्र ही नहीं।

असेम्बली पहुँचे। नेता लोग धीरे-धीरे आ रहे थे। आज नयी दिल्ली—वायसराय के घर—में खादी की बहार देखने लायक़ थी। कई तिरंगे झण्डे, जिन्हें झुकाने में गत वर्षों में भगीरथ-प्रयत्न किया गया था, मोटरों पर फहरा रहे थे। ऊपर असेम्बली-हॉल पर यूनियन जैक फहरा रहा था, जो सम्भवतः इन छोटे-छोटे झण्डों को चुनौती दे रहा था : "इन किराये की मोटरों पर चढ़कर क्या इतरा रहे हो ? यहाँ आओ, तो मैं समझूँ।" इन झण्डों ने इस चुनौती का जो उत्तर दिया, वह लिखने की नहीं, भावुकों के अनुभव करने की चीज़ है।

सभापति के चुनाव में काँग्रेस हार गयी। सभी काँग्रेसी खिन्न थे, पर पन्तजी की मुख-मुद्रा पर इसका कुछ भी प्रभाव नहीं था। वे वास्तव में एक राजनीतिक नेता हैं और राजनीति को वे खिलाड़ी की आँख से देखते हैं।

पं. मोतीलाल जी नेहरू की याद से मेरी पलकें भींज गयीं। आह, आज वह महारथी होता, तो क्या पराजय की ये घड़ियाँ देखनी पड़तीं !

हिन्दुस्तान में सम्राट् के उस प्रतिनिधि को भी देखने का अवसर मिला। लॉर्ड विलिंगडन बूढ़े हैं, पर ज़रीदार लाल कोट में खूब फब रहे थे। चेहरे पर बुढ़ापा था, पर शरीर में जवानी की चुस्ती। सुख में कौन बूढ़ा हुआ है ? मुझे ग्रामीण भारतीय के नाते उन्हें देखकर पुराने साँग-अभिनेताओं की याद हो आयी।

आजकल दिल्ली में जापानी माल की एक नुमाइश हो रही थी। हम लोग भी उसे देखने गये, कोई टिकिट नहीं था। विविध प्रकार का जापानी माल सजा हुआ था। चमक-दमक नम्बर एक और दाम सस्ता। चारों ओर विविध देशों के झण्डे लटक रहे थे। उनमें एक झण्डा (जो सम्भवतः इटली का था) भारत के झण्डे से मिलता-जुलता था। मैंने वहाँ के प्रदर्शक एक जापानी से पूछा, "ये झण्डे विविध् देशों के हैं या जापान के ही विविध ग्रुपों के ?" हँसकर उसने कहा, "यस, देयर आर फ़्लैग्स ऑव आल दीज़ कण्ट्रीज, विद विच वि हैव ऑवर ट्रेड, ऐक्सैप्ट दीज़ विच आर स्लैव कण्ट्रीज़।" अर्थात् यहाँ उन सब देशों के झण्डे हैं, जिनसे हमारा व्यापार है और जो गुलाम नहीं हैं।

इस जापानी की हँसी में कितनी भर्त्सना थी।

ग़ैरत से मेरी आँखें नीचे झुक गयीं। भारत के मस्तक से दासता का यह कलंक कब धुलेगा ? हम कितने ही सजें, बनें और श्रृंगार करें, पर जब तक हमारे मुख से दासता के कलंक की कालिमा नहीं धुलती, सब बेकार है और हमारा श्रृंगार हमारे उपहास का ही कारण है !

अँगरेज़ी सूट-बूट से कोई भारतीय ईसाई कहीं अँगरेज़ हुआ है ? नुमाइश से बाहर निकल 'अर्जुन' ख़रीदा। इस नुमाइश के समर्थन में एक सम्पादकीय नोट था ! वाह रे, भगवान् व्यास के उत्तराधिकारियो !

'हिन्दुस्तान टाइम्स' का दफ़्तर भी देखा। भाई देवदासजी गाँधी से थोड़ी-सी बातें हुईं। उनकी सौम्य मूर्ति सदा याद रखने की चीज़ है। इस दफ़्तर में जहाँ हम-जैसे हज़ारों छुटभैय्ये दिन-भर में झाँक जाते हैं, कोई

किसी की बात पूछनेवाला नहीं था। शहरीपन के वातावरण में यह शिकायत की बात भी नहीं, पर दो सम्पादकों के बीच में रखी हुई बिजली की अँगीठी और कर्मचारियों के सूट-बूट देखकर हमारे मास्टरजी बहुत भड़के, "हमारे नेता अगर अपने अधीन कर्मचारियों में ही सादी खादी का प्रचार नहीं कर सकते, तो उन्हें अपने पत्र के पाठकों से ऐसी आशा करने का क्या अधिकार है ?" उनकी बात में जो मार्मिकता थी, उससे इनकार नहीं किया जा सकता। फिर भी मैंने कहा, "नेता लोग आलोचना से परे होते हैं, मास्टरजी !"

एक मित्र की कृपा से सेक्रेटरियट देखने को मिला। लिफ़्ट पर पहली बार मैं यहीं चढ़ा। यह एक विशाल भवन है और इसकी छत पर से नयी दिल्ली की एक बहुत सुन्दर झाँकी दिखाई देती है। एक ओर असेम्बली का वह विशाल गोल भवन और दूसरी ओर गुम्बददार वायसराय का निवास-स्थान—गवर्नमेण्ट हाउस। चारों ओर फैले हुए वे सरकारी क्वार्टर और कॅनॉट प्लेस का वह शानदार बाज़ार, जहाँ पाँच आने की चीज़ हमारे राजा-रईस एक रुपये में खरीदकर कृतार्थ होते हैं।

कल्पना की आँखों से मैंने देखा—दूर खड़ा वह लाल क़िला उदासीन भाव से इस वैभव की ओर देख रहा है। मेरे मन में आया, किसी दिन लाल क़िला भी तो इसी उत्साह से बनाया गया होगा।

मुग़ल साम्राज्य अपने इन सुदृढ़ और सुन्दर भवनों के कारण आज भी स्मरणीय है और अँगरेज़ी साम्राज्य अपने स्मृति-चिह्न निर्माण कर रहा है।

दिल्ली में कितने ही साम्राज्य उगे, पनपे और विलीन हो गये। यह साम्राज्यों का प्रसूति-गृह भी है और श्मशान-मन्दिर भी ! जीवन और मरण, आदि और अन्त एवं सृष्टि और प्रलय का दिल्ली में कितना सुन्दर सम्मिलन हुआ है।

हम इतिहास को पढ़ते हैं, पर उससे कुछ सीखते नहीं। यही कारण है कि वह बार-बार अपने को दोहराता है। राजपूतों का अध्याय समाप्त हुआ और मुग़लों का आरम्भ, मुग़लों का अध्याय समाप्त हुआ और अँगरेज़ों का आरम्भ ! आज यही चल रहा है, पर कौन जानता है कि यह कितना लम्बा है। इतिहास के सभी अध्याय अपने वर्तमान में अखण्ड, अटल और

सर्वांगपूर्ण दीखते हैं, पर समय का प्रभाव इस अभियान को मिथ्या प्रमाणित कर देता है। वर्तमान कितना मोहक है कि हमें भविष्य की ओर देखने ही नहीं देता।

लाल क़िला खड़ा आज रो रहा है। न वह शान और न वह वैभव। आज उसके फ़व्वारे, जो किसी दिन राजकुमारों और राजकुमारियों को स्नान करा चुके हैं—सावन और भादों—सुनसान हैं। किसी दिन उनमें सैकड़ों मोमबत्तियों का आलोक अठखेलियाँ कर चुका है आज वहाँ अँधेरा पड़ा है। और उसमें न जाने कितनी प्रेम-कथाएँ सोयी पड़ी हैं। वे ताल और वे झरने, सभी की सजीवता आज कहाँ है ? आज वह लाल क़िला सरकस के पालतू हाथी की तरह उदासीन भाव से खड़ा-खड़ा अपने अतीत को याद कर रहा है और उसे देखकर, उसके अतीत को याद करके, मुँह से निकल पड़ता है :

रुदन हास्य में खेल रहा था, चिरविषाद अलमस्ती में !
कहीं छिपा था यह विनाश भी, उस वैभव की बस्ती में !!

सेक्रेटरियट के साइन-बोर्डों की भी हिन्दी अशुद्ध थी। शिमला देखकर यह आशा हुई थी कि दिल्ली के ऊँचे ऑफ़िसों के बोर्डों की हालत ठीक होगी, पर यहाँ भी निराश होना पड़ा। मैं समझता हूँ अब वह समय आ गया है, जब राष्ट्रभाषा के इस अपमान की ओर हमारा ध्यान जाना चाहिए।

मैंने अपने मित्र से कहा, "हम जैसे खद्दरधारियों को अपने दफ़्तर में ले जाते तुम्हें डर नहीं लगता" वे हँस पड़े। उन्होंने दिखाया—वे खुद खादी पहन रहे थे और साथ ही वहाँ ऐसे कर्मचारियों की संख्या काफ़ी थी। मैंने अनुभव किया कि जो जितना बड़ा है, उतना ही उदार है। एक थानेदार, किसी परिचित काँग्रेसी को अपने ऑफ़िस के सामने देखकर ऐसा मुँह बनाता है कि जैसे हमने पहले कभी देखा ही नहीं। जो जितना छोटा है, वह उतना ही दबा हुआ है।

दूसरे दिन शाम को किंग्सवे में महात्माजी की प्रार्थना में शरीक होने का सौभाग्य प्राप्त हुआ। सितार पर प्रार्थना हुई। प्रसन्नता की बात है कि महात्माजी लेनिन की तरह कला से नहीं डरते और संगीत से उन्हें पथभ्रष्ट

होने का ख़तरा नहीं। महात्माजी के निकट बैठकर एक प्रकार की विशेष पवित्रता का अनुभव होता है। ऐसा कौन है, जो बापू की हँसी देखकर निहाल न हो जाये।

प्रार्थना में एक अँगरेज़ सज्जन भी आये थे। उन्होंने श्री महादेव देसाई से प्रार्थना की कि वे उन्हें महात्माजी से मिला दें। एक-डेढ़ मिनिट वे महात्माजी से मिले। बाहर आने पर उनकी बुढ़िया गृहिणी को भी ईर्ष्या हुई और उन्होंने अपने पति को अकेले यह सुख लूटने पर बहुत डाँटा। इस पर वे फिर देसाईजी के पास पहुँचे। फलस्वरूप उन्हें भी महात्माजी से हाथ मिलाने का मौक़ा मिला। महात्माजी के सामने वे ऐसी खड़ी थीं, जैसे बापू ने उनकी पन्द्रह साल काले पानी की सज़ा माफ़ कर दी हो !

माता कस्तूरबा के भी दर्शन हुए। इस बार वे बहुत बूढ़ी लगीं, पर उनके चेहरे पर जो ओज मैंने इस बार देखा, वह भी अपूर्व था। मीरा बहन का घुटा हुआ सिर दर्शक को चक्कर में डाल देता है। महात्माजी ने क्या कर दिया है इस बेचारी को।

वास्तव में महात्मा जी प्राचीन भारत के ऋषियों के नवीन संस्करण हैं और माता कस्तूरबा ऋषि-पत्नी का और इन दोनों का समन्वय उसी पवित्र वातावरण की पुष्टि करता है, जिसमें सिंह अपनी हिंसकता को त्यागकर दुम हिलाने लगता है। नवयुग के इन ऋषियों को मेरा कोटि-कोटि प्रणाम।

मित्रवर श्री होतीलाल जी की कृपा से पहाड़गंज की पहाड़ियाँ देखने का अवसर मिला। दिल्ली में ऐसा सुन्दर प्रदेश घूमने को मिलना मुझ जैसे जंगली नागरिक के लिए एक खुदाई बरकत है। देखकर तबीयत खुश हो गयी, जैसे नया पकड़ा हुआ तोता सैय्याद की भूल से छूटकर अपने जंगली घोंसले में जा पहुँचा हो !

यहाँ मुग़ल साम्राज्य के समय की एक चारदीवारी देखने को मिली। पता चला कि यह भोली भटियारी की सराय है। चारों ओर एक मज़बूत दीवार है और उसी के अन्दर दो-तीन कोठरियाँ हैं, साथ ही एक कुआँ भी ! सामने सुन्दर दरवाज़ा है।

मैं सोचने लगा, कौन थी यह भोली भटियारी। भटियारी और भोली ! कौन जानता है उसके इस भोलेपन ने ही उसके इस वैभव की आधार-शिला

रखी हो ?

किसी दिन देख लिया होगा मुग़ल सम्राट् ने उसे और हो गये होंगे प्रसन्न। बस, दूसरे दिन भटियारी की झोंपड़ियाँ इस पक्की सराय के रूप में बदल गयी होंगी। भीतर कुएँ पर चारों ओर पक्का हाशिया है। कौन जानता है, इस पर प्रेम की कितनी रंगरेलियां हो चुकी हैं ? चाँदनी रात, एक ज़री की मसनद, मुग़ल सम्राट् और पास ही एक भोली भटियारी; सुरा की उपासना, आँखों ही आँखों में बात, कभी मीठी मुसकान और कभी अट्टहास। कितने सुन्दर दृश्य देख चुका है यह कूप। आह, वे भारत के कैसे दिन थे ! उनका ध्यान आते ही कसक-भरे हृदय से निकल पड़ता है :

दिल्ली, देखे हैं तूने वैभव के कितने सपने !

□

एक तसवीर के दो पहलू

मैं एक जंगली नागरिक हूँ। जंगली नागरिक कि रहता हूँ नगर में, खाता-पीता और जीता हूँ नगर में पर जीने का रस मुझे मिलता है जंगलों से, खेतों से, उपवनों से, झीलों से, पर्वतों से। जंगल में बैठकर, प्रकृति के साथ मिलकर, बातें करना, हँसना, खेलना मेरे जीवन का एक ख़ास शौक़ है।

मेरे मित्रों में और परिवार में ऐसे भी लोग हैं, जो मुझे मेरे इस स्वभाव के कारण घुमक्कड़ कहते हैं और ऐसे भी, जो बातचीत में घुमाव-फिराव पसन्द नहीं करते और सीधे-सीधे मुझे आवारा कहते हैं। उन दोनों की तर्क-शैली संक्षेप में यह है : "अरे भाई, बैठना-उठना चार साथी मित्रों में, यह क्या कि जंगल में इकले जा पड़े !" उन्हें समझाने को कभी मैं कहता हूँ कि भाई, जंगल में जाकर भी जो अपने को इकला महसूस करे, उससे अधिक अभागा कौन होगा, तो वे इस तरह हँसते हैं कि मैंने जैसे कोई एकदम पागलपन की बात कह दी हो।

तो जंगलों में घूमना और यूँ कहूँ कि नित-नये जंगलों में घूमना मेरा स्वभाव है। उस दिन घूमने निकला, तो जा निकला बन्दरों के बाग़ में। यहाँ सैकड़ों बन्दर रहते हैं। वे क्या खाकर जी-पनप रहे हैं, मैं नहीं जानता, पर हाँ, मंगल के दिन नगर के दो-चार पुराने विचारों के सज्जन यहाँ आते और इन्हें हनुमान् का रूप समझ, चने और गुड़ अवश्य खिला जाते हैं। पता नहीं उन्हें उससे लोक-परलोक में क्या फल मिलता होगा, पर यह अवश्य है कि यहाँ का वानर-दल न तो मनुष्यों से द्वेष ही रखता है और न भय ही खाता है। पालतू पशु की तरह प्रेम के मधुर पाश में बँधकर हिल-सा गया है।

मैं एक वृक्ष की छाया में बैठ गया और संस्कृत का मधुर प्रेमाभिनय 'मालती-माधव' पढ़ने लगा। अद्भुत रचना है। मालती की आतुरता, माधव का उत्कट अनुराग, मकरन्द की प्रेमपूर्ण चातुरी और मदयन्तिका की लाज-भरी प्रेम-मुद्राएँ पाठक को कोलाहलपूर्ण विश्व से उठाकर प्रेम के उल्लासमय विश्व में पहुँचा देती हैं। पढ़ते-पढ़ते मैं झूम-झूम उठा, खो-खो गया और एक ही प्रकरण को बार-बार पढ़ने लगा। देह शिथिल हो गयी। आँखों में नशा-सा छा गया। यह दुनिया ही निराली है।

नशा ज़रा ढीला पड़ा, तो मेरा ध्यान वानर-दल की ओर चला गया। वे अपने ही राग में मस्त थे। एक वृक्ष के नीचे कुछ वानर-शिशु आपस में खेल रहे थे। एक बच्चा दूसरे की पीठ पर चढ़ने लगा, तो तीसरे ने उसकी पूँछ पकड़कर खींच ली। जिसकी पूँछ खींची गयी थी, उसने उलटकर खींचनेवाले का कान काट लिया।

एक बच्चा पास के छोटे-से वृक्ष से नीचे उतरा और उसने इन खेलते बच्चों में से एक का मुँह चूम लिया। उस छोटे शिशु ने भी उसका मुँह चूमना चाहा, पर अपनी लघुता के कारण वह असफल रहा। दो-तीन बच्चों ने यह बात भाँप ली और उस बड़े बच्चे को बलपूर्वक पकड़, धरती पर लिटा दिया। छोटे शिशु ने यह देखा, तो उसने लौटकर तड़ातड़ उसे चार बार चूमा और पेट पर एक मीठी चिकौटी भी काटी। अब वह फुदककर नीचे से उठा और उनमें से एक को गुदगुदाकर फिर पेड़ पर चढ़ गया। प्यार में हार भी जीत है, जीत भी हार है। चारों ओर शैशव का साम्राज्य-सा छा गया—चारों ओर सरसता बरस-बरस गयी।

एक दूसरे वृक्ष के नीचे एक वानर माता अपने दो शिशुओं को सुलाने का प्रयत्न कर रही थी। हाँ, उसी के होंगे दोनों, पर वे अपनी बाल-सुलभ चंचलता के कारण इधर-उधर उछल-कूद मचाने की चेष्टा में थे। माँ जब तक एक को चुमकारकर सुलाने का प्रयत्न करती, तब तक दूसरा उठ दौड़ता और जब वह दूसरे की ओर दौड़ती तो पहला अपनी बाल-क्रीड़ा आरम्भ कर देता। जैसे-तैसे जब तक वह एक को हाथों में दबोच पाती, तब तक दूसरा उसकी कमर पर

चढ़, उसे धराशायी करने के विफल, पर अत्यन्त अध्यवसायपूर्ण प्रयत्न में जुट पड़ता। माँ अत्यन्त व्यस्त थी और यों भी कि परेशान थी, पर उसके मुखमण्डल पर झुँझलाहट का कोई चिह्न न था।

एक तीसरे पेड़ की शीतल छाया में एक वानर-दम्पती पृथक् ही अपने प्रेम का वितान तान रहे थे। वानरी पैर फैलाये बैठी थी और वानर उसकी एक जंघा पर अपना मस्तक रखे, मीठी नींद ले रहा था। उसका एक हाथ वानरी के सम्पूर्ण कटि भाग को अपने में लपेटे था, मानो किसी ऋषि का मूर्तिमान् आशीर्वाद किसी विपद्ग्रस्त अबला की रक्षा कर रहा हो। वानरी का दक्षिण हस्त किसी देवबाला के वरदहस्त की भाँति वानर के ललाट-प्रदेश पर विलसित हो रहा था। वानर के मुख-मण्डल पर सात्त्विक शान्ति की सरल आभा सुप्त सौन्दर्य की प्रकाशमाला के साथ छिटक रही थी और वानरी की चमकीली एवं मादक आँखों में प्रोद्भासित हो रहा था प्रेम का पुण्य प्रतिबिम्ब, मानो प्रशस्त प्रकाशपूरित चन्द्र की विमल ज्योत्स्ना द्वारा प्रक्षालित फूल के दो सुन्दर कटोरों में निर्मल ओस-बिन्दु प्रोल्लसित हो रहे हों।

पुनीत दाम्पत्य महामाया की कल्याणमयी विभूति है। पारस्परिक प्रेम से यह अनुप्राणित होता है और विश्वास के बल से पाता है यह सम्बल। आत्मनिवेदन का यह सजीव चित्र है और प्रकृति-पुरुष के सम्मिलन का पुण्य प्रतिबिम्ब।

चारों ओर प्रेम का यही साम्राज्य छाया हुआ था। पशु-उपाधिवाले इस वानर-जीवन से मैं बहुत प्रभावित हुआ। सोचने लगा, इनमें परस्पर कितना प्रेम है। इनका जीवन कितना सरल है। न ईर्ष्या, न द्वेष, न दूसरों को गिराकर स्वयं आगे बढ़ने की पतित भावना। प्रकृति-पुनीत-गोद में ये अलग ही अपनी दुनिया बसाये बैठे हैं। मैं कवि के कल्पित प्रेमजगत् से कपियों की इस प्रत्यक्ष दुनिया का तुलनात्मक विवेचन करता हुआ अपने घर की ओर चल पड़ा।

मैं पहले भी कई बार यहाँ आया था, पर आज के इस निरीक्षण से वानर-दल के प्रति मेरे हृदय में एक प्रकार की आत्मीयता हो आयी।

फलतः आज यहाँ से चलते समय मैंने हृदय में एक मीठी कसक का अनुभव किया।

निजत्व क्या है ? इसका उद्गम कहाँ है ? इसमें इतना आकर्षण क्यों है ? जीवन के अन्वेषणीय रहस्य से अनुप्राणित इन प्रश्नों का समाधान दो हृदयों की अनुकूलता एवं विराट् के साथ सूक्ष्म की एकत्व आकांक्षा में सन्निहित है, पर इसे हृदय की मूक भाषा समझनेवालों के अतिरिक्त कौन अनुभव करेगा ?

मैं अपनी विचार-वाटिका में एकाकी विहार करता हुआ धीरे-धीरे घर की ओर आ रहा था। अचानक कहीं पास ही वानर-दल की क्रोध-भरी खों-खों ने मुझे अपनी ओर आकर्षित किया। आँखें ऊपर उठा मैंने जो दृश्य देखा, उसने मुझे स्तब्ध कर दिया, मैं अवाक् रह गया।

एक जालीदार गाड़ी में पचास-साठ वानर बन्द थे। सभी के मुखमण्डल पर क्रोध की कठोरता ताण्डव कर रही थी। एक-दूसरे को फाड़ खाने को तैयार था, सभी घायल थे, सभी क्षुब्ध !

गाड़ीवान ने बताया, "ये सुन्दरपुर से पकड़कर हरद्वार के जंगलों में भेजे जा रहे हैं।"

मेरे कहने पर गाड़ीवान ने गाड़ी ठहरा दी। मैं और भी पास आ उन्हें ग़ौर से देखने लगा।

देखा एक वानर-शिशु, जिसके सूखे मुख पर भूख की दीनता बरस रही थी, दूध पीने की इच्छा से अपनी माता की गोद की ओर बढ़ा, पर समीप आते ही माता ने उसे नोचना प्रारम्भ कर दिया और फिर तो उसका मस्तक अपने दोनों हाथों में दबाकर इस तरह चबाया कि ख़ून बह निकला, बच्चा चिल्लाया, तड़पा, पर माँ के हृदय पर उसका कुछ भी प्रभाव न हुआ।

मातृत्व के साथ पैशाचिकता का ऐसा मर्मवेधक संयोग देखने का मुझे कभी अवसर न मिला था। मेरी अन्तरात्मा काँप उठी। मैं इससे अधिक देखने का साहस न कर सका।

यदि सागर ही शुष्क हो जाये, उसमें ही धूल उड़ने लगे, तो अन्यत्र जलप्राप्ति

की आशा कौन मूर्ख करेगा ? मातृत्व में भी यदि निर्दयता निवास करने लगे, तो जीवन में किसी अन्य स्रोत-स्नेह या सरसता-वल्लरी के कुसुमित होने की सम्भावना कौन सहृदय करेगा ?

गाड़ीवान को प्रस्थान का संकेत कर मैं चल पड़ा। दूर तक वानरों के खाँव-खाँव का भीषण निनाद मुझे सुनाई देता रहा।

यह दृश्य मेरे पूर्व परिलक्षित दृश्य के बिलकुल प्रतिकूल था, यों कहिए ये दोनों एक ही तसवीर के दो पहलू थे।

मैं सोचने लगा, जो प्राणी उपवन में प्रेम की पुनीत प्रतिमा, सरसता की सुन्दर निधि और स्नेह का सागर है, वही गाड़ी में बैठकर दानवता का अवतार, क्रोध की ज्वालामुखी एवं हृदय-हीनता की मूर्ति कैसे हो गया ?

हृदय में एक हूक उठी, स्वातन्त्र्य और पारतन्त्र्य में यही तो अन्तर है !!

□□